Harvey Max Chochinov

Würdezentrierte Therapie
Was bleibt – Erinnerungen am Ende des Lebens

Übersetzt von Sandra Stephanie Mai

Vandenhoeck & Ruprecht

Mit einer Abbildung und einer Tabelle

Bibliografische Information der Deutschen Nationalbibliothek
Die Deutsche Nationalbibliothek verzeichnet diese Publikation in der
Deutschen Nationalbibliografie; detaillierte bibliografische Daten sind
im Internet über http://dnb.d-nb.de abrufbar.

ISBN 978-3-525-40289-4

Weitere Ausgaben und Online-Angebote sind erhältlich unter: www.v-r.de

Umschlagabbildung: colormemari/shutterstock.com

»Dignity Therapy. Final Words for final Days« was originally published in English in 2012.
This translation is published by arrangement with Oxford University Press.
Vandenhoeck & Ruprecht is solely responsible for this translation from the original work
and Oxford University Press shall have no liability for any errors, omissions or inaccuracies
or ambiguities in such translation or for any losses caused by reliance thereon.

Copyright © 2012 by Oxford University Press, Inc.

© 2017, Vandenhoeck & Ruprecht GmbH & Co. KG, Theaterstraße 13, D-37073 Göttingen /
Vandenhoeck & Ruprecht LLC, Bristol, CT, U.S.A.
www.v-r.de
Alle Rechte vorbehalten. Das Werk und seine Teile sind urheberrechtlich
geschützt. Jede Verwertung in anderen als den gesetzlich zugelassenen Fällen
bedarf der vorherigen schriftlichen Einwilligung des Verlages.
Printed in Germany.

Satz: SchwabScantechnik, Göttingen
Druck und Bindung: ⊕ Hubert & Co GmbH & Co. KG,
Robert-Bosch-Breite 6, D-37079 Göttingen

Gedruckt auf alterungsbeständigem Papier.

Inhalt

Geleitwort von Martin Weber 9

Vorwort von Harvey Max Chochinov 12

Danksagung 16

1 Würde und das Lebensende 20
Weshalb Würde erforschen? 20
Würde und empirische Forschung 23
Das Modell zu Würde bei unheilbarer Erkrankung 27
   Krankheitsbezogene Aspekte 28
   Würdebewahrendes Repertoire 33
   Inventar sozialer Würde 50

2 Würde in der Patientenversorgung 60
Das Würdemodell als Grundlage der
Würdezentrierten Therapie 61
   Form 61
   Ton 65
   Inhalt 67
Erste Erfahrungen mit der Würdezentrierten Therapie 68
Veröffentlichung der ersten klinischen Studie 69
Einbeziehung der Angehörigen 72
Der Goldstandard der Evidenz 75
Weitere Schritte 80

**3 Patienten und ihren Familien die Würdezentrierte Therapie
vorstellen** 82
Auswahl der Patienten für die Würdezentrierte Therapie 82
   Wer sollte auf die Teilnahme an der Würdezentrierten Therapie
   angesprochen werden? 85
   Wer sollte nicht an der Würdezentrierten Therapie teilnehmen? 87
   Eine typische Vorstellung der Würdezentrierten Therapie 92
   Häufige Fragen und Antworten 93
Der Fragenkatalog der Würdezentrierten Therapie 103

4 Durchführung der Würdezentrierten Therapie 106
Aufbau der Sitzungen zur Würdezentrierte Therapie 107
   Offene Fragen beantworten 107
   Das therapeutische Setting herstellen 108
   Nutzung eines Tonaufnahmegeräts 109
   Teilnehmende Angehörige oder Freunde 109
Die Rolle der Therapeuten 110

5 Das Generativitätsdokument 139
Grundgedanken zum Editieren der Transkripte
der Würdezentrierten Therapie 140
Transkribieren der Tonaufnahme des Interviews 142
Editieren des wortwörtlichen Transkripts 147
   Aufräumen des Transkripts 149
   Prüfen der Verständlichkeit 152
   Korrigieren zeitlicher Abläufe 154
   Ein gelungenes Ende finden 155
   Der Patient hat das letzte Wort 156

6 Vom Anfang bis zum Ende 161
Daves Würdezentrierte Therapie 162
Daves Generativitätsdokument 184
Bills Würdezentrierte Therapie 192
Bills Generativitätsdokument 212

7 Es geht weiter 223
Wird der Einsatz der Würdezentrierten Therapie aktuell durch
hinreichende Evidenz gestützt? 224
Wie werde ich erfahren genug, um die Würdezentrierte Therapie
implementieren zu können? Wie entwickle ich meine Kompetenzen,
um die Würdezentrierte Therapie anbieten zu können? 226
Welche Kosten verursacht die Würdezentrierte Therapie und
wie können finanzielle Fördermittel eingeworben werden? 227
Was, wenn Familienangehörige oder Ehrenamtliche diese Arbeit
übernehmen möchten? Ist das möglich? 229
Kann die Würdezentrierte Therapie von einem Therapeuten
durchgeführt werden, der den Patienten gut kennt? 231
Gibt es noch etwas, was zur Würdezentrierten Therapie beforscht
werden sollte? Wenn ja, wie könnten Wissenschaftler mit dieser
Aufgabe beginnen? 234
Was ist mit anderen Formen der Hinterlassenschaft? 237
Was ist mit sterbenden Kindern? Kann die Würdezentrierte Therapie
hier eine Rolle spielen? 237
Gibt es Erkenntnisse zu kulturellen Aspekten und Würdezentrierter
Therapie? 238
Wie sollte der Einsatz der Würdezentrierten Therapie evaluiert werden? 239
Abschließende Gedanken 240

Literatur 243

Geleitwort

»Die Würde des Menschen ist unantastbar. Sie zu achten und zu schützen ist Verpflichtung aller staatlichen Gewalt«, so lautet der erste Satz des Grundgesetzes, das sich die junge Bundesrepublik am 23. Mai 1949 nach den Schrecken der nationalsozialistischen Gewaltherrschaft gab. Wenn das Prinzip der Würde der Maßstab für rechtes Handeln sein muss, so gilt dies ganz besonders dann, wenn es um das Leben selbst geht – von seinem Anbeginn bis zu seinem Ende. So ist es auch nicht von ungefähr, dass mit Thüringen und Brandenburg zwei Bundesländer sogar das Sterben in Würde explizit in ihre Verfassung aufgenommen haben: »Sie [die Würde] auch im Sterben zu achten und zu schützen, ist Verpflichtung aller staatlichen Gewalt«.

Wie aber kann Würde auch im Sterben geachtet, bewahrt, geschützt werden? Das vorliegende Buch weist einen erfahrungs- und wissenschaftsgestützten Weg auf. Es stammt aus der Feder des kanadischen Palliativmediziners und Psychiaters Professor Dr. Harvey Max Chochinov, der sich seit den 1990er Jahren intensiv mit den psychischen Nöten und Bedürfnissen sterbenskranker Menschen auseinandergesetzt hat. Seine Forschungen führten ihn zur Entwicklung eines empirisch gestützten Würdemodells und eines spezifisch auf die Stärkung der Würde ausgerichteten Therapieverfahrens, der sogenannten »Dignity Therapy«, der Würdezentrierten Therapie, der dieses Buch gewidmet ist.

Der Erstbeschreibung der »Dignity Therapy« im Jahr 2002 folgten zahlreiche hochrangige Publikationen, die die hohe Akzeptanz dieses Therapieverfahrens bei Patienten und Angehörigen zeigten. Weitere Veröffentlichungen aus Dänemark, Großbritannien, Portugal und Australien belegten das internationale Interesse. In Deutschland fand die Intervention erstmals im Jahr 2013 im Robert-Bosch-Krankenhaus (Stuttgart) unter Professor Walter Aulitzky Eingang in die klinische Praxis, nachdem sein Mitarbeiter, Dipl.-Psych. Jochen Spang, einen Workshop zur Würdezentrierten Therapie bei Harvey M. Chochinov in Manitoba besucht hatte. Einer breiteren wissenschaftlichen Öffentlichkeit bekannt wurde die Würdezentrierte Therapie in Deutschland dann durch die von der

Abteilung für Palliativmedizin der Universitätsmedizin Mainz gemeinsam mit dem Institut für Palliativpsychologie (Frankfurt a. M.) ausgerichteten Tagung »Würde und existentielles Leid am Ende des Lebens« in Mainz im November 2014. Harvey M. Chochinov trug erstmals selbst in Deutschland die Ergebnisse seiner Forschungen vor; er zeigte sich dabei als inspirierende und charismatische Persönlichkeit. An die Tagung schloss sich ein zweitägiger Workshop an, wiederum mit Harvey M. Chochinov selbst sowie Lise Houmann und Jytte Skov-Pedersen aus Dänemark, die dort die Würdezentrierte Therapie etabliert hatten. Tagung und Workshop erwiesen sich als Initialzündung für eine rasche Verbreitung der Würdezentrierten Therapie im deutschsprachigen Raum. Ausgebuchte zweimal jährlich stattfindende Workshops in Mainz, vielfältige wissenschaftliche Aktivitäten, Implementierung in zahlreichen Kliniken sowie die Gründung der »Deutschen Gesellschaft für Patientenwürde e. V.« folgten.

Wie ist dieser Erfolg zu erklären? Wer einmal die Auswirkungen der Würdezentrierten Therapie auf Patienten und Angehörige erlebt hat, den lässt das Interesse, ja die Begeisterung für diese Intervention nicht mehr los. Die Dankbarkeit aller Beteiligten dafür, dass ein zu Ende gehendes Leben mit all seiner Erfahrung, mit den Schätzen des großen und des kleinen Gelungenen, mit all seiner Liebe und Verbundenheit zu den Nahestehenden gewissermaßen bewahrt, als kostbares Vermächtnis gerettet wird, lässt keinen unberührt. Gespräche im Sinne eines Lebensrückblicks, Fragen, die das Selbstwertgefühl des Patienten stärken sollen, die Wertschätzung zum Ausdruck bringen, gehören zweifellos zum selbstverständlichen kommunikativen Repertoire jedes in der Palliativversorgung Tätigen. Das Besondere der Würdezentrierten Therapie liegt in der gewissermaßen kondensierten schriftlich niedergelegten Form dieses Lebensrückblicks, der gleichzeitig auch eine Art Vermächtnis ist. Dabei ist es die Aufgabe des Therapeuten, behutsam und mit großer Kenntnis und Erfahrung den Patienten so durch die Intervention zu führen, dass sein Blick nicht an den unvermeidlichen Schattenseiten und Bitternissen des Lebens hängenbleibt und dass das Niedergelegte für diejenigen, für die es bestimmt ist, nicht verletzend ist, keine Rat-*schläge* enthält, sondern tröstlich und *heil*-sam im besten Sinne des Wortes ist.

Ich bin meiner Mitarbeiterin Frau Dipl.-Psych. Sandra Mai außerordentlich dankbar, dass sie seit jener Tagung im November 2014 die Idee der »Dignity Therapy« mit so viel Begeisterung und Engagement in den Mainzer Workshops, in der von ihr mitinitiierten »Deutschen Gesellschaft für Patientenwürde e. V.«, deren Vorsitzende sie ist, in zahlosen Vorträgen und wissenschaftlichen Kooperationen verbreitet. Mit der vorliegenden Übersetzung des Standardwerks von Harvey M. Chochinov leistet sie einen weiteren wichtigen Beitrag zur Verankerung der Würdezentrierten Therapie in der klinischen Praxis im deutschsprachigen Raum und kommt dem Wunsch vieler Teilnehmer an ihren Workshops nach, die theoretischen Grundlagen und die detaillierten Hinweise zur praktischen Durchführung der Würdezentrierten Therapie in kompakter Form nachlesen zu können.

Zwei Bemerkungen erscheinen mir freilich an dieser Stelle wichtig. Ich bin überzeugt davon, dass die Lektüre dieses Buches für jeden aufmerksamen Leser faszinierend und anregend ist und dazu einlädt, die Methode selbst anzuwenden. So wenig wie aber ein Lehrbuch über das Schwimmen einen Schwimmkurs ersetzen kann, so wenig kann dieses Buch den Besuch eines Workshops zur Würdezentrierten Therapie ersetzen. Die Würdezentrierte Therapie erscheint auf den ersten Blick bestechend einfach – in der praktischen Anwendung weist sie jedoch viele Feinheiten auf, die letztlich entscheidend dafür sind, dass die Intervention tatsächlich für Patienten wie Angehörige segensreich ist. Daher sind die Anleitung und der Austausch mit erfahrenen Anwendern der Methode unabdingbar, um sie selbst fruchtbar einsetzen zu können.

Die Beschäftigung mit der Würdezentrierten Therapie impliziert aber noch ein Zweites. Sie erinnert uns daran, bei unserem täglichen Tun tatsächlich die Würde unserer Patienten immer wieder neu in den Mittelpunkt zu stellen – auch ohne explizite Anwendung der Würdezentrierten Therapie. Würdebewahrende Behandlung kann ihren Ausdruck auf unterschiedlichen Ebenen finden: in einer Haltung, die offen ist für das Einmalige und Wertvolle jedes Menschen, die nicht kategorisiert oder wertet; in Verhaltensweisen, die von Wertschätzung und Respekt geprägt sind und sich in so einfachen Dingen ausdrücken können wie dem Einholen der Erlaubnis zur Untersuchung vor dem Zurückschlagen der Bettdecke oder in der Anrede mit dem Titel; in einer Kommunikation, die nicht nur Symptome abfragt, sondern den ganzen Menschen in den Blick nimmt. Paracelsus spricht in seinem 1523 erschienenen »Spitalbuch« davon, dass neben der ärztlichen Kunst die Liebe das sei, was den Arzt ausmache. »Palliative Care« als liebevolle Zuwendung zum schwerstkranken Patienten nimmt diesen Gedanken wieder auf. Würde wird überall dort bewahrt und gestärkt, wo Menschen einander auf Augenhöhe begegnen, wo in der Begegnung zwischen Patient und Behandler das gemeinsame »Menschsein« aufleuchten kann.

In diesem Sinne wünsche ich dem Buch viele Leserinnen und Leser und eine weite Verbreitung!

Prof. Dr. Martin Weber
Abteilung für Interdisziplinäre Palliativmedizin – III. Medizinische Klinik,
Universitätsmedizin Mainz

Vorwort

Jakob, der Enkel Abrahams und der Sohn Isaaks, ist der dritte Patriarch des jüdischen Volkes. Als er in seinen letzten Lebenstagen seinen eigenen Tod herannahen sah, rief er seine Familie zu sich, um ihr einige seiner letzten Gedanken und Reflexionen zu hinterlassen. Man mag sich fragen, wie er wissen konnte, wo er beginnen sollte. Im Verlauf seiner 147 Lebensjahre hatte er vier Frauen gehabt: Rachel, Lea, Bilha und Silpa. Zusammen hatten sie ihm 13 Kinder geboren. Die Nachkommen seiner Söhne waren dazu bestimmt, nach dem Exodus zu den zwölf Stämmen Israels zu werden, als sich die Kinder Israels im Land Kanaan niederließen. Als junger Mann hatte Jakob seinen Vater und seinen älteren Bruder Esau getäuscht und die dem Erstgeborenen vorbehaltene Segnung erhalten. Später vernahm er in einer Vision einer in den Himmel ragenden Leiter die Stimme Gottes und empfing seinen Segen. Während seiner Rückkehr nach Kanaan erfuhr er, dass Esau ihm mit seinen Männern entgegenzog. Da begegnete Gott ihm erneut, diesmal in Gestalt eines Engels, mit dem er die ganze Nacht hindurch kämpfte.

Die Geschichte lässt hier offen, ob Jakob eines dieser Ereignisse nacherzählte, als sich die Familie an seiner Seite versammelt hatte. Was wir wissen, ist, dass er diese Gelegenheit dazu nutzte, seine Kinder zu segnen, jedes mit einem besonderen Segen. Ohne Zweifel waren seine Abschiedsworte für Ruben, seinen Erstgeborenen, durch die nicht gerade triviale Angelegenheit des Inzests getrübt; Ruben hatte Jahre zuvor mit Bilha geschlafen, und sie hatten zumindest bis zu diesem Zeitpunkt niemals darüber gesprochen. Zwischen Jakob und seinem zweiten und dritten Sohn, Simeon und Levi, stand das Vergehen in Shechem. Um die Vergewaltigung ihrer Schwester zu rächen, hatten Simeon und Levi alle Männer Shechems getötet, ihre Besitztümer sowie Frauen und Kinder geraubt. Jakob missbilligte ihre Vergeltungsaktion und bewahrte sich den Segen des Erstgeborenen daher für seinen vierten Sohn Judah auf. Seinem elften Kind, Joseph, den er im Alter von 91 Jahren gezeugt hatte, nahm er das Versprechen ab, seine sterblichen Überreste in der Höhle der Patriarchen beizusetzen, gemeinsam mit Lea, Abraham, Sara, Isaak und Rebekka. Nachdem er seine letzten Anweisungen gegeben hatte, starb Jakob – oder, wie er zu diesem Zeitpunkt genannt wurde, Israel – und wurde kurz darauf in Kanaan begraben.

Mit Jakobs letzten, an seine Familie gerichteten Worten dokumentiert die Geschichte ihr erstes *ethisches Vermächtnis*. Ein ethisches Vermächtnis, das ursprünglich mündlich überliefert wurde, ist dazu gedacht, Traditionen und Werte von einer Generation zur nächsten weiterzugeben. Was mag Jakob vor mehr als dreitausend Jahren wohl gefühlt haben, als er sich dieser Aufgabe annahm? Auf der einen Seite sah er darin zweifelsohne die Möglichkeit, moralische Werte an kommende Generationen weiterzugeben. Vielleicht fand er Trost in dem Wissen, dass die von ihm so geschätzten Erfahrungen und Erkenntnisse trotz seines Todes, über sein eigenes Scheiden hinaus wirken würden. Vielleicht glaubte er, dem Tod so die Macht abzuerkennen, Aspekte seines Daseins zu zerstören – die Überzeugungen, Erkenntnisse und Erfahrungen, die sein ganzes Wesen ausmachten. Es muss ein weiteres Gefühl gegeben haben. Das Gefühl, dass er trotz seines fortgeschrittenen Alters und seiner angegriffenen Gesundheit geachtet wurde und dass sein Leben oder das, was davon übrig geblieben sein mag, von denen wertgeschätzt wurde, die ihm am nächsten standen.

Im Gegensatz zu Jakob haben die meisten Menschen weder direkt mit Gott gesprochen noch zahlreiche Frauen gehabt noch eine Schar an Kindern hervorgebracht, die dazu bestimmt waren, einmal eine ganze Nation zu begründen. Ist es aber nicht doch vorstellbar, dass genau wie Jakob auch Normalsterbliche in dem Wissen Trost finden, dass ihre letzten Gedanken und Worte kostbar geachtet werden und sie selbst trotz ihrer Krankheit wertgeschätzt werden? Und vielleicht auch, dass es möglich ist, etwas zurückzulassen, das sie selbst überdauert und eine Erinnerung für diejenigen sein wird, die zurückgelassen werden?

Diese Überlegungen sind nicht neu. Von jeher hat die Menschheit in der Auseinandersetzung mit der eigenen Sterblichkeit nach Möglichkeiten gesucht, ein Zeugnis ihrer vorausgegangenen Existenz zu hinterlassen. Ob man nun prähistorische Zeichnungen an Höhlenwänden betrachtet oder zeitgenössische Monumente, welche die heutige Landschaft schmücken, alle verkünden: »*Wir waren hier! Vergesst uns nicht.*« Mittel und Wege, diese Deklaration zu bekräftigen, wurden auf komplexe Weise in menschliche Dramen hineingewoben. Ein Gedicht, ein Musikstück, ein Kunstwerk, eine Errungenschaft technischen Erfindungsreichtums – sie alle können ihre Schöpfer überdauern, ebenso wie die Geschichten, die wir alle zu erzählen haben. Und könnte die Weitergabe dieser Geschichten eine Quelle des Trostes sein, für die Sterbenden wie für die Trauernden?

Im Verlauf der letzten Jahrzehnte wurde dem in Konstrukten wie Sinnfindung, Bedeutung und Affirmation liegenden Potenzial zur Minderung des Leids im Kontext der Palliativversorgung verstärkt Beachtung geschenkt. Dame Cicely Saunders, die Begründerin der modernen Hospizbewegung, prägte den Satz: »Sie sind wichtig, weil Sie eben Sie sind. Sie sind bis zum letzten Augenblick Ihres Lebens wichtig« (Saunders, 1976). Die Herausforderung besteht darin, diese Überzeugung in das Angebot einer verbesserten Palliativversorgung zu überführen. Dass jemand *denkt*, Sie seien wichtig, ist so lange *nicht wichtig*, bis er oder sie in der Lage ist, dies so zu vermitteln, dass es einfach wahrzunehmen und zu internalisieren ist. Jakobs Familie gelang dies, indem sie sich an seiner Seite versammelte und jedes seiner Worte in sich aufnahm, als wäre es ein wertvoller Edelstein, den man für immer behalten und wie einen Schatz aufbewahren möchte.

Sein ganzes Leben über bezog Jakob seine Inspiration aus der Kraft des Himmels. Dahingegen kam die Inspiration zur Würdezentrierten Therapie – einer neuartigen, individualisierten psychotherapeutischen Intervention für Menschen mit lebensbedrohlichen und lebensverkürzenden Erkrankungen – von Patientinnen und Patienten, die an einem Forschungsprojekt zu palliativen Situationen am Lebensende teilnahmen (Chochinov, Hack, McClement, Kristjanson u. Harlos, 2002b; Chochinov et al., 2004; McClement, Chochinov, Hack, Kristjanson u. Harlos, 2004; Hack et al., 2004). Obwohl die Würdezentrierte Therapie dem ethischen Vermächtnis, den Lebensrückblicken, persönlichen Narrativen oder anderen existenzialistischen Psychotherapien ähneln kann, unterscheidet sie sich von diesen durch ihre empirische Basis. Die Würdezentrierte Therapie kann das spirituelle und psychische Wohlbefinden fördern, Sinnhaftigkeit sowie Hoffnung wecken und die Erfahrung des Lebensendes verbessern. Sie kann Menschen dabei unterstützen, sich auf den eigenen Tod vorzubereiten, und in der kurzen Zeit, die ihnen noch verbleiben mag, Trost spenden. So vergänglich diese Wirkungen auch sein mögen, es ist wichtig zu verstehen, dass die Komponenten der Würdezentrierten Therapie, ihre Durchführung und die Argumente, die ihre Effektivität – für Patientinnen und Patienten sowie ihre Familien – belegen, ausschließlich auf sorgfältigen, detaillierten, neuen Studien basieren, die sich auf palliative Versorgung am Lebensende konzentriert haben.

Seit das konzeptionelle Gerüst, das die Würdezentrierte Therapie stützt, im Jahr 2002 zum ersten Mal im »Journal of the American Medical Association« veröffentlicht wurde (Chochinov, 2002), verbreitete sich diese Therapieform in vielen Ländern dieser Welt. Bis heute wurde oder wird die Würdezentrierte Therapie in Kanada, Australien, den USA, China, Japan, Dänemark, Deutschland, Schweden, Schottland, Portugal und England beforscht. Zusätzlich wurden in Hongkong, Taiwan, Argentinien und Neuseeland Workshops zur Weiterbildung durchgeführt. Ungeachtet einiger kleiner regionaler Aspekte und dezenter kultureller Abweichungen haben die in der Palliativversorgung tätigen Praktikerinnen und Praktiker die Würdezentrierte Therapie weltweit begeistert aufgenommen. Noch wichtiger ist, dass die dem Tode nahen Patientinnen und Patienten und ihre Familien von dieser palliativpsychologischen Kurzintervention haben profitieren können.

Wie bei jedem neuen Behandlungsansatz gibt es auch hier das Spannungsfeld aus dem Wunsch nach einer möglichst weiten Verbreitung der Therapieform und der Sicherung ihrer Seriosität. Daraus ergibt sich die Notwendigkeit dieses Handbuchs. »Würdezentrierte Therapie. Was bleibt – Erinnerungen am Ende des Lebens« ist zum heutigen Zeitpunkt die umfassendste Beschreibung der Würdezentrierten Therapie.

Die Leserinnen und Leser erwartet ein ausführlicher Bericht über die Entwicklung der Würdezentrierten Therapie, den aktuellen und die Anwendung der Intervention stützenden Forschungsstand und, am wichtigsten, eine umfassende Beschreibung der Durchführung der Würdezentrierten Therapie. Über die Jahre hinweg haben diejenigen von uns, die eng mit diesem therapeutischen Ansatz verbunden sind, dessen Potenzial, Patientinnen, Patienten und Familien aller Gesellschaftsschichten und aller Teile dieser Erde zu helfen, kennengelernt. Wir wissen ebenfalls, dass die Würdezentrierte Therapie, wie andere psychotherapeutische Interventionen auch, Zeit braucht, um sicher angewandt zu werden. Dieses Handbuch wird Ihnen zunächst die Grundlagen vermitteln. Ihre therapeutischen Fähigkeiten und Erfolge werden sich ohne Zweifel im Laufe der Zeit weiterentwickeln.

Jakobs letzte Worte für seine Familie waren Segnungen und Anweisungen für sein Begräbnis. Seit Anbeginn der Würdezentrierten Therapie wurde sie Hunderte, wenn nicht gar Tausende Male dazu genutzt, um die unzähligen Lebenslagen der Menschen einzufangen, die diese Welt verlassen. Es ist meine tiefe Hoffnung, dass die Anwendung der Würdezentrierten Therapie Ihre Tätigkeit bereichern wird. Vor allem aber hoffe ich, dass die Würdezentrierte Therapie die Lebensqualität und Sterbensqualität Ihrer Patientinnen und Patienten verbessern wird, wenn sie der Unausweichlichkeit des Todes gegenüberstehen.

Harvey Max Chochinov

Danksagung

Während das Sterben selbst unvermeidbar ist, sollte schlechtes Sterben vermeidbar sein. Als in der Palliativversorgung tätiger Psychiater und Wissenschaftler bin ich tief beeindruckt von der menschlichen Gabe, unterschiedlichste schmerzvolle Situationen, die das Leben unweigerlich mit sich bringt, zu bewältigen. Ebenso beeindruckt mich das Können meiner ärztlichen Kolleginnen und Kollegen, Schmerzen zu lindern, Leiden zu mindern und Patientinnen und Patienten in ihren letzten Lebenstagen Trost zu spenden. Daher glaube ich, dass die meisten Menschen eine falsche Vorstellung von palliativer Versorgung haben. Wenn das Leben mit einem Lauf auf dem Hochseil vergleichbar ist, steigt die Wahrscheinlichkeit, zu stürzen, gegen Ende. Stellen Sie sich die Palliativversorgung hier als ein Sicherheitsnetz vor. Niemand kann sich dem Sturz entziehen, doch die Palliativversorgung kann für eine sanftere Landung sorgen. Diejenigen von uns, die in diesem Bereich arbeiten, konzentrieren sich darauf, wie man Patientinnen, Patienten und Familien dabei helfen kann, sanft zu landen. Zu wissen, dass dies tatsächlich möglich ist, macht diese Arbeit zu einer beeindruckenden, bereichernden und – mehr als nur gelegentlich – ehrfurchtseinflößenden Tätigkeit.

Von den Dingen, die ich über die letzten zwanzig Jahre in der Palliativversorgung getan habe, war nichts so zufriedenstellend und mich persönlich so vereinnahmend wie die Würdezentrierte Therapie. Bevor diese Arbeit begann, untersuchte ich in mehreren Forschungsarbeiten verschiedene Dimensionen der Versorgung am Lebensende. Angesichts meiner Ausbildung entsprach es meiner Neigung, die mit dem nahenden Tod verbundenen emotionalen Aspekte zu untersuchen. Am Beginn meiner wissenschaftlichen Karriere standen sorgfältige Untersuchungen zu klinischer Depression bei lebensbedrohlicher Erkrankung. Dies führte zu der Entwicklung von Screeningverfahren für Depression. Daneben standen Untersuchungen zum Sterbewunsch, Lebenswillen und zu Faktoren, die den Wunsch, im Angesicht einer düsteren Prognose weiterleben zu wollen, beeinflussen könnten.

Obwohl diese Forschung ihren eigenen Nutzen hatte, war sie größtenteils deskriptiv. Mit anderen Worten: Sie half uns innerhalb der Palliativversorgung, die verschiedenen Probleme, mit denen Sterbende und ihre Familien konfrontiert sind, zu identifizieren, ohne dabei zwangsläufig eine bestimmte Lösung anbieten zu können (das könnte der Grund für meine Entscheidung gewesen sein, kein Neurologe zu werden; das Verhältnis von Diagnose zu Behandlung erschien einfach zu hoch, als dass es mir viel Spaß machen könnte). Ich konnte nicht ahnen, dass das Beforschen von Würde alles verändern würde. Es ist schwierig, wenn nicht sogar unmöglich, auf Probleme zu reagieren, bevor man nicht klar verbalisieren kann, was überhaupt das Problem ist. Die anfänglichen Arbeiten zu Würde identifizierten Themen, die das Würdegefühl von Patientinnen und Patienten beeinflussen. Folglich erschienen diese Aspekte auf dem Radar der Palliativversorgung.

Mit den Studien zu Würde bildete sich auch mein wunderbares Forschungsteam. Eine meiner teuersten Freundinnen und Kolleginnen, Dr. Linda Kristjanson, begleitete die Arbeiten zu Würde von Anfang an. Ihre wissenschaftliche Kompetenz, Integrität und Unterstützung waren und sind ein Segen. Dr. Susan McClement ist eine Kollegin, die ich oft als meine akademische Ehefrau bezeichne. Wir tauschen unsere Ideen aus und arbeiten Seite an Seite in der Verantwortung, dass die von der wissenschaftlichen Abteilung des Manitoba Palliative Care ausgehende Forschung sinnvoll und rechtschaffen ist. Dr. Thomas Hack war von Gründung an zentraler Teil unseres Palliativteams; er und ich und Sue verbrachten mit der Durchführung der qualitativen Datenanalyse, aus der das Würdemodell als Grundlage der Würdezentrierten Therapie hervorging, mehr Stunden, als für die eigentliche Datenerhebung notwendig waren. Dr. Mike Harlos ist einer der talentiertesten Palliativmediziner, die ich kenne. Er unterstützt unser Team mit geschultem klinischem Blick und einer durch die jahrelange Betreuung und Versorgung unzähliger Patienten und Familien geprägten Sichtweise. Dr. Tom Hassard ist unser Experte für Biostatistik. Sein einfühlsames Wesen, sein Können und seine Menschlichkeit machen ihn zu einem weiteren wunderbaren Mitglied unseres Teams.

Dann ist da noch mein Forschungsteam. Sollte sich irgendjemand jemals darüber gewundert haben, wie ein Ort wie Winnipeg es schafft, ein erfolgreiches Forschungsprogramm zur Palliativversorgung zu beherbergen, so lautet die einfache Antwort: Mein Forschungsteam ist das beste. Katherine Cullihall ist das personifizierte Mitgefühl. Sie half mir bei der Durchsicht vieler Details im Ablauf der Würdezentrierten Therapie, während wir untersucht haben, was funktionierte und was nicht. Zum gegenwärtigen Zeitpunkt hat niemand mehr Erfahrung in der Anwendung der Würdezentrierten Therapie als Katherine.

Beverley Cann nahm an der randomisierten kontrollierten Studie zur Würdezentrierten Therapie teil. Ihre Kombination aus Aufrichtigkeit und Intellekt macht sie zu einer kostbaren Gefährtin unseres Teams; zudem war sie beim Gliedern und Redigieren des vorliegenden Textes behilflich. Zu guter Letzt noch Sheila Lander. Sheila war meine allererste klinische Studienassistentin, die bei der Datenerhebung für so viele unserer ersten Studien half. Nach einer kurzen Auszeit kehrte sie in unser Team zurück, um die internationale randomisierte kontrollierte Studie zur Würdezentrierten Therapie zu koordinieren. Seitdem sind ihr gewinnendes Lächeln und ihr einnehmendes Wesen bei uns und meinen Kollegen aus New York City und Perth, Australien, wohlbekannt und geschätzt.

Weitere Namen meines Teams haben es verdient, erwähnt zu werden, auch wenn sie nicht direkt in die Würdezentrierte Therapie involviert waren. Sie tragen ein großes Stück dazu bei, dass ich jeden Tag aufs Neue mit Freude zur Arbeit komme. Dr. Nancy McKeen ist meine wissenschaftlich tätige Psychologin und hilft bei der Sicherung der finanziellen Förderung zur Unterstützung der Studien unserer Forschungseinheit. Miriam Corne ist unsere jüngste Forschungsassistentin. Wenn Fürsorge in Flaschen verkauft werden würde, hieße diese mit Sicherheit Miriam.

Dr. Genevieve Thompson war meine Postdoktorandin und ist nun wissenschaftliche Mitarbeiterin. Ihr Talent – sowie Wert und Ausmaß ihrer hervorragend geleisteten Arbeit – ist gewaltig. Aktuell ist Dr. Shane Sinclair mein Postdoktorand; sein Enthusiasmus und sein forschender Verstand sind Ermutigung, die Welt als einen Ort voller Möglichkeiten zu betrachten. Angela Saj ist meine außergewöhnliche Verwaltungsassistentin. Ich bin davon überzeugt, dass ohne ihren Verstand und ihre Beratung nichts jemals zum Abschluss gebracht werden würde!

Seit nunmehr 25 Jahren bin ich damit gesegnet, Dr. William Breitbart meinen Freund und Mentor nennen zu dürfen. Bill ist auf vielfältigste Weise der Bruder, den ich nie hatte. Als ich vor vielen Jahren meine Ausbildung am Memorial-Sloan-Kettering begann, war er mein Betreuer. Bis heute kann er mich wie kein anderer zum Lachen bringen. Bill nahm mit seinem Team an der internationalen randomisierten kontrollierten Studie zur Würdezentrierten Therapie teil. Andere wichtige Beratende und Unterstützende auf diesem Weg sind Dres. Jimmie Holland, Keith Wilson, Kathleen Foley, Dhalie Dhaliwal, Brent Schacter, William Bebchuk, Samia Barakat, Murray Enns, Brian Postl, Jill Taylor-Brown und John Farber, Senator Sharon Carstairs, Shelly Cory und Josette Berard.

Ein Buch zu verfassen, das von Sterblichkeit und der uns Menschen angeborenen Verletzlichkeit handelt, ohne dabei sein eigenes Leben zu reflektieren, ist schwer möglich. Ich hatte in so vielerlei Hinsicht Glück. Meine Eltern, Dave und Shirley Chochinov, ließen mich in einem liebevollen und behüteten Zuhause aufwachsen. Ich heiratete meine beste Freundin, Michelle; und unsere Kinder, Lauren und Rachel, sind zu liebenswerten, bodenständigen und intelligenten jungen Frauen herangewachsen. Wie die meisten Menschen in der Mitte des Lebens habe auch ich Verluste erlebt. Unvergessen bleiben meine Großeltern, Joseph und Florence Wolodarsky, Max und Pessa Chochinov; meine Schwiegereltern, Sam und Sheila Sellers und mein Schwager, Shep Nerman; Tanten und Onkel, Jack und Shirley Wolodarsky, Marilyn und Martin Levitt, Fred Lacovetsky, Sid Bagel, Larry Usiskin, Harold Shukster, Norman Chochinov und meine liebe Schwester Ellen Chochinov, der dieses Buch gewidmet ist.

Abschließend möchte ich die Patientinnen und Patienten und ihre Familien würdigen, die an der Würdezentrierten Therapie teilgenommen haben. Sie alle nahmen trotz erheblicher Verletzlichkeit teil, als die Zeit knapp und ein immer weiter schwindendes Gut war. Indem sie dies taten, halfen sie aufzuzeigen, wie die Würdezentrierte Therapie bei Menschen eingesetzt werden kann, deren Leben sich dem Ende neigt. Ich bin sehr dankbar für ihre Großzügigkeit. Ich kann nur hoffen, dass sie die Würdezentrierte Therapie als fairen Tausch gegen ihre kostbare Zeit empfunden haben. Sie, liebe Leserinnen und Leser, sind nun dabei, viele ihrer Geschichten kennenzulernen. Die Entscheidung darüber, ob die Würdezentrierte Therapie in Ihrem Arbeitsalltag eine Rolle spielen und Patientinnen und Patienten am Ende des Lebens eine sanftere Landung ermöglichen könnte, werden Sie treffen.

Harvey Max Chochinov
Dezember 2010

1 Würde und das Lebensende

> *Dies ist der größte Fehler bei der Behandlung von Krankheiten,*
> *dass es Ärzte für den Körper und Ärzte für die Seele gibt,*
> *wo beides doch nicht getrennt werden kann.*
> Plato

Weshalb Würde erforschen?

Stellen Sie sich für einen Moment vor, Sie näherten sich dem Ende Ihres Lebens. Wir können nicht wissen, wann es so weit sein wird. Sie könnten in der Blüte des Lebens stehen, wo es noch so vieles gibt, wofür es sich zu leben lohnt. Oder Sie könnten im Lebensabend stehen, nachdem Ihnen alle Möglichkeiten gegeben waren, das aus Ihrem Leben zu machen, was Sie wollten. Wo auch immer Sie stehen, versuchen Sie sich vorzustellen, was die Qualität Ihrer verbleibenden Lebenstage bedingen würde. Vielleicht, wie wohl Sie sich fühlen können, oder der Grad Ihrer persönlichen Autonomie. Der Wunsch, dem Leben die letzten Momente abzuringen, ist vielleicht von der Anwesenheit der Menschen abhängig, die Sie lieben und schätzen und von denen Sie geliebt und geschätzt werden. Was müsste dagegen passieren, um an den Punkt zu gelangen, von dem aus Sie nicht mehr weitergehen möchten?

Reflexionen dieser Art sind der Beginn der Reise zum Verständnis einer Würde bewahrenden Versorgung und das Fundament der Würdezentrierten Therapie. Genau genommen lieferten uns Studien zur Untersuchung der Erfahrungen von Menschen, die um Hilfe zur vorzeitigen Beendigung ihres Lebens gebeten hatten, erste Hinweise auf die Wichtigkeit der Würde in der Versorgung von Patienten. Für Menschen, die diese drastische Alternative erwägen, fühlt sich leben, atmen, den nächsten Tag kommen sehen scheinbar überflüssig an. Die vielleicht konkreteste Vereinbarung zu dieser Entscheidung kommt aus den Niederlanden, wo Euthanasie und assistierter Suizid seit einigen Jahrzehnten praktiziert werden. Das diese Praxis regelnde Gesetz wurde im Jahr 2002 erlassen. Dieses Gesetz erlaubt es Ärzten unter bestimmten Bedingungen, der Bitte um die Beschleunigung des Todes von Patienten mit »unerträglichem Leid« nachzukommen. Um die Konsequenzen dieser Legalisierung zu untersuchen, hat die niederländische Regierung eine Kommission zur Überprüfung der Prävalenz medizinischer Entscheidungen zur Beendigung des Lebens (Medical Decisions to End Life – MDEL) eingesetzt.

Die erste nationale Studie zu Euthanasie und anderen medizinischen Entscheidungen zur Beendigung des Lebens (Medical Decisions to End Life – MDEL) in den Niederlanden bestand aus drei Einzelerhebungen: einem an die Ärzte von 7.000 verstorbenen Patienten postalisch versandten Fragebogen, einer prospektiven Umfrage unter Ärzten bezüglich 2.250 Todesfällen sowie ausführlichen Interviews mit 405 Ärzten, die den Tod ihrer Patientinnen und Patienten mittels aktiver Sterbehilfe oder ärztlich assistiertem Suizid beschleunigt hatten (van der Maas, van Delden, Pijnenborg u. Looman, 1991). Die Linderung von Schmerzen und Symptomen mittels hoher Opioidgaben, die möglicherweise lebensverkürzend wirken könnten, war die wichtigste MDEL und erklärte 17,5 Prozent der Todesfälle. Weiteren 17,5 Prozent der Patienten kann das Versterben als Folge der Entscheidung zur Nichtbehandlung zugerechnet werden. Dies waren Fälle, in denen dem Tod des Patienten eine Entscheidung für den Verzicht oder Abbruch einer nicht länger als gerechtfertigt erachteten Behandlung vorausging. Die Gabe von Medikamenten mit letaler Wirkung auf Verlangen des Patienten wurde für 1,8 Prozent aller Todesfälle berichtet. Das Versterben durch ärztlich assistierten Suizid wurde für weniger als die Hälfte von 1 Prozent berichtet. Eine weitere Studie aus dem Jahr 2005 ergab, dass 1,7 Prozent aller Todesfälle in den Niederlanden auf Tötung auf Verlangen sowie 0,1 Prozent aller Todesfälle auf ärztlich assistierten Suizid zurückzuführen sind (van der Heide et al., 2007). Die Autoren vermuten, dass der Rückgang speziell dieser MDEL möglicherweise aus der vermehrten Anwendung anderer Interventionen am Lebensende, beispielsweise der palliativen Sedierung, resultiere.

Die meisten in der Gesundheitsversorgung Tätigen würden einem Gespräch über aktive Sterbehilfe und ärztlich assistierten Suizid eher ausweichen. Sie vermuten, der von einem Patienten oder einer Patientin geäußerte Sterbewunsch könne sie zwingen, sich auf einem schmalen Grat zu bewegen, sich einerseits nicht darauf einzulassen, bei einem Verbrechen mitzumachen, und andererseits Gefühle von Hilflosigkeit und Ohnmacht abzuwehren. Über die gesetzliche, moralische und philosophische Komplexität dieses Themas werden Juristen, Ethiker und Politiker noch weiter debattieren; abgesehen davon werden diese Argumente mitunter so lange hohl klingen, bis eine zufriedenstellende palliative Versorgung allgemein verfügbar ist. Angesichts eines geäußerten Sterbewunsches ist die Rolle der Behandelnden sehr bedeutsam. Sie müssen versuchen, das vollständige klinische Bild zu erfassen, und therapeutisch so effektiv wie möglich reagieren. Um empathisch auf die Umstände reagieren zu können, unter denen die Patientinnen und Patienten ihren Lebenswillen verloren haben, ist es notwendig, die physischen, psychischen, spirituellen und existenziellen Dimensionen des Sterbewunsches zu verstehen.

Unsere Untersuchungen haben gezeigt, dass diejenigen, die den Wunsch nach einem beschleunigten Tod zum Ausdruck bringen, eher depressiv sind, beträchtliche Beschwerden durch unkontrollierbare Schmerzen erleben und weniger soziale Unterstützung angeben (Chochinov et al., 1995). Existenzielle Erwägungen, wie Hoffnungslosigkeit, eine Belastung für andere sein sowie das Würdegefühl, haben ebenfalls einen merklichen Einfluss auf den Lebenswillen der Patienten. Die Erfahrungen in den Niederlanden gewähren jedoch einige wichtige klinisch relevante Einblicke, nicht nur darin, wie viele Patienten sich MDEL selbst zunutze machen, sondern auch, warum diese Patienten zur Beendigung ihres Lebens auf diese Mittel zurückgreifen. Paul van der Maas sah sich gemeinsam mit seinen Kollegen (van der Maas et al., 1991) einer schwierigen Herausforderung gegenüber – die Menschen, deren Motiv zu sterben von zentralem Interesse war, konnten ihre Erlebnisse nicht mehr mitteilen, da sie nicht mehr am Leben waren. Um diesem erheblichen methodischen Problem gerecht zu werden, hat die Forschergruppe die Mediziner kontaktiert, die den Totenschein unterzeichnet haben, aus dem sich ergab, dass die Patienten entweder durch die Gabe von Medikamenten mit letaler Wirkung auf Verlangen des Patienten oder ärztlich assistierten Suizid verstorben waren. Wenngleich kein ideales Forschungsmodell, so war dies unter den gegebenen Umständen wahrscheinlich die beste aller möglichen Methoden. Diesen Medizinerinnen und Medizinern zufolge war der »Verlust von Würde« der häufigste Grund für das Herbeiführen des vorzeitigen Todes ihrer Patienten und wurde in 57 Prozent der Fälle zitiert. Andere Gründe beinhalteten in 5 Prozent der Fälle Schmerz (ohne weitere Angaben), Schmerz als eines von mehreren Symptomen (46 Prozent), Abhängigkeit von anderen (33 Prozent), Lebensüberdruss (23 Prozent) und unwürdiges Sterben (46 Prozent) (van der Maas et al., 1991).

Der berichtete Zusammenhang zwischen dem »Würdegefühl« und wie dieses den Wunsch, weiterzuleben, prägen kann, ist so problematisch wie interessant. In der Studie von van der Maas waren Ärztinnen und Ärzte, nicht die Patienten selbst, die primären Informanten, die über die Rolle des Verlusts von Würde in Verbindung mit dem Wunsch nach vorzeitigem Tod berichteten. Die Studie wirft noch eine andere Frage auf: Wie definiert man ein so nebulöses Konzept wie »Würde«? Ohne ihnen a priori eine Definition gegeben zu haben, wie der

Begriff Würde in Bezug auf die Erfahrungen ihrer nun verstorbenen Patienten zu verwenden sei, waren die Antworten der Mediziner ihren eigenen Ansichten und ihren eigenen idiosynkratischen Interpretationen der Bedeutung von Würde überlassen, ebenso wie zu bestimmen, ob oder wie die Würde angegriffen oder sogar verletzt wurde. Diese Fragen waren für unser Forschungsteam Ermutigung genug, mit einer neuen Reihe von Untersuchungen zu beginnen. Wenn Würde letzten Endes etwas ist, wofür es sich zu sterben lohnt, dann ist sie es fürwahr wert, sorgfältig erforscht zu werden.

Würde und empirische Forschung

Würde in der Gesundheitsversorgung zu verteidigen ist ein bisschen wie die Verteidigung von Mütterlichkeit und Apfelkuchen. Auf den ersten Blick erscheint dies nicht notwendig und vielleicht sogar nicht der Mühe wert. Schließlich intoniert Würde – und alles, was damit verbunden wird – einen Akkord, der bei den meisten der in der Gesundheitsversorgung Tätigen auf Resonanz stößt. Wie für *Liebe, Freude* oder *Hoffnung* könnte man auch für Würde annehmen, sie solle der Intuition überlassen bleiben und sicher nicht empirisch unter die Lupe genommen werden. Obwohl die Literatur zur Gesundheitsversorgung mit Referenzen zu Würde gespickt ist, da Würde mit der Qualität der Gesundheitsversorgung verknüpft wird, gibt es nur einen kleinen Konsens darüber, wie der Begriff benutzt wird. Es könnte beispielsweise sein, dass Menschen zu verschiedenen Praktiken in der Krankenversorgung – Tötung auf Verlangen, ärztlich assistierter Suizid, terminale Sedierung, künstliche Ernährung und Flüssigkeitszufuhr – diametral gegensätzliche Meinungen haben und letztlich *Würde* als ihren Trumpf ausspielen. Folglich wird das Argument auf *das Recht zu sterben* als höchste Form individueller Autonomie gesehen und steht somit in Einklang mit der Würde des Menschen, während die Gegner dieses Arguments die absichtliche Beendigung eines Menschenlebens als eklatante Verletzung der Menschenwürde ansehen.

Das Würdekonzept ist in der Betreuung Sterbender von großem Interesse. Die meisten Palliativversorger würden dem zustimmen, dass Würde ein philosophischer Grundpfeiler ihrer Haltung gegenüber ihren Patienten und deren Familien ist. Obwohl Patienten gegebenenfalls *sterben* wollen, sollten sie sich würdelos fühlen, ist in der medizinischen Fachliteratur recht wenig darüber zu finden, wie sterbende Patienten das Konzept Würde erleben oder verstehen. Unsere erste Studie zu Würde führten wir mit Patienten mit Krebs im Endstadium durch (Chochinov et al., 2002a). Diese Patientinnen und Patienten wurden von einem der zwei Dienste zur spezialisierten Palliativversorgung in

Winnipeg, Kanada, versorgt. Einer der Dienste war einem Allgemeinkrankenhaus, dem St. Bonifatius Klinikum, angegliedert, der andere einer erweiterten Pflegeeinrichtung, dem Riverview-Gesundheitszentrum. Beide Einrichtungen sind Teil des regionalen gesundheitsbehördlichen Programms zur Palliativversorgung in Winnipeg[1], das moderne ambulante Versorgung für die Gemeinde sowie stationäre Palliativversorgung anbietet. Sofern die Patienten unter kognitiven Einschränkungen litten, nicht einwilligungsfähig waren oder einfach zu schwach waren, um das Studienprotokoll zu erfüllen, wurden sie nicht in die Studie eingeschlossen. Über einen Zeitraum von vier Jahren nahmen 213 Patientinnen und Patienten an der Studie teil. Sie alle wurden gebeten, ihr Würdegefühl einzuschätzen. Unsere primären Zielgrößen beinhalteten eine siebenstufige Skala zum Würdegefühl (0 = kein Gefühl von Würdeverlust, 1 = minimal, 2 = ein wenig, 3 = etwas, 4 = stark, 5 = sehr stark, 6 = extremes Gefühl von Würdeverlust), eine Symptombelastungsskala, den McGill-Schmerzfragebogen, den Index zur Unabhängigkeit in der alltäglichen Lebensführung (IADL), eine Skala zur Lebensqualität, eine kurze Fragebogenbatterie zur Selbsteinschätzung zu Sterbewunsch, Angst, Hoffnungslosigkeit, Lebenswillen, Belastung sein für andere sowie zur Einschätzung der sozialen Unterstützung.

Mehr als die Hälfte aller Patienten beschrieb ihr Würdegefühl als stark oder intakt, während die übrigen angaben, wenigstens einige oder zeitweise würdebezogene Sorgen zu haben. Nur 16 Patienten – 7,5 Prozent – gaben an, dass Würdeverlust ein maßgebliches Problem sei, gekennzeichnet durch das Gefühl, sich zu schämen, herabgewürdigt oder in Verlegenheit gebracht worden zu sein. Diese 16 Patienten mit verletztem Würdegefühl wurden häufiger stationär im Krankenhaus als durch häusliche Pflege versorgt. Tendenziell waren diese Patienten jünger. Patientinnen und Patienten mit verletztem Würdegefühl berichteten häufiger vom Sterbewunsch oder Verlust des Lebenswillens. Ebenso gaben sie häufiger an, sich depressiv, hoffnungslos oder ängstlich zu fühlen. Wenig überraschend berichteten Patienten mit verletzter Würde häufiger von Schwierigkeiten mit der Darmfunktion und Sorgen bezüglich ihres äußeren Erscheinungsbildes. Sie berichteten ebenfalls vermehrt vom Hilfebedarf bei intimen Pflegemaßnahmen wie Duschen, Anziehen oder Toilettengängen. Insgesamt waren die Einschätzungen zur Lebensqualität und die Zufriedenheit mit der Lebensqualität bei Patienten mit verletztem Würdegefühl gegenüber denjenigen, deren Würdegefühl intakt war, signifikant niedriger. Wenn man all diese Faktoren zusammengenommen betrachtet, stand ein erhöhtes Risiko für ein verletztes Würdegefühl in Zusammenhang mit – Reihenfolge in abnehmender

---

1 Winnipeg Regional Health Authority Palliative Care Program

Stärke – der gesteigerten Wahrnehmung der Veränderung des äußeren Erscheinungsbildes, dem verstärkten Gefühl, eine Belastung für andere zu sein, der gesteigerten Abhängigkeit von anderen, gesteigerter Schmerzintensität und der Tatsache, ein stationär behandelter Patient zu sein (Chochinov et al., 2002a).

Da dies eine der ersten empirischen Untersuchungen zum Würdekonzept aus Sicht der Patienten ist, sind an dieser Stelle einige interpretative Beobachtungen berechtigt. So war es beispielsweise überraschend, dass weniger als 8 Prozent der Patienten in unserer Studie von einem signifikant verletztem Würdegefühl berichteten. Wenn man bedenkt, dass all diese Patientinnen und Patienten innerhalb der nächsten Wochen oder Monate versterben würden, hätte durchaus eine höhere Inzidenz an verletztem Würdegefühl erwartet werden können. Andererseits muss bedacht werden, dass jeder dieser Patienten mit qualitativ hochwertiger, umfassend professioneller Betreuung am Lebensende versorgt war. So wie in den meisten zeitgemäßen Versorgungsstrukturen bietet auch das regionale gesundheitsbehördliche Programm zur Palliativversorgung in Winnipeg ein Betreuungsangebot, das sich der physischen, psychosozialen, existenziellen und spirituellen Herausforderungen annimmt, denen Patienten am Ende ihres Lebens gegenüberstehen. Auf dieser Grundlage weisen die Daten darauf hin, dass würdebezogene Sorgen gemindert werden können, wenn vollumfängliche und effektive Versorgung bereitgestellt wird. Gute Schmerz- und Symptomkontrolle, das Gefühl, unterstützt zu werden und persönliche Bedürfnisse besprechen zu können, reduzieren insgesamt die Wahrscheinlichkeit dafür, dass Würde verletzt wird. Eine zweite Überlegung zur Erklärung des verhältnismäßig geringen würdebezogenen Disstress geht dahin, wie die Patientinnen und Patienten selbst ihr Würdegefühl betrachten oder wertschätzen. So wie eine tief religiöse ältere Dame mit Krebs im Endstadium sagte: »Würde ist von Gott gegeben … solange ich lebe, kann mir meine Würde nicht genommen werden.« Mit diesem Beispiel ist es möglich, sich vorzustellen, dass Würde mit tiefem Selbstgefühl oder der Persönlichkeit verbunden ist. Dadurch könnte die Widerstandskraft des Würdegefühls es für Herausforderungen, denen dem Tode nahe Menschen gegenüberstehen, unempfindlicher machen.

Die Bedeutung des *persönlichen äußeren Erscheinungsbilds* in Verbindung mit Würde ist ausgesprochen interessant. Unsere äußere Erscheinung oder unsere Wahrnehmung dessen, wie wir auf andere wirken, ist ein komplexes Thema. Während diese einerseits als internal verortet anzusehen ist, ist sie zugleich stark von äußeren Rückmeldungen abhängig. Ohne eine solche Validierung kann es schwierig sein, einzuschätzen, wie wir wahrgenommen werden. Was ist also die Verbindung zwischen dem Würdegefühl und der Wahrnehmung, wie wir von anderen gesehen werden?

Vor vielen Jahren behandelte ich einen jungen Patienten mit einem primären Hirntumor. Leider gab es schon lange keine Möglichkeit mehr zu einer kurativen Behandlung. Obgleich viele Details zu diesem Fall bereits verblasst sind, ist eine Erinnerung noch immer sehr lebendig. Eines Tages betrat ich das Zimmer des jungen Mannes und fand ihn moribund vor. Er konnte nicht mehr sprechen und schien dem Versterben schon recht nah zu sein. Wie man sich vorstellen kann, hatte seine Krankheit ihren Tribut gefordert, und er war nunmehr ein Schatten der jungen und gesunden Person, die er einst gewesen war. An diesem besonderen Morgen hatte jemand ein Bild auf seinen Nachtschrank gestellt, auf dem er bei völliger Gesundheit zu sehen war. Ich bestaunte das Foto eines kräftig gebauten Sportlers, der eine »Der unglaubliche Hulk«-Pose nachahmte. Der Kontrast zwischen dem sterbenden jungen Mann und der Fotografie eines muskulösen Adonis war erschütternd. Ich erinnere mich an das verstörende Gefühl beim Verlassen des Raums, als ich versucht habe, die Bedeutung dieser zwei nebeneinanderstehenden Bilder für mich zu sortieren.

Jahre später, als sich die Ergebnisse unserer Studien zu Würde kumulierten und sich die Themen äußeres Erscheinungsbild und die Wahrnehmung, wie andere uns sehen, herauskristallisierten, kam die Erinnerung an diesen Morgen zurück, zusammen mit einer sehr späten Offenbarung: »Für mich ist es wichtig, dass ihr mich so seht.« Vielleicht reflektierte das Unbehagen, das ich so viele Jahre zuvor verspürt habe, mein eigenes Unverständnis und die Unfähigkeit, diese Botschaft zu entschlüsseln. Ich wurde nicht gebeten, etwas anderes zu tun oder zu sagen, sondern vielmehr, die Dinge anders zu *sehen*. Diese Fotografie, ein unausgesprochener Auftrag, eine unausgesprochene Bitte, sollte mir nicht mitteilen, zu ignorieren, was meine Augen sahen, sondern vielmehr wahrzunehmen, was mein Patient zu sagen versuchte: »Das bin ich! Ich wünschte, ihr könntet mich so sehen. So möchte ich in Erinnerung behalten werden.«

Weitere neuere Studien zum Verständnis von Würde haben unsere ersten Ergebnisse bestätigt. Beispielsweise berichteten in einer Studie mit 211 palliativ versorgten Patienten 87,1 Prozent der Teilnehmenden über folgende ihr Würdegefühl beeinflussenden Hauptthemen: nicht mit Respekt oder verständnisvoll behandelt worden zu sein sowie das Gefühl, für andere eine Belastung zu sein (Chochinov et al., 2006). Dies sollte wenig überraschen, da das Konzept des Respekts die Vorstellung davon enthält, wie wir von anderen wahrgenommen werden. Für Patientinnen und Patienten, die sich dem Tode nähern, scheint also das Gefühl, nicht länger mit Respekt behandelt zu werden, eng mit dem Würdekonzept verwoben zu sein.

Das Modell zu Würde bei unheilbarer Erkrankung

Würde ist ein komplexes Konstrukt; um es zu verstehen, braucht es mehr als die bloße Dokumentation des Zusammenhangs mit verschiedenen Belangen am Lebensende. Auch wenn die Kenntnis dieser Verbindungen so wichtig wie interessant ist, reicht dieses Wissen nicht dazu aus, um konkret zu beschreiben, was Würde ist. Zu sagen, dass Würde mit Lebensqualität korreliert, ist nicht ausreichend, um Würde zu definieren. Es sagt uns nichts darüber, wie Menschen mit lebensbedrohlichen oder lebensverkürzenden Erkrankungen Würde empfinden oder welche Dinge hilfreich wären, um das Würdegefühl der Patienten zu unterstützen oder zu schwächen. Oder ob es seitens der Gesundheitsversorger bestimmte Verhaltensweisen gibt, die Würde potenziell beeinflussen. Auch wenn wir die Prävalenz von Würde beeinflussenden Belastungen bei Sterbenden kennen mögen sowie die verschiedenen Zusammenhänge zwischen Würde und bekannten Quellen für Disstress, brauchen wir ein tieferes Verständnis davon, wie Patientinnen und Patienten im Angesicht des Todes Würde und würdebezogene Themen verstehen.

Die wahrscheinlich hilfreichste Studie, die unsere Forschungsgruppe näher an solch tiefer gehende Einblicke heranführte, wurde mit einer Kohorte von fünfzig Patienten durchgeführt, die dem Lebensende bereits nahe waren (Chochinov et al., 2002b). Statt einer simplen Einschätzung ihres Würdegefühls baten wir die Patientinnen und Patienten darum, uns zu erklären, was sie – in aller Komplexität – unter Würde verstehen: »Was bedeutet Würde für Sie in Ihrer gegenwärtigen Lebensphase? Haben Sie bestimmte Erfahrungen gemacht, die Ihre Würde verletzt haben? Können Sie sich an Situationen erinnern, in denen Sie das Gefühl hatten, Ihre Würde wurde gestärkt? Wie steht Ihr Würdegefühl mit dem Wesen Ihrer Persönlichkeit in Zusammenhang und mit dem Maß, in dem Sie das Leben immer noch lebenswert finden?« Aus dieser detailreichen Befragung entstand ein erstes Modell zu Würde bei unheilbarer Erkrankung (siehe Abbildung 1).

Ähnlich wie Straßenkarten können Modelle eine komplexe Landschaft aufzeichnen, Menschen den Weg dorthin zeigen, wo sie hinmüssen, und sie darüber hinaus gelegentlich auch an Orte führen, die ihnen zuvor gänzlich unbekannt waren. Unser Modell zu Würde bei unheilbarer Erkrankung oder, einfach ausgedrückt, das Würdemodell bietet einen wichtigen Überblick darüber, wie der Würdebegriff mit einer breiten Spanne an Themen zusammenhängt, die von den Menschen als wichtig erachtet werden, die lebensbedrohenden oder lebensverkürzenden gesundheitlichen Herausforderungen gegenüberstehen.

Dieses vollständig auf Patientenaussagen basierende Würdemodell weist auf drei primäre Quellen hin, die für Patientinnen und Patienten von Bedeutung sind.

Abbildung 1: Modell zu Würde bei unheilbarer Erkrankung

Krankheitsbezogene Aspekte können Würde beeinflussen, also Faktoren, die meist direkt aus der Krankheit selbst resultieren, etwa physische und psychische Reaktionen. Würde kann auch von dem von uns sogenannten *würdebewahrenden Repertoire* beeinflusst werden. Dieses Repertoire beschreibt unzählige psychologische und spirituelle Faktoren, die das Würdegefühl eines Menschen beeinflussen können. Diese Einflüsse liegen häufig in der psychischen Konstitution einer Person, in ihrem persönlichen Hintergrund und ihren akkumulierten Lebenserfahrungen. Wenngleich Würde letztlich internal vermittelt sein mag, so kann sie zudem von außen beeinflussbar sein. Mit anderen Worten: Es gibt in der sozialen Umgebung Faktoren, die das Würdegefühl einer Person beeinflussen. Wir bezeichnen diese äußeren Faktoren oder Herausforderungen als *Inventar sozialer Würde*.

Krankheitsbezogene Aspekte

Innerhalb der Kategorie *krankheitsbezogene Aspekte* kommen verschiedene wichtige Themen zum Ausdruck, wie der Grad der Unabhängigkeit und die Symptomlast. Der Grad der Unabhängigkeit beinhaltet die Unterpunkte kognitive Verfassung und funktionelle Kapazität. Die Symptomlast beinhaltet die Unterpunkte körperliche Belastung und psychische Belastung.

Grad der Unabhängigkeit

Die Art und Weise, wie Menschen über sich selbst denken, ist vielschichtig und beruht zum Teil auch auf dem, was sie selbst tun können. Wenn man sich vorstellt, wie viele Aktivitäten unseren alltäglichen Tagesablauf ausfüllen, ist es leicht zu erkennen, wie diese mit dem Inneren des eigenen Selbstgefühls verschmelzen. Aber bestimmt das, was wir tun, auch das, »wer wir sind«, oder sind unsere ausgeführten Handlungen lediglich die operationalisierte Funktionsfähigkeit? Das Haus aufräumen, eine Mahlzeit zubereiten, die Wäsche machen, die Kinder versorgen, mit dem Hund spazieren gehen, Bankgeschäfte erledigen, Rechnungen bezahlen, Auto fahren – was geschieht angesichts der Tatsache, diese Dinge nicht mehr ausführen zu können, mit dem Selbstgefühl? An welchem Punkt verbinden sich diese vielfältigen Fähigkeiten, jede für sich oder zusammengefasst, mit der Bedeutung der Persönlichkeit? Was ist darüber hinaus mit weiteren Fähigkeiten, beispielsweise dem Besuch eines Konzerts, dem Lesen der Zeitung, dem Verschlingen eines Romans oder in einem Theaterstück mitzuwirken, ein Instrument zu spielen, Poesie zu schreiben, Freunde und Familie zu besuchen, reisen, studieren, meditieren, Sport treiben – die Liste ist schier endlos. Die Frage ist: Bis zu welchem Ausmaß definieren diese Aktivitäten oder Fähigkeiten, wer wir sind, wie andere uns sehen und wie wir uns selbst sehen?

Unter welchen Umständen kann Abhängigkeit unser grundlegendes Selbstgefühl oder unsere Persönlichkeit untergraben? Der Grad der Unabhängigkeit bestimmt den Grad der Fähigkeit, das Gefühl von Abhängigkeit von anderen zu vermeiden. Für einige sind die Akzeptanz von Hilfe und das Zulassen von Hilfe die notwendige und erbetene Unterstützung und lassen das Selbstwertgefühl unberührt. Für andere ist dies dagegen eine erdrückende und vernichtende Verletzung der Persönlichkeit.

Erik war ein 28-jähriger Mann, der aufgrund eines Hodentumors in Behandlung war. Er war seit zwei Jahren mit Joan verheiratet. Seine Ehefrau war von der rapiden Verschlechterung der gemeinsamen Beziehung, die fast exakt mit der Zeit begann, als er krank wurde, zunehmend belastet. Während sie anfangs gut miteinander harmonierten und, Joans Aussage nach, eine stabile Beziehung führten, änderte sich nach der Diagnosestellung alles. Sie kamen beide nicht mehr gut miteinander aus. Darüber hinaus hatte sich Erik eine eigene Wohnung angemietet, die er schließlich bezog. Im ärztlichen Beratungsgespräch stellte sich heraus, dass er den Gedanken, irgendwie anders als »vollständig« gesehen zu werden, nicht ertragen konnte. Während er sich im Grunde noch immer gut fühlte, war für ihn beispielsweise die Tatsache, nicht einmal mehr die Lebensmittel nach Hause tragen zu können, niederschmetternd und inakzeptabel. Dies passte nicht zu seinem Selbstverständnis als »starker Mann« und »guter Ehemann«.

Zwei Bereiche, die den Grad der Unabhängigkeit herausfordern und Teil des Würdemodells sind, sind die kognitive Verfassung und die funktionelle Kapazität. Der erstgenannte Bereich meint die Fähigkeit, intensive mentale Prozesse aufrechtzuerhalten, ohne die der Erhalt der Selbstbestimmung noch schwieriger würde. Müdigkeit, Delir, Erkrankungen des zentralen Nervensystems oder Verletzungen können einen weitreichenden Einfluss auf den Grad der Unabhängigkeit haben. Wie im Folgenden noch ausgeführt wird, können diese Faktoren auch einen tief greifenden Einfluss auf das Selbstgefühl haben. Kein Wunder, dass vor allem psychotische Erkrankungen oder Demenzen mit einer erhöhten Prävalenz für klinische Depression in Zusammenhang stehen. In beiden Fällen ist es nahezu unmöglich, sich selbst von den Folgen der Erkrankung zu distanzieren, angesichts dessen, dass das Zielorgan der Erkrankung im Grunde das *Selbst* ist. Auf der anderen Seite bezieht sich die funktionelle Kapazität auf die Fähigkeit, verschiedene Aufgaben des persönlichen Lebens zu bewältigen, wie einkaufen, aufräumen, Mahlzeiten zubereiten und ähnliche Dinge. Die »intimen Abhängigkeiten« wie essen, baden oder zur Toilette gehen stellen sich besonders für die Patienten als Herausforderung dar, die würdebezogene Sorgen äußern. Es ist wichtig zu wissen, dass die Bedeutung, die Patienten diesen Tätigkeiten beimessen, sowie die Umstände, unter denen sie stattfinden, einen großen Einfluss darauf haben, wie die Patientinnen und Patienten diese Tätigkeiten erleben.

Joe war ein 78-jähriger verheirateter Mann mit fortgeschrittenem Prostatakarzinom. Obwohl seine Frau und seine zwei erwachsenen Kinder entschlossen waren, ihn die letzten Wochen seines Lebens zu Hause zu versorgen, wurde dies zunehmend schwierig. Während einer Überarbeitung des Pflegeplans mit der Leitung des ambulanten Pflegedienstes äußerte Joe den Wunsch, stationär aufgenommen zu werden. Auch wenn es den Anschein hatte, dass alle notwendige Hilfe und Pflege zu Hause grundsätzlich gut geleistet werden konnte, fühlte sich Joe zunehmend unwohl bei dem Gedanken, seine Frau manchmal auch »als meine Krankenschwester« um sich zu haben. Obwohl sie jegliches Unbehagen bei Aufgaben wie Füttern, Baden oder dem Anreichen der Bettpfanne abstritt, schämte sich Joe. Es ging weniger darum, dass er sich als Belastung für seine Ehefrau wahrnahm oder dass er Widerstände oder Zurückhaltung wahrnahm. Eher war es so, dass er die Abhängigkeit, die er spürte, seit sie diese Aufgaben übernommen hatte, schlichtweg nicht akzeptieren konnte. Damit war die tief greifende Verzerrung ihrer gewohnten Rollenaufteilung verbunden. So kam es, dass er eine Woche vor seinem Tod schließlich stationär aufgenommen wurde. Er äußerte gegenüber dem Pflegepersonal, wie sehr es ihn befriede, zu wissen, dass sie – und nicht seine Familie – nun da seien, um ihn bei der persönlichen Pflege zu unterstützen.

Menschen mit langjähriger Behinderung gewähren wichtige Einblicke in das Erleben funktioneller Abhängigkeit (Wadensten u. Ahlstrom, 2009). Viele behinderte Personen benötigen lange Zeit begleitende Unterstützung bei unterschiedlichsten Aktivitäten des täglichen Lebens, wie sich anzuziehen, zu baden, zur Toilette zu gehen oder zu essen. Die Dynamiken, die diese Unterstützung physisch, psychisch und spirituell aushaltbar machen, sind aufschlussreich. Die Pflegebedürftigen müssen spüren können, dass sie den Pflegenden keine inakzeptable oder unzumutbare Last aufbürden. Pflegebedürftige müssen spüren, dass diese Pflege ihr gutes Recht und eine Selbstverständlichkeit ist und kein sich gerade ergebender Gefallen. Wenn es sich beispielsweise um eine bezahlte Pflegekraft handelt, kann es die Pflege gegen Bezahlung sein, die dazu beiträgt, dass sich die pflegebedürftige Person gleichwertig und zum Empfang dieser Pflege berechtigt fühlt. Die pflegebedürftige Person wird zum Konsumenten einer Dienstleistung statt eines Auslösers für Barmherzigkeit, Mitleid oder guten Willen. Die pflegebedürftige Person muss trotz ihrer Abhängigkeit spüren können, dass sie noch immer die verantwortliche Person ist. Darüber hinaus muss sie spüren, dass ihre speziellen Anweisungen und Vorlieben vorgeben, wie bestimmte Dinge erledigt werden, und dass ihre »Expertenmeinung« wichtig und willkommen ist.

Symptomlast

Die Symptomlast stellt für die erkrankten Personen selbstverständlich eine weitreichende Beeinträchtigung dar. Symptome lenken die Aufmerksamkeit von anderen Aspekten des Lebens auf Körperempfindungen oder Sorgen. In vielen Fällen sind Symptome die Eintrittstür in die Patientenrolle. Physische Leiden sind immer von unzähligen Gefühlen und Fragen begleitet. Das physische Erleben von Symptomen und die emotionalen Begleiterscheinungen sind untrennbar miteinander verbunden. Das Erleben von Schmerzen kann zum Beispiel von Beunruhigung, Depression und Angst begleitet sein. Dies ist davon abhängig, wie der Schmerz interpretiert wird und welche Bedeutung ihm beigemessen wird. Solche Erfahrungen verstärken sich üblicherweise gegenseitig. So führen beispielsweise Angst oder Depression zu einer reduzierten Schmerztoleranz. Umgekehrt können Schmerzen die Patienten anfälliger für Depression oder Angst machen.

Frau G. war eine 64-jährige Frau mit fortgeschrittenem Brustkrebs. Mit dem Fortschreiten ihrer Erkrankung wurde die Schmerzkontrolle zunehmend problematisch. Als sie Knochenmetastasen entwickelte, empfahl ihr Arzt die Medikation mit Opioiden. Zu seiner Überraschung lehnte Frau G. diese rundheraus ab. Als ich Frau G. in der Beratung kennenlernte, stellte sich heraus, dass ihre Mutter ein Jahr zuvor verstorben war. Kurz vor ihrem Tod begann man bei Frau G.s Mutter mit Morphingaben. Sie wurde delirant und starb kurz darauf in einem Zustand aus Angst und Verwirrung. Für Frau G. bedeutete die Zustimmung zu opioidhaltigen Analgetika unausweichlich, dass sie den gleichen unglücklichen Weg gehen würde wie ihre Mutter. Als sie diese Bedenken äußern und so ihre eigene Situation von der Situation ihrer Mutter trennen konnte, war sie willens, schmerzfrei zu werden. Ihre Schmerzen konnten dann zügig unter Kontrolle gebracht werden. Bei ihrem nächsten ambulanten Termin, jetzt schmerzfrei, sprach sie von den einfachen Freuden, die sie nun wieder genießen könne, zum Beispiel auf ihrer Veranda zu sitzen, eine Tasse Kaffee zu trinken, eine Zeitschrift zu lesen und die Sonne auf ihrem Rücken zu spüren.

Psychischer Disstress ist eng mit der Patientenrolle verwoben. Depression, Angst und Panik sind Wege, mit denen wir auf sich verändernde akute oder bedrohliche Gesundheitszustände reagieren. Es ist bemerkenswert, dass sich *medizinische Ungewissheit* und *Angst vor dem Sterben* im Würdemodell innerhalb der psychischen Belastung als separate Subthemen herauskristallisierten (Chochinov et al., 2002b; Chochinov, 2002). Medizinische Ungewissheit ist mit einer Fahrt durch die Nacht ohne Licht gleichzusetzen. Der Weg erscheint erst recht bedrohlich und beängstigend. Oftmals fürchten Patienten das, was sie nicht kennen, genauso, wenn nicht noch mehr, wie das, was sie kennen. Die Bestätigung selbst einer ernsten Diagnose kann Trost für denjenigen sein, der lange mit Unsicherheit gelebt hat und währenddessen versucht hat, sein wachsendes Unbehagen oder die zunehmenden Beeinträchtigungen zu interpretieren. Furcht, die auf *Nichtwissen* basierte, kann dazu übergehen, Wege zu finden, sich dem zu stellen, was vor einem liegt, Bewältigungsstrategien zu entwickeln oder realistische Optionen zu identifizieren.

So seltsam und makaber es klingen mag, nicht zu wissen, wie der Tod kommen oder erlebt werden wird – Angst vor dem Sterben (Grumann u. Spiegel, 2003; Sherman, Norman u. McSherry, 2010) –, kann oft überwunden werden durch klare Informationen, gepaart mit der Sicherheit, wie Belastungen oder Probleme in den Griff zu bekommen sind, sowie der Zusicherung, dass man den Patienten niemals aufgegeben wird. Beispielsweise machen sich einige Patienten vielleicht darüber Sorgen, dass die Wirkung ihrer Schmerzmittel nachlassen könnte und sie in den letzten Tagen ihres Lebens mit furchtbaren

Schmerzen belastet sein werden. Andere Patienten fürchten vielleicht die Verschlechterung ihrer Atmung und den Tod durch langsames Ersticken. Wieder andere beunruhigt vielleicht der Gedanke an psychische Veränderungen und daran, Dinge zu sagen oder zu tun, die sie in Verlegenheit bringen könnten oder für die sie sich schämen würden. Für jedes Beispiel ist es möglich, solche Ängste zu verringern, indem den Patientinnen und Patienten versichert wird, dass all diese Probleme durch aufmerksame und effektive Versorgung antizipiert und verhindert werden können. Wie bei einem Lauf über ein Hochseil wird dieser Gang sehr stark von der Gewissheit eines jederzeit verfügbaren Sicherheitsnetzes beeinflusst.

Würdebewahrendes Repertoire

Machen wir uns bewusst, dass die Reaktionen einer Person auf eine Erkrankung nicht nur von dieser Erkrankung abhängen, sondern viel mehr noch von der Gesamtheit dessen, wer diese Person ist. Jede Person hat eine besondere psychische Konstitution und spirituelle Ansichten, die ihre Weltanschauung formen und die Reaktionen auf Herausforderungen und Krisen beeinflussen. Im Modell der Würde bei unheilbarer Erkrankung werden diese Phänomene als würdebewahrendes Repertoire (Chochinov et al., 2002b; Chochinov, 2002) bezeichnet. Die verschiedenen Komponenten dieses Repertoires stellen einen Rahmen zur Verfügung, um zu verstehen, wie Menschen auf sich verändernde Gesundheitszustände reagieren.

Einem höflichen älteren Arzt, einem Mann der leisen Worte, wurden die Untersuchungsergebnisse mitgeteilt, die seinen malignen Hirntumor bestätigten. Auf diese Mitteilung reagierte er wortwörtlich mit dem Ausspruch: »Nun, das ist ärgerlich.«

Eine sich selbst verachtende junge Frau, deren Kindheit durch Vernachlässigung und Missbrauch ruiniert worden war, erlebte ihre jetzige Diagnose Eierstockkrebs als Bestätigung ihrer Wertlosigkeit und als verdiente Strafe.

Auch wenn es wichtig ist, die aktuellen Reaktionen der Patientinnen und Patienten im Hier und Jetzt zu verstehen, kann eine vollständigere Wahrnehmung dessen, was sie empfinden mögen, nur durch das Wahrnehmen ihres würdebewahrenden Repertoires gewonnen werden. Das würdebewahrende Repertoire gliedert sich in die würdebewahrenden Perspektiven und das würdebewahrende Handeln.

Würdebewahrende Perspektiven

Die würdebewahrenden Perspektiven beziehen sich auf die Ansicht oder die Art, die Welt zu sehen, und sind davon bestimmt oder geformt, *wer* krank ist, und nicht einfach davon, *woran* dieser jemand leidet. Jeder hat seinen oder ihren eigenen Weg, sich widrigen Lebensereignissen oder Umständen zu stellen oder nicht zu stellen. Die psychische oder spirituelle Topografie, vor der diese Reaktion vollzogen wird, stellt die würdebewahrenden Perspektiven dar. Acht spezifische Subthemen gliedern diesen Blickwinkel: Selbstkontinuität, Aufrechterhaltung von Rollen, Generativität oder Vermächtnis, Bewahrung von Stolz, Hoffnung, Autonomie oder Kontrolle, Akzeptanz sowie Resilienz oder Kampfgeist.

Selbstkontinuität. Bin ich noch ich? Die Frage mag befremdlich klingen, aber für jemanden, der von einer schweren Krankheit betroffen und von wachsenden Verlusten bedroht ist, hat diese Frage eine tief greifende Bedeutung. Die Herausforderungen, die Selbstkontinuität aufrechtzuerhalten, gehen mit dem Eintritt in die Patientenrolle einher. Sie können subtil und, zeitlich begrenzt, kaum wahrzunehmen sein: den eigenen Zeitplan für den Tag an einen Untersuchungstermin anpassen, ein Patientenarmband oder Krankenhauskleidung tragen, von medizinischem Fachpersonal untersucht werden, verschiedene Tests durchlaufen. Schon allein der Akt, einem Arzt ein Symptom zu zeigen, kann das Gefühl für die eigene Persönlichkeit verändern. Für diese eine Momentaufnahme, sei es ein Knoten in der Brust, eine rektale Blutung, ein geschwollener Knöchel, ein entzündeter Hals – in diesem Augenblick ist es diese Brust, dieses Rektum, dieser Knöchel, dieser Hals, der die volle professionelle Aufmerksamkeit des Mediziners auf sich zieht.

Eine junge Frau, die aufgrund einer gutartigen rektalen Zyste in medizinischer Behandlung war, klagte nach Wochen täglicher Hilfe beim An- und Ausziehen durch verschiedene ambulante Pflegedienste, in denen viele Menschen ihr Gesäß zu sehen bekommen hatten, sie fühle sich ohne Würde: »Mein Arzt weiß wahrscheinlich noch nicht mal, wie meine Gesicht aussieht!«

So wie diese Frau beklagen viele Patientinnen und Patienten die Tatsache, dass die Erkrankung sie entblöße. Sie entledigten sich nicht nur ihrer Kleidung und Hemmnisse, sondern die Erkrankung entblöße auch ihr Innerstes. Die verschiedenen und komplexen Rollen, die Menschen in ihrem Leben einnehmen, die Leistungen, die sie stolz machen, die Herausforderungen, denen sie sich stellen, ihre Hoffnungen, Träume oder Fantasien, all das kann schnell durch ein Symptom oder eine Reihe von Symptomen, die der medizinischen Versorgung bedürfen, in den Schatten gestellt werden.

Selbstkontinuität bezeichnet das Ausmaß, in dem die Patienten trotz der gesundheitlichen Herausforderungen dazu in der Lage sind, sich ihr Selbstbild oder ihre eigene Persönlichkeit zu bewahren. Natürlich wird dieses Ausmaß von mehreren Faktoren beeinflusst, inklusive der psychischen Konstitution der Person, des sozialen Netzwerks, der spirituellen und existenziellen Ansichten. Es sind Resilienz und die Zugabe dieser Faktoren, welche die Fähigkeit einer Person bestimmen, die eigene Identität über die Patientenrolle hinaus aufrechtzuerhalten.

Marie war eine 36-jährige junge Frau mit Leukämie. Sie benötigte eine Knochenmarkstransplantation. Nahezu von dem Moment ihrer stationären Aufnahme an empfand sie die Anpassung an die »Patientenrolle« als unerträglich. Die Stationsroutine, ihre aufgrund des schlechten Blutbilds eingeschränkte Mobilität, die unzähligen an ihrer Gesundheitsversorgung beteiligten Spezialisten – all das gab ihr das Gefühl, überrannt zu werden. Eines Tages trat Marie aus ihrem Zimmer heraus. Sie trug ein langes, elegantes Nachthemd aus blauem Satin. Während einige der Teammitglieder annahmen, dies wäre nicht viel mehr als ein Ausdruck von Eitelkeit, war es für Marie der Weg, ihre Individualität auch im Angesicht einer lebensbedrohlichen Erkrankung zu zeigen.

Obwohl Selbstkontinuität für jeden Menschen relevant wird, der sich mit seiner Patientenrolle auseinandersetzen muss, bekommt Selbstkontinuität speziell für Patientinnen und Patienten mit lebensbedrohenden Erkrankungen oder lebensverkürzenden Leiden eine tief greifende Bedeutung. Die Erkrankung an sich kann als Teil einer Abwärtsspirale nachlassender funktioneller Kapazität zunehmend Behinderungen und verschiedenste Einschränkungen verursachen. Wenngleich »wer wir sind« nicht dasselbe sein mag wie »was wir tun«, gibt es offensichtliche Überschneidungen. Was macht es mit unserer Persönlichkeit, wenn die Erkrankung die Fähigkeit zu gewöhnlichen Tätigkeiten einschränkt?

Zum Beispiel musste sich ein Wissenschaftler, der einen Schlaganfall erlitten hatte, damit auseinandersetzen, dass er seinen eingeschlagenen Karriereweg nicht mehr weiterverfolgen können würde. Genauso würde er sein großes Engagement in der Ausbildung Studierender nicht mehr aufrechterhalten können. Obwohl er sich vor allem an seine verringerte Sehfähigkeit und sein reduziertes Hörvermögen anpassen musste, waren die bedeutsamsten Herausforderungen existenzieller Natur: Wer bin ich? Was wird aus mir werden? Was ist mein Leben wert? Wird mein Leben einen Sinn haben?

Aufrechterhaltung von Rollen. Um den Angriff der Krankheit auf die eigene Identität abzuwehren, geben Patienten ihr Möglichstes, um sich an ihre wichtigsten zuvor eingenommenen Rollen zu klammern. Diese Rollen und die damit verbundenen Verantwortlichkeiten sind die Ziegelsteine und der Mörtel des Ichs. Solange diese Verbindungen intakt sind, stehen die Wände der eigenen Identität stabil. Je enger die angegriffene Rolle mit dem Kern des Selbst verknüpft ist, desto größer ist das Risiko für die Persönlichkeit.

Ich erinnere mich an einen klassischen Geiger, dessen gesamte Welt sich um seine Fertigkeit des Geigenspiels drehte. Als er aufgrund von Komplikationen der Behandlung seiner Kopf- und Halstumore nicht mehr spielen konnte, erklärte er trotz anzunehmender guter Prognose: »Die Ärzte sagen mir, dass ich eine akzeptable Lebensqualität haben werde ... welches Leben?«

Während wir im Lauf unseres Lebenszyklus sukzessive verschiedene Stufen durchlaufen, sammelt jeder von uns viele Rollen und Verantwortlichkeiten. Eine Erkrankung kann diese beschneiden, manchmal an den Rändern und unter Umständen auch im eigentlichen Kern des Selbst. Die Bewahrung von Rollen oder des Anscheins davon – ungeachtet von Angst, Müdigkeit oder Unwohlsein – kann ein Weg sein, die existenziellen Konsequenzen des Krankseins abzuwehren. Weiter ins Büro zu gehen mag nicht nur ein Bekenntnis des beruflichen Engagements für einen Betrieb oder ein Unternehmen sein, sondern auch eine psychologische Strategie, ein sich auflösendes Selbstbild abzuwehren.

Für Patientinnen und Patienten besteht die Herausforderung darin, sich an kleinere Verluste anzupassen und gleichzeitig Wege zu finden, sich vor weitaus ernsteren Angriffen auf die Persönlichkeit zu schützen. Beispielsweise wird die sich aufopfernde Hausfrau und Mutter, die nicht mehr dazu in der Lage ist, selbstständig Lebensmittel einzukaufen oder routiniert den Haushalt zu managen, lernen müssen, Unterstützung anzunehmen, wie die Begleitung von einer Freundin oder einem Familienmitglied und zur Aufrechterhaltung ihrer Mobilität vielleicht einen Rollator oder einen Rollstuhl zu benutzen. Sollten sich die funktionellen Fähigkeiten weiter verschlechtern, kann sie möglicherweise nicht einmal mehr mit einkaufen gehen, sich aber vielleicht noch immer an der Zubereitung des Essens beteiligen. Wenn dies auch nicht mehr länger möglich ist, könnte die Aufrechterhaltung ihres Aufgabenbereichs durch die Menüplanung für ihre Familie gelingen oder durch Einweisung in ihre Ordnung der Rezepte und ihr Aufbewahrungssystem. Jeder schrittweise Verlust funktioneller Unabhängigkeit ist mit der notwendigen Anpassung des durch die Krankheit belasteten Selbstbildes assoziiert. Dieser innerliche Rückzug wird durch den Verlust der Leistungsfähigkeit angetrieben, wobei frühere Rollen aufgegeben werden, um Aufgaben aufrechtzuerhalten, die diesen früheren Rollen im Kern am nächsten kommen. »Ich mag nicht mehr dazu in der Lage sein, einzukaufen oder das Essen zuzubereiten, aber ich kann meine Familie immer noch darin einweisen.« In diesem Fall wurde das vollständige Aufgeben einer zuvor gewohnten Rolle durch die Wahrnehmung ihrer symbolischen Bedeutung ausgeglichen, wofür die Rolle stand oder wie sie vollbracht wurde. Diese Anpassung und Feinheit, wie jemand frühere Rollen erkennt und neu verortet, erlaubt es Patientinnen und Patienten auch im Angesicht zahlreicher Verluste, welche die Erkrankung beständig fordern wird, Sinn und Bedeutung ihres Selbst aufrechtzuerhalten oder zu erweitern.

Generativität oder Vermächtnis. Erik H. Erikson, ein Entwicklungspsychologe, beschreibt, »dass sich die menschliche Persönlichkeit im Prinzip gemäß bestimmter Schritte entwickelt, die in der Bereitschaft der wachsenden Person vorgegeben sind, ihren sozialen Radius beständig zu erweitern, seiner gewahr zu werden und mit ihm in Wechselbeziehung zu treten« (Erikson, 1950). Laut Erikson betreten wir im mittleren Erwachsenenalter eine Entwicklungsstufe, die er mit »Generativität versus Stagnation« bezeichnet. Generativität meint, der nachfolgenden Generation Orientierung zu geben. Ein überragendes Anliegen, wenn Patienten lebensbedrohenden oder lebensverkürzenden Prognosen gegenüberstehen. Unter solchen Umständen führt Generativität häufig dazu, dass Patientinnen und Patienten darüber nachdenken, wie sich ihr Einfluss auch über ihren Tod hinaus erstrecken könnte. Die existenzielle Bedrohung des sich nähernden Todes wirft viele Fragen auf: Welche Bedeutung hat mein Dasein? Welchen Beitrag hat mein Leben geleistet? Und als eine drängende Frage: Wenn ich nicht mehr bin, welchen Unterschied wird mein Leben gemacht haben?

Die verschiedenen Menschen bewältigen diese Fragen auf vielfältigste Art und Weise.

Eine ältere Dame, deren Tochter ein Kind erwartete, spürte, dass sie möglicherweise nicht mehr lange genug leben würde, als dass dieses erwartete Enkelkind lebhafte und bleibende Erinnerungen an sie haben würde. Sie entschloss sich, ihrem ungeborenen Enkelkind eine Reihe von Briefen zu schreiben. Diese Briefe könnten weitergegeben werden, wenn die Eltern glaubten, dass der richtige Zeitpunkt gekommen sei. Durch dieses Projekt stellten sich bei dieser Patientin wieder Gefühle von Bedeutung und Sinnhaftigkeit ein. Sie begann zu spüren, dass ihre Gedanken, Erinnerungen, Ratschläge und Worte der Liebe ihr Leben überdauern würden.

Das Konzept der Generativität oder des Vermächtnisses ist für das Fundament der Würdezentrierten Therapie von hoher Relevanz. Die an der Würdezentrierten Therapie Teilnehmenden sind eingeladen, von wichtigen Prägungen ihres Lebens zu erzählen – von Dingen, die andere Menschen wissen sollen oder die in Erinnerung behalten werden sollen. Ein sorgfältig konstruierter Fragenrahmen leitet die Teilnehmenden an, ihre Gedanken, Erinnerungen, Ratschläge, Hoffnungen und Träume den Menschen mitzuteilen, die sie zurücklassen werden. Von diesen Gesprächen werden Tonaufnahmen gemacht, welche wiederum transkribiert, editiert und den Patienten schriftlich überlassen werden, sodass er oder sie den Inhalt dieses Dokuments mit dem von ihm oder den von ihr geliebten Menschen teilen kann.

Die Personen, die an der Würdezentrierten Therapie teilnahmen, haben die Aufgabe der Generativität auf vielfältigste und kreative Weise bewältigt.

Eine 61-jährige alleinerziehende und nun an Eierstockkrebs erkrankte Mutter nutzte die Würdezentrierte Therapie als Gelegenheit, um ihre Lebensleistungen für ihre Kinder und Enkelkinder aufzuzeichnen, gepaart mit Vorschlägen, wie sie ein tieferes religiöses Bekenntnis in ihr tägliches Leben integrieren könnten. Ein Mann mittleren Alters mit Alkoholabhängigkeit und Prostatakrebs im Endstadium ergriff die Gelegenheit, um seine Enkelkinder zu warnen. Sie sollten nicht seinem Lebensmuster folgen und die sich im Leben ergebenden wertvollen Möglichkeiten nicht vorbeiziehen lassen. Eine junge Frau, die an Brustkrebs versterben würde, nutzte die Würdezentrierte Therapie dazu, ihrer jungen Tochter die Geschichte über die Herkunft ihres Namens zu erzählen. Ein Geschäftsmann mittleren Alters hinterließ seinen Kindern im Teenageralter mithilfe der Würdezentrierten Therapie im Angesicht seiner verheerenden Prognose bei metastasiertem Lungenkarzinom Anleitungen für deren Leben (»Seid glücklich, vergesst nicht zu trainieren, und es wäre vielleicht eine gute Idee, ein bisschen abzunehmen«). Im Rahmen dieser Würdezentrierten Therapie gab er seiner Frau die ausdrückliche Erlaubnis, wieder zu heiraten, wenn sie nach seinem Tod einem Menschen begegnen sollte, mit dem sie ihr Leben würde teilen wollen.

Mehr zur Würdezentrierten Therapie folgt in späteren Kapiteln.

Bewahrung von Stolz. Wenn das Erleben einer schweren Erkrankung die eigene Persönlichkeit schwächen kann, dann kann das Aufrechterhalten von Stolz als Verteidigung, Bewältigung oder als Strategie angesehen werden, die psychischen und existenziellen Folgen dieses Angriffs abzuwehren. Im Wesentlichen bezieht sich Stolz auf die Fähigkeit der Patientin oder des Patienten, ein positives Selbstbild oder Selbstrespekt aufrechtzuerhalten. Eine Krankheit oder ihre Symptome können die eigene Aufmerksamkeit von »wer ich bin« ablenken und zu »was ich habe« umleiten. Während der Eintritt in die Patientenrolle das Risiko birgt, über ein bestimmtes Leiden identifiziert zu werden, hilft den Patientinnen und Patienten die Bewahrung von Stolz, ihre eigene Persönlichkeit zu wahren.

Das, worauf wir im Allgemeinen stolz sind, spiegelt das Bild wider, das andere von uns kennen oder haben sollen. Es kann sich in Form von Leistungen, Titeln, Werdegang, Weltanschauung, persönlichem Stil, besonderen Merkmalen, Talenten oder Fähigkeiten ausdrücken. Dies sind Charakteristika, die uns von anderen unterscheiden und uns zu den Personen machen, die wir sind, oder genau genommen: wie wir gesehen oder gekannt werden wollen. Mit dem Fortschreiten der Erkrankung steigt auch die Verletzlichkeit. Die Empfindsamkeit für Angriffe auf das Selbst kann deutlich hervortreten. Unter diesen Umständen können sogar Kleinigkeiten einen großen Einfluss haben. Beispielsweise fühlte sich eine ältere, im Hospiz versorgte Frau zutiefst verletzt, weil ein junger Arzt davon ausging, sie mit ihrem Vornamen ansprechen zu können. Mit einer Erkrankung, die einem so vieles abverlangt, kann eine solche vermeintlich unschuldige Annahme ein bereits fragiles Selbstwertgefühl zusätzlich erschüttern.

Patientinnen und Patienten gehen unterschiedlichste Wege, um ihren Stolz zu bewahren. Ein subtiles Durchsetzen ihres Stolzes kann zum Beispiel dadurch zum Ausdruck gebracht werden, wie sie angesprochen werden möchten, oder durch die Platzierung einer Fotografie auf ihrem Nachttisch. Manchmal kann die Stärkung von Stolz auch darin zum Ausdruck kommen, wie sich Patienten oder die Personen, die sie zu ihren Terminen begleiten, kleiden. Ein Maß für Stolz kann davon abgeleitet werden, wie respektvoll oder bestimmt Patienten mit den für sie zuständigen Personen umgehen. Manchmal kann die Bewahrung von Stolz auch auf explizitere Weise geschehen. Sofern ihnen die Gelegenheit dazu gegeben wird, werden Patienten ihre Geschichten mitteilen oder zumindest die Details, von denen sie glauben, dass sie gehört werden sollten, um anerkannt zu werden. Das mögen Erwähnungen ihres Berufs, ihrer Familie, Leidenschaften und Interessen sein – im Wesentlichen die Dinge, ohne die sie sich möglicherweise nackt, verletzlich und anonym fühlen.

Ein älterer Herr, der eine Serie kleinerer Schlaganfälle erlitten hatte, wurde zur Behandlung eines hartnäckigen Bronchialinfekts stationär aufgenommen. Als er bei der morgendlichen Stationsvisite gesehen wurde, konnte er nicht mehr sprechen, war aber weiterhin kooperativ. Gegen Ende der Untersuchung schlug der die Visite leitende Arzt vor, dass dies eine gute Gelegenheit wäre, seine fünf Medizinstudenten und seinen Assistenzarzt üben zu lassen, rektale Untersuchungen durchzuführen. Auch wenn er passiv zugestimmt hat, war nicht klar, ob der Patient verstanden hat, wozu er sein Einverständnis gegeben hatte. Ich war der letzte der Studenten und ich kann – oder vielleicht will – mich nicht mehr daran erinnern, ob ich die Untersuchung durchgeführt habe. An was ich mich erinnere, sind die Tränen, die ich über das Gesicht des Patienten laufen sah, als ich sein Zimmer verließ.

Ohne eine gewisse Anerkennung dessen, wer sie sind, und die Sensibilität dafür, wie sie sich wohl fühlen, werden sich die Patientinnen und Patienten nur für wenig mehr halten als ihre Krankheit. Angesichts der erfahrenen Sachlichkeit und Gleichgültigkeit des sie behandelnden Personals werden sie sich schutzlos fühlen.

Hoffnung. Im Kontext sich verändernder Gesundheitszustände ist die Bedeutung von Hoffnung oder das Gefühl der Hoffnung ein ebenso veränderliches Ziel. Unter normalen Umständen sind hoffnungsvolle Gedanken an Erwartungen für die Zukunft geknüpft und gründen auf der Annahme, dass es eine Zukunft geben wird. Sobald sich eine Erkrankung aufdrängt, muss Hoffnung mit dem abgeglichen werden, was die Krankheit fordert, und dem, was die verbleibende Zeit noch bieten kann (Buckley u. Herth, 2004; Eliott u. Olver, 2009). Unter diesen Umständen antizipiert Hoffnung typischerweise eine günstige Prognose, ein starkes Ansprechen auf die Behandlung oder eine kostbare Verlängerung der Lebenszeit. Führt man diesen Gedankengang zu Ende, könnte man erwarten, dass eine überwältigende Erkrankung Hoffnung *de facto* zerstören würde. Dies ist jedoch nicht der Fall.

So widersprüchlich dies zunächst scheinen mag, zeigt sich ausgeprägte Hoffnungslosigkeit tatsächlich nur bei einer Minderheit der unheilbar erkrankten Patienten. Und doch, wie kann dies angesichts einer Prognose sein, die in der Tat hoffnungslos ist? Sobald die Chance auf Heilung schwindet, verändert sich offensichtlich die Bedeutung von Hoffnung. Statt auf den Faktor Zeit gründet sich Hoffnung gegen Ende des Lebens auf persönliche Vorstellungen von Sinn und Bedeutung. Ohne eine solche Hoffnung ist es wahrscheinlicher, den Lebenswillen zu verlieren oder einen gesteigerten Sterbewunsch zu verspüren.

In einer Studie mit 196 Patientinnen und Patienten mit unheilbarer und fortgeschrittener Krebserkrankung führten wir semistrukturierte Interviews, um Hoffnungslosigkeit sowie Suizidabsichten zu erfassen. Zusätzlich erhoben wir über ein Standardmessverfahren die Symptome für Depressivität. Wir konnten feststellen, dass Hoffnungslosigkeit höher mit Suizidabsichten korreliert als mit dem Grad der Depression und dass Hoffnungslosigkeit ein starker Prädiktor für suizidale Gedanken ist, mehr noch als Depression. Für das Team der Betreuenden und Behandelnden, die sich um die Bedürfnisse ihrer sterbenden Patienten kümmern, ist die Botschaft unmissverständlich: Innerhalb dieser vulnerablen

Patientenpopulation ist Hoffnungslosigkeit ein wichtiger klinischer Marker suizidaler Absichten (Chochinov, Wilson, Enns u. Lander, 1998).

Herr G. war ein 68 Jahre alter verheirateter Mann mit einem bösartigen gastrointestinalen Tumor im Endstadium. Er hatte kürzlich entschieden, dass er in Anbetracht seiner Erkrankung und der Unfähigkeit, weiterhin die Dinge zu tun, die er vormals so liebte, lieber schnell versterben möchte. Um diesen Ausgang zu beschleunigen, begann er nach seiner Einweisung ins Krankenhaus damit, die Nahrungsaufnahme zu verweigern. Im Rahmen einer sorgfältigen Beurteilung seines Verhaltens wurde ich zu einer psychiatrischen Konsultation hinzugezogen. Er äußerte den Wunsch, zu sterben oder, wie er es formulierte: »jetzt den Knopf zu drücken«. Vor dem Hintergrund, dass Herr G. weder die Kriterien für eine schwere Depression noch für eine andere offenkundig psychiatrische Störung erfüllte, wurden ihm keine Psychopharmaka verschrieben. Jedoch wurde ihm die Teilnahme an der Würdezentrierten Therapie angeboten. Ihm wurde erklärt, dass seine Gedanken und Gefühle aufgenommen werden würden, um seinen ihn überlebenden Familienmitgliedern, inklusive seiner Frau und seinen Kindern, in Form eines Generativitätsdokuments zugutezukommen. Bevor ich mich verabschiedete – wir hatten uns für den nächsten Tag verabredet, um mit den Aufzeichnungen zu beginnen –, fragte ich Herrn G., ob er noch immer »jetzt den Knopf drücken« möchte. Er antwortete: »Nein, ich möchte das hier zuerst erledigen.«

Daraus wird ersichtlich, dass es ein wirksames Gegenmittel gegen Hoffnungslosigkeit ist, die Patienten wieder mit dem zu verbinden, was ihnen ein anhaltendes Gefühl von Sinn und Bedeutung geben kann.

Autonomie/Kontrolle. Das Ausmaß, in dem jemand in der Lage ist, verschiedene Tätigkeiten auszuführen, spiegelt die persönliche Autonomie oder Kontrolle wider. Anders als der Grad der Unabhängigkeit werden Autonomie oder Kontrolle internal vermittelt; das bedeutet, sie sind mehr von dem Geisteszustand eines Menschen abhängig als von seinem körperlichen Zustand oder der Fähigkeit, Aufgaben unabhängig auszuführen. Beispielsweise demonstriert der Patient, der trotz Lähmung Anweisungen zu den von ihm gewünschten Pflegemaßnahmen geben oder medizinische Entscheidungen treffen kann, ein beträchtliches Maß an Autonomie und Kontrolle.

Die ältere, strenge Matriarchin, die, wie ihre Tochter es beschrieb, »mit erhobenem Zeigefinger aus ihrem Hospizbett heraus noch immer ihres Amtes waltete« und in der Lage war, den Rest ihrer Familie »springen« zu lassen, bewahrte ihre Autonomie und Kontrolle fast bis zu ihrem letzten Atemzug.

Wenn Autonomie und Kontrolle nicht vollständig von dem Grad der Unabhängigkeit oder der funktionellen Kapazität abhängen, können sie dann in Anbetracht völliger Abhängigkeit aufrechterhalten werden?

Die Geschichte des französischen Journalisten und Autors Jean-Dominique Bauby liefert eine bestätigende und ergreifende Antwort. Bauby war der ehemalige Chefredakteur des Magazins »Elle«, eines Hochglanzmagazins für Frauen. Am 8. Dezember 1995, im Alter von 43 Jahren, erlitt er einen schweren Schlaganfall, der zu einem sogenannten Locked-in-Syndrom führte. Das ist eine neurologische Katastrophe, gekennzeichnet durch vollständige Lähmung und die Unfähigkeit, mit der Umwelt zu kommunizieren. Die Patienten sind zwar bei Bewusstsein, das ist das Wesentliche, dabei jedoch im eigenen Körper eingeschlossen. Nach zwanzig Tagen im Koma erwachte Bauby stumm und gelähmt. Er konnte jedoch seinen Kopf ein wenig bewegen, grunzende Geräusche von sich geben und mit seinem linken Auge blinzeln.

Zusammen mit einer Logopädin wurde ein Kodiersystem erarbeitet, bei dem der häufigste im Französischen vorkommende Buchstabe ein Mal Blinzeln bedeutete, der zweithäufigste Buchstabe zwei Mal blinzeln und so weiter. Auf diesem Weg war es Bauby möglich, seine Memoiren »zu blinzeln«: »Schmetterling und Taucherglocke« (Bauby, 1997). Aufgrund seiner Lage musste Bauby das ganze Buch komplett in seinem Kopf entwerfen und redigieren. Wie der Titel bereits vermuten lässt, ist das Buch eine metaphorische Erzählung über einen Mann, der unter dem Gewicht einer Taucherglocke (ähnlich einer Taucherausrüstung) eingeklemmt ist und dessen Gedanken mit der Leichtigkeit eines Schmetterlings zu den verschiedensten Orten wandern. Über Imagination und Erinnerung ist er fähig, besondere Momente seiner Vergangenheit mitzuteilen, einen Blick auf seine reiche Fantasie freizulegen, Reflexionen bezüglich seiner gesundheitlichen Verfassung zu offenbaren und Reaktionen seiner ihn betreuenden und manchmal selbstvergessenen Behandelnden zu beschreiben. Das Buch erschien am 6. März 1997 in Frankreich und wurde mit zahlreichen nationalen Preisen ausgezeichnet. Bauby starb drei Tage nach dem Erscheinen des Buchs an Herzversagen.

Wenngleich Baubys Schilderung wundervoll ist und seine Geschichte anrührt, ohne rührselig zu sein, ist das besonders Bemerkenswerte an seinem Buch, dass seine Worte Zeugnis über sein Dasein nach seinem Schlaganfall geben. Es ist, als wäre jemand in einen tiefen, dunklen Brunnen gefallen; es ist einfach, sich vorzustellen, dass er verschwunden ist, nicht länger existiert, dass er den Fall wahrscheinlich nicht überlebt hat. Dann hörst du eine Stimme und realisierst, dass er, obwohl nicht zu sehen, auf wundersame Weise überlebt hat. Können Sie sich den Schock für seine Familie, die Ärzte, die Pflegekräfte, die Betreuungskräfte vorstellen, als sie realisierten, dass Bauby, gefangen in seinem scheinbar leblosen

Körper, den Fall überlebt hat? Mit jedem Grunzen, jeder Geste und schließlich der Sprachgewalt seiner Worte wurde Bauby fähig, zu bekräftigen: »Ich existiere; ich bin immer noch ich.«

»Wir feiern Vatertag. Bis zu meinem Hirnschlag hatten wir nicht das Bedürfnis, dieses aufgezwungene Miteinander in unseren Gefühlskalender einzutragen, aber jetzt verbringen wir diesen symbolischen Tag zusammen, wahrscheinlich um zu bezeugen, dass eine Andeutung, ein Schatten, ein Stückchen Papa immer noch ein Papa ist« (Bauby, 1997).

Autonomie auszuüben ist konkrete Bestätigung der andauernden Existenz einer Person. Wie Bauby es selbst ausdrückte: »Wenn man schon Gefahr läuft, zu sabbern, kann man auch auf einen Kaschmirpulli sabbern.« Indem er die Stärke und den Mut fand, seiner Stimme Gehör zu verschaffen, lehrte uns Bauby die Widerstandskraft der Autonomie und wie deren Fortbestehen genauso an mentale Stärke und spirituelle Kraft geknüpft ist wie an die verbleibende physische Kapazität.

Akzeptanz. Im Würdemodell meint Akzeptanz die Fähigkeit, sich an veränderte Gesundheitszustände anzupassen. Es ist vollkommen klar, dass sich Menschen im Laufe ihres Lebens verändern, so wie sich auch ihre Einstellungen und Ansichten verändern. Was in jugendlichem Alter wichtig erscheint, wird mit zunehmendem Alter als nicht mehr so dringlich empfunden. Mit dem Vorüberziehen der Jahre werden Abhängigkeit, ein Gefühl von Gebrechlichkeit und gesundheitliche Leiden, die einst unvorstellbar und völlig unzumutbar schienen, zu Ärgernissen, an die es sich anzupassen gilt. In unseren Studien konnten wir feststellen, dass mehr jüngere Patienten als Ältere davon berichten, dass Aspekte wie die Unfähigkeit, Aufgaben des täglichen Lebens zu verrichten, Probleme hinsichtlich der Körperfunktionen, Gedanken darüber, wie das Leben enden wird, Sorgen bezüglich der Privatsphäre und Schwierigkeiten mit der Akzeptanz ihr Würdegefühl schwächen können (Chochinov et al., 2009). Es scheint allgemein so zu sein, dass älteren Patientinnen und Patienten mehr Zeit zur Verfügung gestanden hat, die Tücken des Lebens kennenzulernen, aus ihnen zu lernen und sich daran anzupassen. Dies kann die Notwendigkeit sein, Hilfe anzunehmen, sich an Abhängigkeiten zu gewöhnen oder mit Verwundbarkeit und der Unsicherheit des Lebens konfrontiert zu sein. Gleichzeitig bringen Alter und Erfahrung die Erkenntnis mit sich, dass bestimmte Dinge außerhalb unserer Kontrolle liegen und das Leben so unvorhersehbar und willkürlich Segensreiches verteilt, wie es Unglück austeilt. Es gibt keine Erklärung dafür, warum eine 29 Jahre alte verheiratete Frau mit kleinen Kindern sich plötzlich einer Krebsdiagnose gegenübersieht, während ihre 89 Jahre alte Großmutter weiterhin ihren Aktivitäten innerhalb der Gemeinde nachgehen und viermal in der Woche im örtlichen Schwimmbad schwimmen gehen kann und kaum mehr Beschwerden hat als Arthroseschmerzen, die etwas schlimmer werden, wenn das Wetter kühl oder feucht wird. Keiner von uns weiß, was uns der nächste Tag bringen wird, abgesehen von der beständig wachsenden Erkenntnis, dass auch wir verwundbar sind und unser Leben fragil und endlich ist.

Akzeptanz wird manchmal als die Notwendigkeit missverstanden, im »inneren Frieden« zu sein, ganz gleich wie die gesundheitliche Situation aussieht. Die Palliativversorgung tut sich beispielsweise keinen Gefallen damit, wenn einige der hier Tätigen das Gefühl haben, um ihren Patienten gerecht zu werden, müssten Gespräche über den Tod genauso regelmäßig angeboten werden wie Mahlzeiten oder Schmerzmittel. Akzeptanz meint die allmähliche Anpassung an sich verändernde Lebensumstände, idealerweise in einem zu verkraftenden Tempo. Solange die Versorgung nicht darunter leidet, kann den Patienten das Nichtwahrhabenwollen die erforderliche psychische Distanz geben, die es der Realität ihrer sich verschlechternden Gesundheit erlaubt, stufenweise, in zu bewältigenden Schritten zu ihnen durchzudringen. Akzeptanz stellt sich oftmals stufenweise ein, um sich dem notwendigen Verständnis anzunähern, damit Entscheidungen über Leben und Behandlung wohlüberlegt getroffen werden können.

Anna war eine 27 Jahre alte frisch verheiratete Frau mit Brustkrebs in Stadium IV. Sie war zudem das einzige Kind ihrer Eltern. Als sich die medizinischen Umstände weiter verschlechterten und die Bedrohung ihres nahenden Todes offensichtlich wurde, wurde das Pflegepersonal unsicher, wie es einige der zu besprechenden schwierigen Themen ansprechen sollte. Dies war vor allem deshalb herausfordernd, da Anna bezüglich der Themen, die sie selbst zu traurig fand, offene Zurückhaltung erkennen ließ. Obwohl sich alle darin einig waren, dass beispielsweise eine Herz-Lungen-Wiederbelebung im Wesentlichen auf wenig mehr als einen vergeblichen Versuch hinauslaufen würde, hatte eine Besprechung der Anweisung zur Reanimation bisher noch nicht stattgefunden.

Ich wurde Anna in der Hoffnung vorgestellt, abklären zu können, was sie wusste, was sie wissen wollte, welche Entscheidungen sie selbst treffen wollte oder welche Entscheidungen für sie getroffen werden sollten. In den ersten beiden Sitzungen lernten wir uns kennen und bauten eine angenehme und vertrauensvolle Gesprächsatmosphäre auf. Etwa in der dritten Sitzung benutzte sie bezüglich der Dinge, die sie wusste und mit viel Anstrengung unterdrückte, den Ausdruck »das beängstigende Zeug«. Manchmal tauche dieses »beängstigende Zeug« in ihren Träumen auf und manchmal fühle sie sich dann davon wie von einer reißenden Flut tief unter Wasser gezogen. Ohne jemals die Worte »Tod« oder »sterben« benutzt zu haben, konnten wir für den Fall, dass ihr Herz oder ihre Lunge aufhören würden zu arbeiten, vereinbaren, dass sie nicht künstlich am Leben gehalten werden möchte. Die hohe Aufmerksamkeit gegenüber Annas Ausdrucksweise und ihren subtilen Offenbarungen erlaubten es Anna, ihre Gefühle, Gedanken und Wünsche den Menschen gegenüber zum Ausdruck zu bringen, die sie liebte und die sie, was Anna auf ihre eigene Art und Weise spürte, bald zurücklassen würde.

Resilienz und Kampfgeist. Im Grunde beinhaltet Resilienz die innere Stärke oder innere Kraft, dem gegenüberzutreten, was vor einem liegt. Für einige bedeutet dies, an der Hoffnung auf lebensverlängernde Maßnahmen festzuhalten, für andere sind wiederum zeitlich begrenzte Ziele die notwendige Ermutigung zum Weitermachen. Diese Art von Kampfgeist kann ein zweischneidiges Schwert sein. Wenngleich positives Denken Patienten das Gefühl geben kann, die Krankheit zu beherrschen, kann genau das manchmal dazu führen, dass sich Patienten dafür verantwortlich fühlen, wie sich ihre Erkrankung entwickelt. Fehlende Besserung oder, noch schlimmer, anhaltende Verschlechterung können als persönliches Versagen angesehen werden, als Schwäche oder als mangelnde mentale Entschlossenheit, diesen unnachgiebigen Angriff sich verschlechternder Gesundheit abzuwehren. Für andere bedeutet Resilienz eher Gelassenheit. Das heißt, ein psychisches oder spirituelles Sicherheitsnetz zu spüren, das eine sanfte Landung ermöglichen wird, ganz gleich, was passiert. Die wahrgenommene Verlässlichkeit und Stärke dieses Sicherheitsnetzes variiert von Person zu Person. Während ein Patient als Reaktion auf eine Bedrohung zu zerbrechen droht, scheint ein anderer angesichts der sich verändernden gesundheitlichen Umstände zu Stärke zu finden.

Um die Dinge weiter zu verkomplizieren: Es braucht Stärke, der Krankheit zu erlauben, die psychischen Abwehrmechanismen zu durchbrechen, um mit der Unsicherheit, dem Schmerz und der Verwundbarkeit einer ungewissen Zukunft in Berührung kommen zu können. Wenn die Nichtbereitschaft oder die Unfähigkeit, es den Unwägbarkeiten der Krankheit zu erlauben, ins Bewusstsein einzudringen, als »Stärke« dargestellt wird, lässt dies oft auf eine schwache psychische Konstitution schließen. Eine unserer Studien ergab, dass unheilbar erkrankte Patientinnen und Patienten, die eine gänzliche Verleugnung ihrer Prognose aufrechterhalten, möglicherweise eher an einer darunterliegenden Depression leiden (Chochinov, Tataryn, Wilson, Ennis u. Lander, 2000). Resilienz steht, ähnlich wie Zeit, kaum still. Sie kann gleichzeitig mit dem Krankheitsverlauf schwanken. Darüber hinaus wird sie durch den Aufbau des unterstützenden Netzwerks der betreffenden Person, ihre Glaubensgrundsätze und ihre Fähigkeit, der eigenen Existenz Sinn und Bedeutung beizumessen, weiter geformt.

Joan war eine 58 Jahre alte Krankenschwester im Ruhestand mit metastasiertem Brustkrebs im Endstadium. Sie war nie verheiratet gewesen. Ihre engsten Bindungen bestanden zu ihrer Schwester, ihrem Schwager und deren zwei Töchtern. Während einer Visite auf der Palliativstation sprach sie über ihr Leben, ihre Karriere und ihre liebevollen Nichten. Joan war eine Frau von tiefem religiösem Glauben. Sie beschrieb ihre Beziehung zu Gott als Gefühl nicht so sehr eines Schutzschildes, sondern eher wie eine tröstliche Omnipräsenz. Als sie nach ihren Ängsten gefragt wurde, weinte sie und räumte ein, dass sie sich vor der Erniedrigung fürchte, die sie möglicherweise erleiden müsse, wenn sie nicht mehr für sich selbst sorgen könne. Sie fand Trost in dem Gedanken, dass die Hand Gottes ihre eigene Hand ergreifen würde, wenn sie diese Welt verlasse, und sie sich nicht allein fühlen würde.

Würdebewahrendes Handeln
Würdebewahrendes Handeln meint Verhalten oder Handlungsweisen, die einen Menschen dazu befähigen, einen Umgang mit den sich verändernden Lebensumständen zu finden.

Eine vierzigjährige alleinstehende Frau mit Brustkrebs in Stadium IV wurde im Rahmen einer Psychotherapiestudie für Frauen mit fortgeschrittenem Krebsleiden in eine Gruppenpsychotherapie eingeteilt. Es fiel ihr von Anfang an schwer, sich an der Gruppentherapie zu beteiligen. Es widerstrebte ihr merklich, den anderen Gruppenmitgliedern zu nahe zu kommen. Insgesamt fühlte sie, dass die Sitzungen sie erschöpft und ängstlich wie nie zuvor zurückließen und ihrem Hang, nicht als »Krebspatientin« erkannt zu werden, entgegenwirkten. Nach ein paar Sitzungen entschied sie, sich auf den Weg nach Europa zu machen. Einen »französischen Liebhaber zu finden« würde ihr mehr helfen, als die Gruppensitzungen zu besuchen. Das Eintauchen in diese besondere Fantasie, wenn auch nur für diesen Augenblick, passte besser zu ihr als das Fortsetzen der Therapie.

Leben im Moment. Es liegt in der Natur lebensbedrohender oder lebensverkürzenden Erkrankungen, dass die Gedanken in die Zukunft wandern. Das Wort Prognose entwickelte sich aus dem griechischen Wort prógnōsis, was so viel bedeutet wie »Vorherwissen« (Merriam-Webster, 2005), und beschreibt, wie eine Erkrankung die Gedanken in die Zukunft führt, in Richtung eines Vorwissens, das antizipiert wird, aber niemals wirklich sicher ist. Vorauszuschauen liegt gewissermaßen in der menschlichen Natur. Und dennoch, je mehr wir vorausschauen, desto weniger können wir uns auf unsere unmittelbare Umgebung konzentrieren, wodurch wir wiederum verängstigt und in der Gegenwart weniger präsent sind.

Leben im Moment wird möglich, wenn Menschen die sich ihnen aufdrängenden und möglicherweise überwältigenden Gedanken in die Zukunft stoppen können. Im *Hier und Jetzt* aufzugehen kann großen Trost spenden, Momente mitmenschlicher Begegnung ermöglichen, Liebe, Feierlichkeit, Humor, Zuspruch und mitunter auch Versöhnung. Trotz einer lebensverkürzenden Prognose ist man nicht gewillt, dieser Realität ständig ins Gesicht zu schauen. Im Augenblick zu leben ist eine tröstliche Einstellung, und es ist diese Einstellung, die die finale Phase des Lebens in eine Zeit des Erlebens wandeln kann, statt einer Zeit, in der nur auf den Tod gewartet wird.

In seinem eigenen natürlichen Gang erlegt der Sterbeprozess uns Menschen Loslösung und Rückzug auf, durch überwältigende Müdigkeit, Energiemangel, weniger wache Phasen und schließlich den Verlust des Bewusstseins. Doch bis zu diesem Zeitpunkt ergeben sich Gelegenheiten für Momente der Anbindung an das Leben. Und es sind diese Momente – ganz gleich, ob banal, tiefgründig oder, wie meistens, irgendwo dazwischen –, die das finale Kapitel des Lebens ausmachen.

Ein Nachmittag auf einer Palliativstation bringt Erinnerungen an viele solcher Momente der Anbindung an das Leben:
- Eine ältere indigene Kanadierin genießt den Besuch ihres Sohnes und erzählt mir von ihrer Erziehung und der Freude, zu sehen, welch ein gutes Leben ihre Kinder und deren Familien führen.
- In Anbetracht der Tatsache, dass er im Laufe des Tages nach Hause entlassen werden soll, überlegt ein Ehemann gemeinsam mit seiner Frau, wie er zu Hause zurechtkommen wird. Sie beschreibt ihn als den Handwerker der gesamten Nachbarschaft. Er ist stolz darauf, von seinen vielfältigen Talenten zu berichten, die von Klempnerarbeiten über Tischlern bis zu Autoreparaturen reichen.
- Ein Mann und seine Frau verbringen einen schönen Nachmittag mit dem Besuch seiner Schwester, die an einer fortgeschrittenen Krebserkrankung leidet. Bis zu meiner Ankunft haben sie über ihre Kinder gesprochen und darüber, was diese für das nächste Studiensemester planen. Die Schwägerin der Patientin beginnt, mir von dem künstlerischen Talent meiner Patientin zu erzählen, woraufhin die Patientin mir ein paar ihrer kostbarsten Bilder beschreibt und wer diese schließlich einmal bekommen soll. Obwohl sie dabei an einem Punkt erwähnt, sich mitunter ängstlich zu fühlen und zu hoffen, Trost in ihrem Glauben zu finden, »wenn die Zeit gekommen ist«, bleibt dies doch die einzige Erwähnung von Tod und Sterben, an die ich mich bei der Visite an diesem Nachmittag erinnern kann.

Erhalt von Normalität. In unserem alltäglichen Leben folgt vieles bestimmten Mustern und routinierten Abläufen. Nicht, dass ein Tag dem anderen gleicht, aber es gibt Ähnlichkeiten, die vorherzusehen und leicht wiederzuerkennen sind: sich morgens waschen und anziehen, die Tageszeitung lesen, eine Fernsehserie schauen, Sport treiben, kochen, lesen, Musik machen, im Büro arbeiten, den Kindern bei den Hausaufgaben helfen. Die Liste der Aktivitäten ist so unterschiedlich wie die Menschen, die diese in ihr alltägliches Leben integrieren. Während diese Aktivitäten auf der funktionellen Ebene eher banal oder unwichtig erscheinen, so sind sie auf der psychischen und existenziellen Ebene von großer Bedeutung. Der Erhalt gewohnter Routinen und des normalen Alltags – solange und soweit möglich – erlaubt das Festhalten an Vertrautem und bedeutet damit, nicht aufzugeben, was wir kennen, und letztendlich nicht aufzugeben, wer wir sind.

Ein älterer Anwalt mit fortgeschrittenem Krebsleiden bestand ungeachtet der Proteste seiner Familie darauf, jeden Tag in seine Kanzlei zu fahren. Obwohl er nicht mehr dazu in der Lage war, Klienten zu treffen, beteuerte er, gesund genug zu sein, um Unterlagen durchzusehen und an Besprechungen mit seinen Partnern und Kollegen teilzunehmen. Als er nicht mehr in der Lage war, selbst zu fahren, arrangierte er Mitfahrgelegenheiten zu und von seinem Büro, wenngleich er nur für ein paar Stunden am Tag dort war. Seine Familie drängte ihn weiter, damit aufzuhören, als sie spürte, dass er sich überanstrengte und Aufgaben übernahm, die wahrscheinlich eher zusätzliche Belastungen zu seinem Leiden und seinen Pflichten waren. Als es schließlich zu einer Konfrontation mit seiner Familie, vor allem mit seiner Ehefrau, kam, gelang es ihm, ihr zu erklären, dass die Routinebesuche in seinem Büro ihm eine Atempause von der »Vollzeit-Berufung zum Patienten« boten. Auch wenn er wusste, dass seine Tage in der Kanzlei gezählt waren, war diese Kontaktpflege für ihn derzeit die gut beherrschbare Routine, die für ihn eine kleine Zuflucht in die Normalität bedeutete.

Streben nach spirituellem Wohlbefinden. Genauso wie Würde hat der Begriff Spiritualität verschiedene Bedeutungen, wenn sich Menschen dem Tode nähern. Für einige ist Spiritualität ein Synonym für Religiosität, womit Fragen nach spiritueller Geborgenheit und spiritueller Unterstützung leicht in Gespräche über eine höhere Macht oder Gottheiten, Leben nach dem Tod oder die Verbindung mit Gemeindemitgliedern oder Würdenträgern der speziellen religiösen Gemeinde münden. In diesen Fällen bieten die spirituellen Gespräche auf unkomplizierte und tröstliche Weise einen eher formalen religiösen Wortschatz an und eröffnen verschiedene Möglichkeiten, Patienten und Familien mit entsprechender spiritueller Neigung Trost und Unterstützung anzubieten.

Meinen Erfahrungen nach führt eine religiöse Gesinnung nicht unbedingt zu spezifischen oder vorhersehbaren Bewältigungsmodi am Lebensende. Zwei sehr gegensätzliche Beispiele veranschaulichen dies:

Im Fall einer Nonne, sie war Mitte sechzig, erschöpften sich die Behandlungsmöglichkeiten ihrer Leukämie. Trotz vollen Bewusstseins über die Tatsache ihrer schrecklichen Prognose und Wissens um den unausweichlichen Tod schien sie ihr Schicksal zu akzeptieren und inneren Frieden zu empfinden. Sie strahlte tiefes Vertrauen sowie die Überzeugung aus, dass ihre Zukunft geborgen in Gottes Händen liege. Die Erinnerung an ihr friedliches Antlitz, ihren Großmut und ihre Anmut ist eine Erinnerung, die noch all die Jahre später nachhallt.

Der andere Fall ist der eines Rabbis, Anfang siebzig, der an einem Hirntumor verstarb. Er hatte sein Leben seit jeher seiner religiösen Gemeinde gewidmet und vertrauensvoll die religiösen Konventionen eingehalten. Er war ein Überlebender des Holocaust und hatte durch die Gräueltaten der Nazis viele seiner Familienmitglieder verloren. Gegen Ende seiner Erkrankung begann er, sich an viele seiner entsetzlichen Erlebnisse während seiner Internierung zu erinnern. Als Konsequenz seiner Krebsdiagnose fand er sich erneut in der Opferrolle wieder. Sein unerschütterliches Vertrauen, das ihn über so lange Zeit hinweg ausmachte und definiert hatte, wer er war, begann in den Monaten vor seinem Tod zu wanken. Er hatte sich vorgestellt, dass ein Leben voller Hingabe ihn vor einem, in seinen Augen, ungerechten und grausamen Schicksal bewahren würde. Enttäuschung und Angst ließen ihn an der Güte Gottes zweifeln und mit der Ungerechtigkeit von dessen Plänen für seinen langjährigen Diener hadern.

Viele Menschen verstehen, erfahren und praktizieren Spiritualität in einem nichtreligiösen Rahmen. Obwohl sie nicht an eine Gottheit, eine höhere Macht oder ein übergeordnetes Wesen glauben mögen, fühlen Menschen, die sich selbst als spirituell beschreiben, oft eine Art über sich selbst hinausgehender Verbindung zum Beispiel zur Natur, bestimmten Ideen, dem kollektiven Bewusstsein oder sogar der Zeit an sich. Und auch wenn diese Art von Spiritualität, so wie sie von Person zu Person variiert, schwer zu beschreiben sein mag, beinhaltet sie doch ein gewisses Maß an Inspiration, Geheimnis oder Transzendenz und durchdringt das Leben mit einem übergeordneten Gefühl von Sinn und Bedeutung. Diese zwei Aspekte der Spiritualität, die religiöse Dimension und die Dimension von Sinn und Bedeutung, wurden von unserer Forschergruppe genauer untersucht, um deren Einflüsse auf die zahlreichen Facetten der Bewältigungsstrategien am Ende des Lebens zu unterscheiden. Wir haben festgestellt, dass das Gefühl, das eigene Leben habe eine bleibende Bedeutung, die Patientinnen und Patienten von verschiedensten Belastungen am Lebensende abzuschirmen scheint, inklusive psychischen Quellen des Leidens (z. B. Angst, Depression, Verunsicherung), physischen (z. B. keine Kontrolle über körperliche Funktionen zu haben, Erfahrung physisch belastender Symptome) und existenziellen Quellen des Leidens (z. B. »nicht mehr zu fühlen, wer ich bin«; Gefühle, etwas sei unerledigt; das Gefühl, nicht wertvoll oder würdig zu sein) (Chochinov et al., 2009).

Die vielleicht größte Herausforderung in der spirituellen Begleitung von Patientinnen und Patienten sind die Menschen, die überhaupt keine Spiritualität zum Ausdruck bringen. In diesen Fällen ist die erste Hürde meist die Sprache. Wie in allen anderen Bereichen der palliativen Versorgung sind Worte sehr mächtig und können, je nach Gebrauch, beruhigen, verletzen oder jemanden vor den Kopf stoßen. Auf die Frage »Gibt es spirituelle Sorgen, für die Sie sich Hilfe wünschen?« würde sich der glühende Säkularist vielleicht wie durch einen Schleier völligen Rückzugs äußern, vergleichbar mit der Ansprache in einer unbekannten Fremdsprache oder dem Angebot einer Auswahl fremder und unerwünschter Delikatessen. Patienten, die auf diese Art und Weise reagieren, verbinden mit dem Wort »Spiritualität« wahrscheinlich Religiosität und fühlen sich im besten Fall missverstanden (»Ich habe keine religiöse Neigung«) oder im schlimmsten Fall angegriffen oder verunsichert. Daher sollten Behandelnde, die Patienten zu ihren spirituellen Bedürfnissen befragen möchten, ihre Worte mit Bedacht wählen. Vorannahmen sollten beiseitegeschoben werden. Stattdessen sollte eine Eröffnung gewählt werden, die möglichst viel Raum lässt. Zum Beispiel ist die Frage »Gibt es im Moment Dinge, die Ihrem Leben besonderen Sinn oder Bedeutung geben?« wahrscheinlich offen genug, um einen spirituellen Dialog in Gang zu bringen, ohne jemanden vor den Kopf zu stoßen. Nach einer solchen Eröffnung müssen die Behandelnden sehr genau auf die Wortwahl ihrer Patienten achten und darauf, wohin die Patientin oder der Patient sie führt. In einigen Fällen kann es vorkommen, dass sich das Gespräch in einem weltlichen Rahmen bewegt. In anderen Fällen kann es in religiöse Bereiche münden. Den richtigen Ton zu treffen kann den Patientinnen und Patienten helfen, einen Raum an Geborgenheit zu erfahren, innerhalb dessen Sprache mit den eigenen Ansichten, der eigenen Orientierung und der Spiritualität in ihrem Leben in Resonanz tritt.

Inventar sozialer Würde

Das wesentliche Kennzeichen innerhalb des Inventars sozialer Würde ist der Bezug zu sozialen Angelegenheiten oder Beziehungsgeschehen, die bei Patientinnen und Patienten das Gefühl von Würde stärken oder schädigen. Würde wird häufig als Konzept mit intrinsischen und extrinsischen Komponenten beschrieben. Die krankheitsbezogenen Aspekte und das würdebewahrende

Repertoire werden demnach unter Ersterem zusammengefasst, somit skizzieren sie internale physische, psychische und existenzielle Faktoren, die das eigene Würdegefühl beeinflussen. Das Inventar sozialer Würde, das sich konzeptionell mit den extrinsischen Komponenten der Würde überschneidet, bezieht sich darauf, wie andere Menschen und die gegebenen sozialen Umstände das Würdegefühl der Patienten beeinflussen können (Chochinov et al., 2002b; Chochinov, 2002). Es ist wichtig zu unterstreichen, dass das Wort »Würde« bedeutet: der Anerkennung, des Respekts oder der Wertschätzung wert zu sein. Werden diese Bekundungen des Wertes neben dem eigenen Gefühl, etwas wert zu sein, external gewährt oder bestätigt? Da das Inventar sozialer Würde andere Personen in die Vermittlung von Würde miteinbezieht, ist es besonders wichtig, wie Familie, Freunde und natürlich die versorgenden Gesundheitsexperten mit Menschen am Lebensende umgehen und sich ihnen gegenüber verhalten. Die Kategorie *Inventar sozialer Würde* beinhaltet fünf Elemente: Privatsphäre, soziale Unterstützung, Haltung der Behandelnden, Belastung für andere sein, Sorgen hinsichtlich der Zeit nach dem Tod.

Privatsphäre

Eine Erkrankung fordert viele Niederlagen, und die Privatsphäre gehört zu den ersten Verlusten. Ab dem Zeitpunkt, an dem wir spüren, dass mit unserem Körper etwas nicht stimmt oder etwas nicht so funktioniert, wie es sollte, fängt unsere Intimsphäre an zu schwinden. Das Entblößen für eine Untersuchung ist nur der Anfang, der die mit zunehmender Schwere der Erkrankung folgenden Eingriffe in die Privatsphäre einleitet. Für Patientinnen und Patienten am Lebensende wird die Hilfe beim Waschen, Anziehen und den Toilettengängen – bei allem, was wir als *Intimsphäre* bezeichnen – oft Teil der Versorgungsroutine. Mitfühlende Pflegekräfte müssen sich immer bewusst machen, dass es für die Person, die diese Hilfe benötigt, gar keine Routine bei diesen Notwendigkeiten geben kann, dessen ungeachtet jedoch erhebliche Abstriche bezüglich ihrer Intimsphäre.

Eine schwerwiegende Erkrankung tangiert regelmäßig weitere Aspekte der Privatsphäre und verletzt deren Grenzen auf unterschiedliche Weise. Um zu Hause bleiben zu können und jedwede Form der stationären Pflege zu verhindern, sind Patienten häufig auf verschiedene Arten der Unterstützung angewiesen. Wenn die Patienten von der Betreuung durch ihre Familie abhängig sind, kann der Verlust der Privatsphäre durch die Verschiebung der Rollen oder ein verändertes Selbstbild verschärft werden. Wenn Kinder oder Partner zu Pflegenden werden, ist nicht nur die Privatsphäre gefährdet, sondern auch und sogar noch mehr das Gefühl der Weltordnung. Es ist nicht so, dass eine Anpassung an diese Umstellungen nicht möglich wäre. Aber diese Anpassung setzt einen achtsamen Umgang sowohl mit den physischen als auch mit den existenziellen Anforderungen voraus.

Gesund zu sein erlaubt es uns, stetig die Balance zwischen sozialer Interaktion und Alleinsein herzustellen, gewöhnlich recht unabhängig und mit relativ geringem Aufwand. Eine Erkrankung stört diese empfindliche Regulation zum einen aufgrund begrenzter Energiereserven und zum anderen durch unterschiedliche Unterbrechungen, auf die Patienten kaum Einfluss haben, wie beispielsweise ärztliche Visiten, Termine des häuslichen Pflegedienstes und unangekündigte Besuche. Die meisten Einrichtungen im Gesundheitswesen sind ebenfalls mit einigen Unterbrechungen der täglichen Routine verbunden. Auf der operativen Ebene ist Privatsphäre erreicht, wenn es gelingt, unerwünschte Übergriffe auf die *Intimsphäre* zu vermeiden. Jedoch sind die existenziellen Folgen durch Verletzungen der *Privatsphäre* genauso wichtig. Neben vielen anderen Facetten einer Erkrankung kann auch die schwindende Privatsphäre als Verlust erlebt werden und mit dem Gefühl des Kontrollverlusts einhergehen.

Soziale Unterstützung

Ein optimales Maß an sozialer Unterstützung wiegt das Bedürfnis nach Privatsphäre auf. Der Bedarf an Unterstützung variiert von Person zu Person und ist normalerweise in Übereinstimmung mit den lebenslangen sozialen Beziehungsmustern. Die Bedeutung sozialer Unterstützung ist so groß, dass die Palliativversorgung als Disziplin – genau wie bekannte Organisationen wie die Weltgesundheitsorganisation und die International Association of Hospice and Palliative Care – Patienten und deren Familien (weitgehend als die betreuenden Personen definiert) als Versorgungseinheit bezeichnet. Mit anderen Worten: Ein sterbender Patient und seine wichtigsten Bezugspersonen werden im ganzheitlichen Modell der Palliativversorgung als untrennbar miteinander verbunden gesehen. Genau wie die Grenzen der Privatsphäre kann soziale Unterstützung in ihrer Wichtigkeit sowohl auf einer operationalen Ebene als auch hinsichtlich der psychischen und existenziellen Implikationen betrachtet werden. Betrieblich gedacht ist die Nützlichkeit sozialer Unterstützung grenzenlos. Zusätzliche Hände machen die Arbeit leichter – und die Anpassung an die letzten Monate, Wochen oder Tage des Lebens ist oft beträchtliche Arbeit. Soziale Unterstützung kann viele Bereiche des Lebens verbessern, die von der Erkrankung ins Abseits gestellt worden sind: Kochen, Kinderbetreuung, Erledigungen, Haushalt – die Liste ist so lang wie der Umfang an Aktivitäten und Verantwortlichkeiten, die jeder Mensch bei guter Gesundheit übernimmt.

Die psychologische Dimension sozialer Unterstützung ist ebenso bedeutend, aber vielleicht subtiler. Patientinnen und Patienten mit lebensbedrohenden und lebenslimitierenden Erkrankungen verspüren häufig Angst davor, verlassen zu werden. Werde ich zu sehr zur Belastung? Werden meine Bedürfnisse zu groß? Wird meine Krankheit zu abstoßend oder beängstigend? Werde ich auf eine schreckliche Verkörperung meines vergangenen Ichs reduziert? Jede dieser Fragen mag die Ahnung oder Angst ausdrücken, verlassen zu werden. Neben der operativen Bedeutung bietet soziale Unterstützung die so wichtige Versicherung: »Ich werde dich nicht verlassen«. Mit den psychischen Implikationen sozialer Unterstützung ist die existenzielle Tragweite kontinuierlicher Sozialkontakte eng verbunden. Auf der Metaebene ist die Botschaft jeder Form von Kontakt: Du verdienst meine Zuwendung und meinen Rückhalt. Präsenz vermittelt per se eine bejahende Haltung kontinuierlicher Fürsorge, Bindung, Anteilnahme und Liebe. Jeder, der es schon einmal bedauert hat, gegenüber einem ernsthaft kranken Menschen nicht »die richtigen Worte gefunden zu haben«, muss sich nicht länger sorgen. Die existenzielle Ebene sozialer Unterstützung wird dadurch berührt, da gewesen zu sein.

Haltung der Behandelnden

Einfach ausgedrückt steht der Ton, den das Gesundheitspersonal in der Versorgung gegenüber den Patientinnen und Patienten anschlägt, oder der Ton, den diese wahrnehmen, für die Haltung der Behandelnden. Behandelnde und Betreuende, die eine würdebewahrende Versorgung anbieten möchten, können die Wichtigkeit ihrer Grundhaltung nicht hoch genug einschätzen. Die Haltung der Behandelnden prägt all das, was wir über unsere gesprochenen Worte hinaus mitteilen. Idealerweise sollte diese Grundhaltung die viel zu selten ausgesprochene Mitteilung und die allumfassende Metaebene der Botschaft einer würdebewahrenden Versorgung vermitteln: »Sie sind wichtig.« Weil jeder Patient, jede Patientin wichtig ist, verdient er oder sie eine Betreuung, die mit Anerkennung, Respekt und Wertschätzung einhergeht. Die Haltung der Behandelnden kann als das Gewebe sozialer Unterstützung angesehen werden, in der Bestätigung durch Präsenz sichtbar wird. Die Ausführungen zur Haltung der Behandelnden basieren auf einem der Schlüsselergebnisse unserer wissenschaftlichen Untersuchungen zu Würde: Das Gefühl der Patienten, wie sie wahrgenommen werden, hat einen substanziellen Einfluss auf die allgemeine Wahrnehmung ihres Würdegefühls (Chochinov et al., 2002b; Chochinov, 2002). Die sich daraus ergebenden Implikationen für die Betreuung im Gesundheitswesen, insbesondere in der Palliativversorgung, sind weitreichend.

Anders ausgedrückt: Das Spiegelbild, das Patienten von sich im Auge des Betrachters sehen – hier der Behandelnden –, sollte ein Spiegelbild sein, das ihr Würdegefühl stärkt (Chochinov, 2004). Dementsprechend müssen diejenigen von uns, die in der Patientenversorgung tätig sind, sich selbst metaphorisch als Spiegel verstehen. Bei jedem klinischen Kontakt starren Patientinnen und Patienten in unsere Richtung, auf der Suche nach einer stärkenden Spiegelung, in der sie sich selbst wiedererkennen können. Wenn alles, was sie sehen, nur ihre Krankheit ist, fühlen sie vielleicht, dass die Essenz dessen, wer sie sind, verloren gegangen ist. Je weniger es Patienten möglich ist, sich selbst zu sehen, desto mehr wird die Patientenrolle den Kern ihrer Persönlichkeit überschatten. Wenn es Patienten beim Blick in die Richtung ihrer Behandelnden möglich ist, ein Abbild zu sehen, das ihre Persönlichkeit widerspiegelt, ist würdebewahrende Versorgung gelungen.

Die Haltung der Behandelnden kann auf unzählige Arten vermittelt werden. Manchmal ist es eine sanfte Berührung an der Schulter, ein Blick in die Augen; reine Präsenz kann Zuspruch und Respekt vermitteln. Die gleiche Botschaft kann auf grundverschiedene Weise empfangen werden, in Abhängigkeit von der Grundhaltung, die sie begleitet. Es macht einen Unterschied, im Türrahmen des Zimmers stehen zu bleiben, statt sich auf einen Stuhl neben das Bett des Patienten zu setzen. Es macht einen Unterschied, dem Blick des Patienten permanent auszuweichen, statt den Blickkontakt aufrechtzuerhalten. Es macht einen Unterschied, sich von Kollegen, Studierenden, dem Pieper oder anderen klinischen Verpflichtungen ablenken zu lassen, statt in diesem Moment präsent und achtsam bei seinem Patienten oder seiner Patientin zu sein. Eine zugewandte Haltung einzunehmen ist genau genommen keine Frage von *mehr* Zeit mit Patienten, sondern vielmehr eine Frage der *Qualität* der Zeit mit Patienten.

Es war ein ruhiger Abend auf der Palliativstation. Dr. J., die ärztliche Kollegin, hatte ihren Stationsrundgang fast beendet. Kurz vor dem Abendessen betrat sie das Zimmer von Herrn J., einem 68-jährigem Mann mit fortgeschrittenem Prostatakrebs. Alles schien so weit in Ordnung zu sein. Obwohl Herr J. ein wenig schwach und müde war, fühlte er sich ansonsten wohl. Im Verlauf ihrer Unterhaltung wurde dem Patienten ein Tablett hereingebracht, auf dem eine klare Brühe serviert wurde. Weil sie ein paar Minuten Zeit übrig hatte, setzte sich Dr. J. an seine Bettkante und half ihm beim Abendessen, indem sie ihn fütterte. Offensichtlich sprachen sie kein Wort miteinander. Einige Minuten später jedoch, als Dr. J. dabei war, sein Zimmer zu verlassen, murmelte Herr J. dankbar: »Ich werde Ihnen niemals vergelten können, was Sie soeben für mich getan haben.«

Eine andere Möglichkeit, wie sich Beschäftigte in der Krankenversorgung für eine würdebewahrende Grundhaltung sensibilisieren können, ist die Beachtung des A, B, C und D würdebewahrender Versorgung (Chochinov, 2007). Alle, die in der Patientenversorgung tätig sind, sollten sich verpflichten, Kernkompetenzen aus den Bereichen ganzheitlicher, menschlicher oder würdebewahrender Versorgung zu erwerben. Diese Kompetenzen können in folgender Merkliste zusammengefasst werden: A für Attitude (= Einstellung), B für Behavior (= Verhalten), C für Compassion (= Mitgefühl) und D für Dialogue (= Gespräch).

Einstellung ist das Herzstück von würdebewahrender Grundhaltung und Fürsorge. In Anlehnung an den Talmud »sehen wir die Welt nicht, wie sie ist, sondern so, wie wir sind«. Genauso sehen wir Patienten nicht unbedingt, wie sie sind, sondern stattdessen so, wie wir sind. Wie und was wir über Patientinnen und Patienten denken, wird durch unsere Einstellung ihnen gegenüber beeinflusst. In einer Studie mit über 200 Patienten mit einer Lebenserwartung von nur wenigen Monaten brachten 87 Prozent der Patientinnen und Patienten ihr persönliches Würdegefühl mit der Vorstellung, wertgeschätzt und respektiert zu werden, in Verbindung (Chochinov et al., 2006). Wenn unsere Einstellung die Linse bereitstellt, bestimmt Würde – abhängig von Qualität und Schärfe – die Klarheit dessen, was wir sehen.

Verhalten bezieht sich auf das Tun, die Handlungen und Taten, die Behandelnde ihren Patienten gegenüber zeigen. Diese sind ausnahmslos äußere Manifestationen innerer Einstellungen und sollten das Gefühl von Respekt und Bestätigung vermitteln. Ein Lächeln, eine Berührung, eine freundliche Geste jeder Art, dem Patienten oder der Patientin in jedem Augenblick die volle Aufmerksamkeit schenken, um Erlaubnis für eine Untersuchung bitten, Vorhänge oder Betttücher zur Wahrung der Intimsphäre nutzen – die Liste ist endlos und wird allein durch das Maß des menschlichen Anstands, den eine Person gegenüber einer anderen zeigt, begrenzt.

Mitgefühl bezieht sich auf die tiefe Wahrnehmung des Leids einer anderen Person, gepaart mit dem Wunsch, sie davon zu erlösen. Mitgefühl spricht die Gefühle an, die im Kontakt mit Patienten hervorgerufen werden, und wie diese Gefühle unser Vorgehen in der Patientenversorgung beeinflussen (Schantz, 2007). Ebenso wie Empathie wird auch *Mitgefühl* gefühlt und nicht bloß intellektuell verarbeitet. In der Patientenversorgung tätige Personen können mittels verschiedener Wege Mitgefühl erwerben. Für einige mag Mitgefühl ein Teil ihrer natürlichen Disposition sein, die ihre Haltung gegenüber Patientinnen und Patienten intuitiv prägt. Für andere erwächst Mitgefühl aus ihrer Lebenserfahrung und den Erlebnissen ihrer klinischen Tätigkeit. Mitgefühl kann sich über die Zeit hinweg stufenweise zu der aufkeimenden Erkenntnis entwickeln, dass, unseren Patienten gleich, jeder von uns verletzlich ist und niemand gegenüber den Ungewissheiten des Lebens immun ist. Mitgefühl kann auch durch eine Auseinandersetzung mit den Geisteswissenschaften (Philosophie, Ethik, Geschichte und Religion), Sozialwissenschaften (Anthropologie, Psychologie, Soziologie) und der Kunst (Literatur, Theater, Film, bildende Künste) entwickelt werden. Jede dieser Disziplinen kann Einsichten in das menschliche Dasein, das Leiden und die Ambivalenz vermitteln, die mit einer Erkrankung einhergehen.

Gespräch ist an die natürlichen Dialoge angelehnt, die sich zwischen Behandelnden und Patienten ergeben. Die medizinische Praxis erfordert den Austausch ausführlicher Informationen innerhalb eines Beziehungsgeschehens, dessen Tempo von Sammeln und Aufnehmen bestimmt wird sowie je nach neu auftauchenden Details von Deuten und Planen. Ein Gespräch ist ein entscheidendes Element im Erleben der Patientinnen und Patienten und der würdebewahrenden Patientenversorgung (Chochinov et al., 2002b; Chochinov, 2002). Im Grunde muss ein Gespräch die ganze Person zur Kenntnis nehmen – über die Krankheit hinaus – und die emotionale Bedeutung der Erkrankung erkennen. Während sich viel beschäftige Kliniker häufig Sorgen darüber machen oder möglicherweise auch rationalisieren, diese Art des Gesprächs würde zu viel Zeit in Anspruch nehmen, muss dies nicht der Fall sein. Innerhalb des Konzepts würdebewahrender Versorgung kann ein die Persönlichkeit würdigendes Gespräch durch einfache Sätze initiiert werden, wie zum Beispiel: *Das muss Sie sehr ängstigen. Ich kann nur versuchen, mir vorzustellen, was in Ihnen vorgeht. Es ist ganz natürlich, sich in Zeiten wie diesen überfordert zu fühlen.* Eine Frage, die wir Patientenwürdefrage *(Patient Dignity Question – PDQ)* genannt haben und die wir gerade erst zu untersuchen beginnen, lautet: Was sollte ich über Sie als Person wissen, das mir hilft, Sie, so gut ich kann, betreuen zu können? Es ist schwer, sich im Fachgebiet Medizin von der Wiege bis zur Bahre einen Bereich vorzustellen, dem mit einer Antwort auf diese Frage nicht gut gedient wäre, weil sie sich Bereiche der Persönlichkeit zunutze macht, die oftmals den innersten Kern des Selbst ausmachen.

Herrn J., einem auf der Palliativstation betreuten indigenen Kanadier, wurde die Patientenwürdefrage gestellt. Das Gespräch, das dadurch ausgelöst wurde und dabei kaum mehr als zehn Minuten dauerte, beinhaltete die folgenden Informationen: Im Alter von acht Jahren wurde er von seinen Eltern getrennt und in einem Bezirksinternat untergebracht. Folglich wurde es ihm verwehrt, seine Familie kennenzulernen und seine Muttersprache zu erlernen. Aufgrund dieses Erlebnisses fiel es ihm von jeher schwer, anderen Menschen Vertrauen entgegenzubringen. Im Erwachsenenalter wechselte er sogar unzählige Male den Wohnort, um niemanden »zu nahe« an sich herankommen zu lassen. Bis zu besagtem Tag tut sich Herr J. noch immer schwer, Menschen zu vertrauen. Er sorgt sich, dass ihm nicht die ganze Wahrheit gesagt werde oder dass andere denken, er habe es nicht verdient, die ganze Wahrheit gesagt zu bekommen. Autoritätspersonen ängstigen ihn. »Diese Menschen schüchtern mich ein, aber ich glaube, es wird langsam besser.«

Die tiefgründigen Enthüllungen dieses Patienten sind von zentraler Bedeutung, um ihn als Person verstehen zu können. Die Folgen seiner frühen Kindheit und wie diese seine Lebensanschauung und das Erleben seiner Rolle als Patient prägen, sind von entscheidender Bedeutung. Es ist nicht schwer, sich vorzustellen, wie Herr J.s Gefühle hinsichtlich Autoritätspersonen und der Informationswünsche ohne diese Einblicke leicht verletzt werden können.

Belastung für andere sein

Krankheit handelt im Wesentlichen von Verlust – Verlust der Gesundheit, Verlust der Funktionsfähigkeit, Verlust der Illusion der Unbesiegbarkeit. Diese Verluste, groß oder klein, nehmen zu und können schwer auf Patientinnen und Patienten lasten. Je enger die Verluste mit Aspekten des Selbst, welche die Persönlichkeit ausmachen, verbunden sind oder diese beanspruchen, desto gewichtiger werden sie. Für einen sterbenden Patienten ist die Frage »Bin das noch ich?« keine intellektuelle Meditation, sondern vielmehr ein starker Ausdruck des persönlichen, existenziellen Kampfs. Wenn die Verluste zunehmen und deren Last erdrückend wird, kann es vorkommen, dass manche Patienten sich nicht mehr als die Person fühlen, die sie waren. Im Extremfall kann es vorkommen, dass Patienten meinen, sie hätten keine Bedeutung oder keine bestimmte Aufgabe mehr und das Leben sei sinnlos. So wie sie ihre Verluste schultern müssen, so fürchten sie, müssten auch andere die Last ihrer Unfähigkeiten, ihrer Abhängigkeit und ihrer Bedürftigkeit aushalten.

Wie verändert sich die existenzielle Topografie im Kopf eines Mikrobiologen, der nicht mehr fähig ist, im Labor zu arbeiten? Was geschieht mit dem Piloten, der aufgrund der Behandlung seiner Krebserkrankung und der damit verbundenen sensorischen Veränderungen nicht mehr länger fliegen kann? Oder der Musiker, der sein Violinspiel aufgeben muss, weil Operationen und postoperative Narbenbildung seine Fingerfertigkeit geschädigt haben? Als Therapeut bin ich all diesen sowie unzähligen anderen Szenarien begegnet. Auch wenn die Patientinnen und Patienten häufig fragen mögen: »Was soll ich tun?«, ist die darunterliegende, viel tiefer gehende Frage: »Wer bin ich?«. Durch das Fehlen einer Antwort folgern sie möglicherweise, dass sie bloß noch ein Schatten ihrer selbst sind, ein lebendiger Toter, ein lebloses Objekt, oder dass sie nur unnötig einen Platz beanspruchen. Dies ist im Kern die Denkweise von Patienten, die sich selbst als Belastung für andere wahrnehmen.

Sich selbst als Belastung für andere wahrzunehmen ist das Äquivalent eines existenziellen Extrems. Westliche Gesellschaften legen ausgeprägten Wert auf individuelle Autonomie. Dies in dem Maße, dass bei Bedrohung der Autonomie die Persönlichkeit an sich als bedroht angesehen wird. Sich als Belastung für andere zu fühlen ist eng mit der Abwertung des eigenen Lebens verbunden. Es ist wenig verwunderlich, dass fast jede Studie, die das Thema »Belastung für andere sein« untersucht, einen starken Zusammenhang mit dem Verlust des Lebenswillens, dem Wunsch zu sterben und der offenen Frage nach Sterbehilfe oder assistiertem Suizid beschreibt (Ganzini, Beer, Brouns, Mori u. Hsieh, 2006; Sullivan, Hedberg u. Fleming, 2000). Unter unheilbar kranken Patienten, die sich tatsächlich umbringen, ist die Sorge, anderen zur Last zu fallen, fast immer zu finden. Das Empfinden, eine Belastung für andere zu sein, ist ebenfalls mit der Lebensqualität bei unheilbarer Erkrankung, der Qualität der Leidenslinderung und dem Empfinden von Würde am Lebensende verknüpft (Wilson et al., 2000).

In einer der wenigen Studien, die speziell bei sterbenden Patienten das Gefühl, für andere eine Belastung zu sein, untersucht, wurde der enge Zusammenhang mit existenziellen, psychischen und, etwas weniger ausgeprägt, physischen Symptomen gegen Ende des Lebens beobachtet (Wilson et al., 2000). In unseren eigenen Studien beobachteten wir, dass sich rund ein Viertel der unheilbar erkrankten Patienten deutlich als Belastung für andere ansieht. Diese Wahrnehmung korreliert meist stark mit Depression, Hoffnungslosigkeit und Lebensqualität. Besonders bemerkenswert und fernab unserer Erwartungen war es, dass wir keinen Zusammenhang zwischen dem Gefühl, Belastung für andere zu sein, und dem Grad der aktuellen Schwäche oder Unabhängigkeit finden konnten (Chochinov et al., 2007). Somit scheint also das Gefühl, anderen eine Last zu sein, weitgehend durch die psychischen Reaktionen der Person auf ihre Erkrankung vermittelt zu sein. Sofern die psychische Widerstandsfähigkeit aufrechterhalten werden kann, muss Abhängigkeit an sich nicht zwangsläufig zu dem Gefühl führen, für andere eine Belastung zu sein. Jedoch bilden Depression und Verzweiflung einen Filter, durch den Abhängigkeit mit Selbstwertverlust, Bedürftigkeit und dem Gefühl, eine Last zu sein, zusammengeführt wird. Entsprechend der Abwertung ihrer selbst vermuten Patienten, die aufgrund ihrer fortschreitenden Erkrankung und zunehmenden Schwäche das Gefühl haben, ihr Leben habe keine Bedeutung oder keinen Sinn mehr, dass andere ähnlich über sie denken würden. Patienten mit fortschreitender Erkrankung erleben ihre Bedürftigkeit also in einem Kontext, der charakterisiert ist durch ihre Unfähigkeit, etwas zurückzugeben. Diese Wahrnehmung, annehmen zu müssen und wenig zurückgeben zu können, steht sinnbildlich für die kognitive Topografie des Gefühls, eine Belastung für andere zu sein.

Sorgen hinsichtlich der Zeit nach dem Tod

Auch wenn Sorgen hinsichtlich der Zeit nach dem Tod als ein Unterpunkt von »Belastung für andere sein« angesehen werden könnte, so bezieht sich Letzteres doch auf Belastungen durch die Krankheit, die das *Hier und Jetzt* betreffen, und nicht auf die von den Patienten gefürchteten Belastungen für andere, die nach ihrem Tod entstehen (Chochinov et al., 2002b; Chochinov, 2002). Als im Bereich der Palliativversorgung tätiger Psychiater habe ich unzählige Male Väter erlebt, die sich Sorgen darum machten, wie ihre junge Familie ohne sie zurechtkommen würde. Junge Mütter, viele von ihnen mit lebenslimitierendem Brustkrebs, klagten angesichts der Vorstellung, nicht mehr da zu sein, um ihre Kinder versorgen und sie in der Zukunft begleiten zu können. Die Zentralität dieser Rollen, wie Elternteil oder Ehepartner zu sein, und die Macht des Todes, diese Rollen auszulöschen, verstärken die Intensität der Angst. Selten ist jemandes Tod ein Ereignis, das nur diese Person allein betrifft. Die menschlichen Verbindungen untereinander bedeuten, dass Verlust ein Gemeinschaftserleben ist, sich selbst an alle heftend, die lieben, abhängig sind und sich um die sorgen, die bald sterben werden.

Die Sorgen hinsichtlich der Zeit nach dem Tod anzusprechen beinhaltet im Wesentlichen die Befähigung der Patientinnen und Patienten, sich, so gut sie können, um die antizipierten Bedürfnisse derer zu kümmern, denen sie bald genommen werden. Wenngleich es makaber klingen mag, kann doch die Regelung der eigenen Angelegenheiten, das Schreiben eines Testaments, sogar das Treffen der Arrangements für die Beerdigung als Versuch erlebt werden, für geliebte Menschen zu sorgen. Auch wenn die Erfahrung der Erkrankung viele Rollen und die Energie oder Fähigkeit zur Ausübung dieser Rollen über Bord werfen mag, vermag sie nur selten die Kraft zu nehmen, sich um die Menschen und Dinge zu sorgen, die dem Leben Bedeutung verliehen haben.

Den Sorgen hinsichtlich der Zeit nach dem Tod kann man auch auf andere Art und Weise begegnen – einen Rat geben, eine Richtung vorschlagen oder Anweisungen zur Verfügung stellen. Viele sterbende Patientinnen und Patienten haben einen oder mehrere Briefe mit dem Ziel geschrieben, das Wohlergehen derer, die sie bald zurücklassen werden, zu schützen und zu sichern. Wahrscheinlich gehen einige der herzerweichenden und unvergesslichen Exemplare auf Alleinerziehende zurück, die verzweifelt versuchen, die weitere Versorgung für ihre in Kürze verwaisten Kinder zu regeln. Ihr Verantwortungsgefühl endet nicht mit ihnen im Grab und die Lösungen, nach denen sie suchen, müssen – per definitionem – über ihren eigenen Tod hinausgehen.

In den folgenden Kapiteln werden wir uns anschauen, wie die Würdezentrierte Therapie beim Ansprechen der Sorgen hinsichtlich der Zeit nach dem Tod genutzt werden kann.

2 Würde in der Patientenversorgung

> *Es ist wichtiger, zu wissen, was für ein Mensch eine Krankheit hat,*
> *als zu wissen, was für eine Krankheit ein Mensch hat.*
> Hippokrates

Ein erfolgreiches Forschungsprogramm muss gefundenen Hinweisen nachgehen und sie verfolgen, ganz gleich, in welche Richtung sie weisen. Mit dem in Kapitel 1 beschriebenen Modell zu Würde bei unheilbarer Erkrankung, dem Würdemodell (Chochinov et al., 2002b), haben Wissenschaftler erstmals versucht, den Begriff der Würde umfassend aus Sicht der sterbenden Patientinnen und Patienten zu erforschen. Dem Würdebegriff mag es an definitorischer Spezifität mangeln, wobei dies seine Bedeutung als Leitprinzip einer mitfühlenden Versorgung keinesfalls schmälert. Die im Würdemodell enthaltenen Gedanken können als Grundlage für ein bestmögliches Vorgehen in der Versorgung Sterbender dienen.

Das Modell zu Würde bei unheilbarer Erkrankung entspricht den derzeit verfügbaren Erkenntnissen zu den Faktoren, die das Würdegefühl sterbender Patientinnen und Patienten beeinflussen. Die einzelnen Themen, vielmehr die Unterthemen des Würdemodells, haben jeweils klinische Korrelate, die auf Bereiche hinweisen, die im Hinblick auf die mögliche Leidenslinderung bei Patienten, deren Tod naht, beachtet werden sollten. Die Gesamtheit dieser klinischen Korrelate bildet das von mir als *würdebewahrende Versorgung* bezeichnete Konzept (Chochinov et al., 2002b; Chochinov, 2002). Wie bereits erläutert, gliedert sich das Würdemodell in drei wesentliche Bereiche – physische Aspekte (krankheitsbezogene Aspekte), existenzielle/spirituelle Aspekte (würdebewahrendes Repertoire) und soziale Aspekte (Inventar sozialer Würde) –, die alle für das Würdegefühl von Patienten von Belang sind. Dabei ist das Würdemodell kein hierarchisches Modell; seine Bestandteile können je nach den vorliegenden individuellen Umständen einzeln oder kombiniert angewandt werden. Obwohl das Hauptaugenmerk dieses Buchs der Würdezentrierten Therapie gilt – insbesondere als klinische Intervention in Bezug auf Fragen der Generativität und Sorgen hinsichtlich der Zeit nach dem Tod –, sollten klinisch tätige Behandelnde bedenken, dass auch alle anderen Themen und Unterthemen des Würdemodells als Grundlage für klinische Entscheidungen und würdebewahrende Praktiken herangezogen werden können (siehe Tabelle 1, S. 62) (Chochinov, 2002; McClement et al., 2004; Chochinov, 2006).

Das Modell zu Würde bei unheilbarer Erkrankung dient als Leitbild, wie Würde als erreichbares Ziel eines Therapieansatzes verankert werden kann. Durch die Anwendung der im Würdemodell enthaltenen Anregungen wurde eine neuartige individuelle psychodynamische Therapie begründet, die heute als *Würdezentrierte Therapie* (Chochinov, 2002) bekannt ist. Dabei beruht jede Facette der Würdezentrierten Therapie auf einzelnen Elementen des Würdemodells, die sich am besten anhand von *Form, Ton* und *Inhalt* beschreiben lassen.

Das Würdemodell als Grundlage der Würdezentrierten Therapie

Form

Ein zentrales, die Würdezentrierte Therapie formal prägendes Unterthema des Würdemodells ist Generativität/Vermächtnis. Als Entwicklungsaufgabe ist Generativität als Investition in die Menschen zu verstehen, die uns überleben werden (Erikson, 1950). Generativität schafft Möglichkeiten, wie Sterbende ihren Einfluss zum Wohle anderer zeitlich verlängern können. Dadurch können unheilbar erkrankte Patientinnen und Patienten Bereiche ihres Selbst bis zum Tod und darüber hinaus wirken lassen. So esoterisch dies anmuten mag, ist Generativität durch verschiedene konkrete Mittel erreichbar. Ein Testament schreiben, eine Beerdigung planen, eine Patientenverfügung verfassen oder eine Vorsorgevollmacht erteilen – mit all diesen Mitteln können Menschen ihren Einfluss geltend machen und ihrer Stimme auch dann noch Gehör verschaffen, wenn diese bereits verstummt ist. Jede dieser Generativitätsstrategien kann Hinterbliebene davor bewahren, uninformiert Entscheidungen treffen zu müssen, und somit ihr künftiges Wohlbefinden wahren. Ein mit Generativität gekoppeltes Vermächtnis kann konkret greifbar gemacht werden, den Einfluss des Verstorbenen ausdehnen und die Erinnerung an ihn zum Wohle der Hinterbliebenen erhalten.

In der Palliativversorgung tätige Expertinnen und Experten haben die Bedeutung der Generativität bereits erkannt und wissen, dass der Ausdruck von etwas

Bleibendem das Leid einiger Patienten und gewiss auch ihrer Angehörigen lindern kann. So ermöglichen es Behandelnde in der pädiatrischen Palliativversorgung beispielsweise häufig, dass ein Abdruck von der Hand des sterbenden Kindes gemacht wird oder dass die Eltern eine Haarlocke ihres Kindes aufbewahren können, um die Erinnerung wachzuhalten und etwas Greifbares zu erhalten, das von einem allzu kurzen Leben übrig bleibt.

Das Unterthema Generativität/Vermächtnis entstand als Teil der würdebewahrenden Perspektiven innerhalb des Würdemodells (Chochinov et al., 2002b; Chochinov, 2002). Manche Patienten empfinden ihre Würde als bedroht, wenn sie das Gefühl haben, dass ihr Leben für nichts gestanden hat oder dass nichts Bedeutendes zurückbleiben wird. Daher unterstützt eine Intervention, bei welcher der Gedanke an Generativität oder Vermächtnis mitschwingt, das Schaffen von etwas Bleibendem, das die Patientinnen und Patienten überdauern wird und festhält, wer sie waren und wie sie gefühlt haben – und beides zum Ausdruck bringen kann, wenn sie selbst dies nicht mehr vermögen.

Tabelle 1: Ein Modell zu Würde und würdebewahrenden Interventionen für sterbende Patientinnen und Patienten

Faktoren/Unterthemen	Würdebezogene Fragen	Therapeutische Interventionen
Krankheitsbezogene Aspekte		
Symptomlast		
Körperliche Belastung	»Wie geht es Ihnen?« »Können wir etwas tun, damit Sie sich wohler fühlen?«	Auf Symptombehandlung achten. Häufige Erhebungen durchführen. Bei der Pflege auf das Wohlbefinden der Patienten achten
Psychische Belastung	»Wie gehen Sie mit der Situation um?«	Zeigen, dass man Unterstützung anbietet. Einfühlsam zuhören. Auf Beratungsangebote verweisen
Medizinische Ungewissheit	»Gibt es noch etwas über Ihre Erkrankung, das Sie gerne wissen möchten?« »Haben Sie alle Informationen, die Sie brauchen?«	Geben Sie auf Wunsch genauere, verständliche Informationen und bieten Sie vorausschauend Strategien zur Bewältigung möglicher Krisen an

Faktoren/Unterthemen	Würdebezogene Fragen	Therapeutische Interventionen
Angst vor dem Sterben	»Gibt es bezüglich der späteren Stadien Ihrer Erkrankung etwas, worüber Sie sprechen möchten?«	
Grad der Unabhängigkeit		
Unabhängigkeit	»Sind Sie durch Ihre Krankheit von anderen abhängiger geworden?«	Beziehen Sie die Patienten in Entscheidungen über medizinische und persönliche Fragen mit ein
Kognitive Verfassung	»Fällt es Ihnen schwer, klare Gedanken zu fassen?«	Delirium behandeln Vermeiden Sie nach Möglichkeit sedierende Medikamente
Funktionelle Kapazität	»Wie viel können Sie selbst tun? Wie gut können Sie sich selbst versorgen?«	Arbeiten Sie mit Orthetik-Hilfsmitteln, Physiotherapie und Ergotherapie
Würdebewahrendes Repertoire		
Würdebewahrende Perspektiven		
Selbstkontinuität	»Gibt es etwas, das von dieser Krankheit unberührt bleibt?«	Zeigen Sie Interesse für die Dinge im Leben Ihrer Patienten, die ihnen am meisten bedeuten Betrachten Sie jeden Patienten als einen Menschen, der Anerkennung, Respekt und Wertschätzung verdient
Aufrechterhaltung von Rollen	»Was waren für Sie vor der Erkrankung die wichtigsten Dinge, die Sie gemacht haben?«	
Bewahrung von Stolz	»Worauf sind Sie bei sich selbst oder in Ihrem Leben besonders stolz?«	
Hoffnung	»Was ist noch möglich?«	Ermutigen und befähigen Sie den Patienten, an Aktivitäten teilzunehmen, die ihm etwas bedeuten oder die sinnstiftend sind
Autonomie/Kontrolle	»Was glauben Sie, wie viel Kontrolle Sie haben?«	Binden Sie die Patienten in Entscheidungen über ihre Behandlung und Pflege mit ein

Faktoren/Unterthemen	Würdebezogene Fragen	Therapeutische Interventionen
Generativität/Vermächtnis	»Wie möchten Sie, dass man sich an Sie erinnert?«	Lebensprojekt (z. B. Audio-/Videoaufzeichnungen, Briefe schreiben, Tagebuch führen) Würdezentrierte Therapie
Akzeptanz	»In welchem Maße sind Sie mit der Situation im Frieden?«	Bestärken Sie die Person in ihrer Haltung Ermutigen Sie sie, etwas für ihr Wohlbefinden zu tun (z. B. Meditieren, leichte Gymnastik, Musikhören, Beten)
Resilienz/Kampfgeist	»Welcher Teil von Ihnen ist jetzt besonders stark?«	
Würdebewahrendes Handeln		
Leben »im Moment«	»Gibt es etwas, das Sie von der Krankheit ablenkt und Sie beruhigt?«	Unterstützen Sie den Patienten in seinen Bemühungen, normale Routinen zu leben oder wohltuende Ablenkungen zu suchen (z. B. kurze Ausflüge, leichte Gymnastik, Musikhören)
Erhalt von Normalität	»Gibt es Dinge, die Sie immer noch regelmäßig und gern tun?«	
Streben nach spirituellem Wohlbefinden	»Gibt es eine religiöse oder spirituelle Gemeinschaft, der Sie angehören oder angehören möchten?«	Verweisen Sie an Seelsorger Ermöglichen Sie es der Person, an besonderen spirituellen bzw. kulturellen Handlungen teilzunehmen
Inventar sozialer Würde		
Privatsphäre	»Was ist Ihnen in Bezug auf Ihre Privatsphäre oder Ihren Körper wichtig?«	Vor Untersuchungen um Erlaubnis fragen Geeignete Vorhänge benutzen, um die Privatsphäre zu schützen und zu wahren
Soziale Unterstützung	»Wer sind die Menschen, die Ihnen am wichtigsten sind?« »Wer ist Ihr/e engste/r Vertraute/r?«	Flexible Besuchszeiten, Übernachtungsmöglichkeiten für Begleitpersonen Sorgen Sie dafür, dass ein breites soziales Netzwerk einbezogen wird

Faktoren/Unterthemen	Würdebezogene Fragen	Therapeutische Interventionen
Haltung der Behandelnden	»Haben Sie das Gefühl, dass Sie durch die Art und Weise, wie Sie behandelt werden, irgendwie in Ihrem Würdeempfinden verletzt werden?«	Behandeln Sie den Patienten als jemanden, der Anerkennung, Respekt und Wertschätzung verdient
Belastung für andere	»Haben Sie Angst, anderen zur Last zu fallen?« »Falls ja, wem und in welcher Hinsicht?«	Regen Sie an, dass der Patient diese Sorgen gegenüber den Menschen, bei denen er fürchtet, ihnen zur Last zu fallen, explizit anspricht
Sorgen hinsichtlich der Zeit nach dem Tod	»Worüber machen Sie sich in Bezug auf die Menschen, die Sie zurücklassen werden, am meisten Sorgen?«	Ermutigen Sie die Person, offene Angelegenheiten zu regeln (Patientenverfügung, Testament, Bestattungsplanung)

Wie in den nachfolgenden Kapiteln noch eingehender erläutert wird, ist das geschriebene Wort eine ideale Form der Generativität oder des Vermächtnisses. Daher sieht die Würdezentrierte Therapie (Chochinov et al., 2002b; McClement et al., 2004; Chochinov et al., 2004) das Anfertigen eines – sorgfältig erstellten und editierten – Dokuments vor, das Gedanken enthält, welche die Patientinnen und Patienten ihren Liebsten hinterlassen möchten. Dieses Dokument, das *Generativitätsdokument*, ist wesentlicher Bestandteil der Würdezentrierten Therapie. Es erfüllt einen zweifachen Zweck: Erstens vermittelt es tiefen Respekt für die vom Patienten oder von der Patientin in einem bestimmten Augenblick während der Würdezentrierten Therapie preisgegebenen Gedanken; zweitens stellt es sicher, dass das Gesagte festgehalten und für die Nachwelt erhalten bleibt.

Ton

Würde bedeutet, dass man »Anerkennung, Respekt und Wertschätzung verdient« (Merriam-Webster, 2005). Somit muss die Würdezentrierte Therapie Respekt und den Ton ehrlich empfundener Wertschätzung für jede Teilnehmerin und jeden Teilnehmer vermitteln. Während sich *Generativität* als gedankliches Konstrukt auf eine unbestimmte Zeit in der Zukunft bezieht, muss der *Ton* im Rahmen der Würdezentrierten Therapie im Hier und Jetzt spürbar sein. Die dem Inventar sozialer Würde zugeordnete Haltung der Behandelnden gegenüber dem Patienten oder der Patientin ist das im Würdemodell enthaltene Unterthema, das den Ton der Würdezentrierten Therapie am deutlichsten prägt (Chochinov, 2002).

Unsere Forschungsarbeiten haben gezeigt, dass die Grundhaltung, also der *Ton*, mit dem Gesundheitsversorgende ihren Patientinnen und Patienten begegnen, das Würdegefühl tief greifend beeinflusst. In einer unserer ersten veröffentlichten Studien (Chochinov et al., 2002a) wurde darüber berichtet, dass das äußere Erscheinungsbild, vielmehr die Art und Weise, wie Patienten sich von ihren Behandelnden *wahrgenommen fühlen,* der eindeutigste Prädiktor für das empfundene Würdegefühl ist. Dies legt den Schluss nahe, dass die empfundene Wahrnehmung in hohem Maße auf der Grundhaltung der Behandelnden beruht. Eine würdestärkende Grundhaltung steht für eine Vielzahl an Möglichkeiten, wie Behandelnde sich ihren Patienten wertschätzend, respektvoll und freundlich zuwenden können. Eine sanfte Berührung, sich Zeit nehmen, um am Patientenbett zu sitzen, oder kleine Zeichen der Körpersprache – all diese Gesten können genutzt werden, um folgende Botschaft zu vermitteln: *Sie sind ein wertvoller Mensch und verdienen meine Zeit, meinen Respekt und meine Zuwendung.* Als Anwender der Würdezentrierten Therapie ist es wichtig, sich stets seiner Grundhaltung und ihres Einflusses auf die Patienten bewusst zu sein. Auch ein noch so vollständiges und sorgfältig erstelltes Generativitätsdokument kann das Erleben einer Würdezentrierten Therapie, der es an Respekt für die Herzensanliegen, Erzählungen und Gedanken des Patienten oder der Patientin mangelte, nicht wiedergutmachen.

Die für die Würdezentrierte Therapie erwünschte Grundhaltung kommt der Klientenzentrierten Gesprächstherapie nach Carl Rogers (1951) sehr nahe. Rogers beschrieb in der Beziehung zum Klienten drei Grundhaltungen: Kongruenz, bedingungslose positive Wertschätzung und Empathie. Kongruenz beschreibt die Fähigkeit des Therapeuten oder der Therapeutin, sich als echte, wahrhaftige Person zu erkennen zu geben, ohne sich hinter der unpersönlichen Fassade des Fachmenschen zu verbergen. Bedingungslose positive Wertschätzung beinhaltet, dass die Therapeutin den Patienten akzeptiert, wie er ist, und ihm mit einer vorbehaltlosen, nicht wertenden Haltung begegnet. Empathisches Verstehen zeigt ein Therapeut, wenn er versucht, den Patienten und seine Welt zu verstehen und wertzuschätzen, indem er dem Gesagten aufmerksam und einfühlsam zuhört. Jede dieser Haltungen ist auch für Anwendende der Würdezentrierten Therapie von Belang: Sie müssen ein authentisches, persönliches Interesse an ihren Patientinnen und Patienten und deren Worten zeigen; sie müssen ihnen gegenüber bedingungslose positive Wertschätzung vermitteln und ihren Erzählungen zuhören, ohne zu werten; darüber hinaus müssen sie empathisch sein, um mit ihren Patientinnen und Patienten in Beziehung zu treten und ihnen Anerkennung entgegenzubringen.

Es ist einfacher, einen bestimmten Ton zu beobachten oder zu spüren, als ihn zu beschreiben. In jedem Fall kann seine Bedeutung nicht hoch genug eingeschätzt werden. Während ein Behandler die Gedanken und Gefühle seines Patienten zu verstehen versucht, deutet der Patient jedes noch so kleine Zeichen des Behandlers: »Bin ich ein interessanter Patient? Interessieren Sie sich für das, was ich zu sagen habe? Mache ich es richtig so? Wie ist meine Geschichte im Vergleich zu anderen, die Sie gehört haben?« Hat der Patient das Gefühl, dass er etwas falsch macht oder den Therapeuten enttäuscht, kann das Erzählen persönlicher Gedanken schnell als übergriffig oder gar als demütigend empfunden werden und zu Ernüchterung und Rückzug aus der Therapie führen. Im Rahmen des kooperativen Bemühens, das Voraussetzung für eine erfolgreiche Würdezentrierte Therapie ist, müssen Behandelnde als wahrhaftige, interessierte Partner auftreten. Daher müssen sich die Behandelnden stets bewusst machen, dass jeder Mensch eine wichtige und einzigartige Geschichte zu erzählen hat, dass gespieltes Interesse schnell entlarvt ist und ein gebannter Zuhörer der größte Ansporn für einen Geschichtenerzähler ist.

Inhalt

Auch für die inhaltliche Gestaltung der Würdezentrierten Therapie (Chochinov et al., 2002b; Chochinov, 2002) liefert das Würdemodell einige wertvolle Anhaltspunkte. Die Würdezentrierte Therapie orientiert sich an einer Reihe von Fragen (siehe Kapitel 3, S. 103). Die Themen, die diesen Fragen zugrunde liegen, leiten sich aus den würdebewahrenden Perspektiven und den Sorgen hinsichtlich der Zeit nach dem Tod ab. Die würdebewahrenden Perspektiven umfassen die Unterthemen Selbstkontinuität, Aufrechterhaltung von Rollen, Bewahrung von Stolz, Hoffnung (die laut qualitativen Analysen als Ausdruck eines Gefühls von Bedeutung und Sinnhaftigkeit gilt) und Autonomie/Kontrolle. Jedes Unterthema steht für einen Aspekt einer psychologischen und existenziellen Perspektive oder Wahrnehmung, die das Würdegefühl des Patienten beeinflusst und den gefühlten Kern des Selbst berührt. Der Fragenkatalog der Würdezentrierten Therapie soll ergründen, wie wichtig die einzelnen Aspekte jeweils sind, und die Patientinnen und Patienten dazu einladen, sich den Themen zuzuwenden, die sie für besonders prägend oder bedeutungsvoll halten (Chochinov, 2002; McClement et al., 2004; Chochinov et al., 2005).

Als weiteres Unterthema haben auch die Sorgen hinsichtlich der Zeit nach dem Tod Eingang in die Würdezentrierte Therapie gefunden; dies gibt Patienten die Möglichkeit, die Fragen anzugehen, die ihrer Voraussicht nach infolge ihres Versterbens aufkommen werden. Dabei ist es möglich, dass sie gezielte Anweisungen hinterlassen oder bestimmten Menschen einen klugen Ratschlag erteilen oder eine Weisheit übermitteln möchten. Die Thematisierung der

Sorgen hinsichtlich der Zeit nach ihrem Tod erfordert es auch, den Patientinnen und Patienten entsprechend viel Zeit zuzugestehen, damit sie sich mit diesen schwierigen, oft schmerzlichen Fragen auseinandersetzen können (Chochinov, 2002; McClement et al., 2004; Chochinov et al., 2005; Wilson, Curran u. McPherson, 2005).

Erste Erfahrungen mit der Würdezentrierten Therapie

Durch das Zusammenspiel von Form, Ton und Inhalt entstand eine neue individualisierte Intervention, die sich besonders an Patientinnen und Patienten in der letzten Lebensphase richtet. Diese Therapie sollte Würdezentrierte Therapie (Dignity Therapy) heißen, da ihre einzelnen Bausteine auf dem Würdemodell bei unheilbarer Erkrankung basieren (Chochinov et al., 2002b; Chochinov, 2002). Bei der Würdezentrierten Therapie werden die teilnehmenden Patientinnen und Patienten gebeten, über Themen oder Erinnerungen zu sprechen, die ihnen am Herzen liegen oder die sie für die Menschen aufgezeichnet wissen möchten, die sie lieben und zurücklassen werden (Chochinov, 2002; McClement et al., 2004). Von diesen Gesprächen werden Tonaufnahmen erstellt und anschließend zum Zweck der Generativität transkribiert. Dadurch ermöglicht die Therapie die Erstellung von etwas Bleibendem, dessen Einfluss über den Tod der Patientin oder des Patienten hinaus wirkt und auch nachfolgende Generationen erreicht. Ermöglicht und gesteuert wird dieser Prozess durch den Therapeuten, dem es darüber hinaus obliegt, die therapeutische Interaktion mit Würde zu erfüllen; der Patient, die Patientin muss sich akzeptiert, wertgeschätzt und anerkannt fühlen.

Erste Anhaltspunkte für die Praktikabilität und den besonderen Wert der Würdezentrierten Therapie als Intervention innerhalb der Palliativversorgung lieferte bereits der allererste Studienteilnehmer. Eine ausführliche Fallbeschreibung (Chochinov, 2004) würde den Rahmen an dieser Stelle sprengen, doch allein, dass dieser Patient beschloss, dass sein Leben noch lebenswert sei, »zumindest bis diese [Würdezentrierte Therapie] gemacht werden kann«, war ein vielversprechender Beginn der klinischen Studien zur Würdezentrierten Therapie. Dieser Anfangserfolg bescherte der Studie bald die finanzielle Unterstützung der American Foundation for Suicide Prevention (Amerikanische Stiftung für Suizidprävention), des National Cancer Institute of Canada (Nationales Kanadisches Institut für Krebserkrankungen) und der Canadian Institutes of Health Research (Kanadisches Institut für Gesundheitsforschung).

Noch vor Abschluss der ersten klinischen Studie von 2001 bis 2003 fand das Konzept der Würdezentrierten Therapie dank des Artikels »Dignity Conserving Care – A New Model for Palliative Care« Eingang in die Literatur. Der am 1. Mai 2002 im »Journal of the American Medical Association« publizierte Artikel enthielt eine ausführliche Erläuterung des Modells zur Würde bei unheilbarer Erkrankung sowie die Darstellung des Falls von Herrn S., der an der Würdezentrierten Therapie teilgenommen hatte.

Herr S. war ein 62-jähriger Patient mit einem Lungenkarzinom, bei dem 18 Monate zuvor Leber-, Hirn- und Nebennierenmetastasen diagnostiziert worden waren. Seit einiger Zeit litt er an einer ausgeprägten Schwäche der linken oberen und unteren Extremitäten und war unfähig, Lasten zu tragen. Die Gabe von Steroiden war nebenwirkungsbedingt abgesetzt worden; zudem war der Patient zwei Wochen lang aufgrund einer Lungenentzündung mit Antibiotika behandelt worden. Die Symptome, Kurzatmigkeit, Krampfanfälle, Verstopfung und gelegentliche Unruhe, konnten relativ gut kontrolliert werden. Zuletzt lag der Schwerpunkt seiner Versorgung auf seinem allgemeinen Wohlbefinden.

Herrn S. bot die Würdezentrierte Therapie Anlass, über die schwierigen Zeiten zu sprechen, die er als Kind bei seiner Adoptivfamilie erlebt hatte (Chochinov, 2002). Da er nie das Gefühl hatte, wirklich zu dieser Familie zu gehören, führte dies zu einem chronisch selbstverachtenden Verhalten, chaotischen Beziehungen, zahlreichen beruflichen Misserfolgen und diversen Substanzabhängigkeiten. Sein Hang zur Selbstzerstörung kam wie durch ein Wunder zum Erliegen, als er der Frau begegnete, die er später heiraten sollte. Die Liebe und ihre heilsamen Kräfte retteten ihn vor Drogenabhängigkeit, Alkoholsucht – und letztendlich auch vor sich selbst. Durch die Würdezentrierte Therapie konnte Herr S. seiner Frau danken, dass sie ihn »gerettet« hatte, und eine inspirierende Geschichte für andere hinterlassen, die ebenfalls in die Selbstzerstörung abgedriftet sind. Als ihr sein Generativitätsdokument überreicht wurde, sagte Frau S.: »Seine Worte lesen zu können wird mir helfen, mich an ihn zu erinnern und an ihn zu denken. Ich habe ihn nicht immer verstanden, denn er war ein Freigeist und ich die Bedenkenträgerin. Vielleicht hatte ich einfach nicht genug Gottvertrauen. Ich bin froh, dass mir seine Worte bleiben werden, um mich zu trösten.«

Veröffentlichung der ersten klinischen Studie

Die Ergebnisse der ersten klinischen Studie zur Würdezentrierten Therapie wurden im August 2005 im »Journal of Clinical Oncology« (Chochinov et al., 2005) veröffentlicht. In einem begleitenden Leitartikel feierte Betty Ferrel die Therapie als »wichtigen Durchbruch« für die Palliativversorgung (Ferrell, 2005).

Im Rahmen der Studie wurde die Würdezentrierte Therapie allen Patienten angeboten, die im australischen Perth oder im kanadischen Winnipeg als Palliativpatienten gemeldet waren und die Eignungskriterien erfüllten. In Australien wurden die Patienten innerhalb des Silver Chain Hospital Care Service und des Cancer Council Centre for Palliative Care Cottage Hospice rekrutiert. In Kanada waren es Patientinnen und Patienten, die im Rahmen des regionalen gesundheitsbehördlichen Programms zur Palliativversorgung in Winnipeg behandelt wurden. Sowohl in Winnipeg als auch in Perth umfasst das Angebot zur Palliativversorgung eine breite Auswahl an stationären und ambulanten Leistungen.

Zugangsvoraussetzungen für die Studie waren eine unheilbare Erkrankung mit einer Lebenserwartung von weniger als sechs Monaten, das vollendete 18. Lebensjahr, das Beherrschen der englischen Sprache, die Bereitschaft und Möglichkeit zu drei bis vier Kontakten im Zeitraum von ca. sieben bis zehn Tagen, uneingeschränkte kognitive Fähigkeiten sowie die mündliche und schriftliche Einwilligung. Um die Wirksamkeit der Würdezentrierten Therapie bewerten zu können, mussten die Teilnehmenden Fragebögen ausfüllen; darin sollten sie Angaben zu verschiedenen körperlichen, psychischen und existenziellen Problemen und Nöten machen, wie Depression, Würde, Angst, Leid, Hoffnungslosigkeit, Sterbewunsch, Suizidalität, Wohlbefinden, Lebensqualität und Lebenswille. Nachdem sie die Fragebögen ausgefüllt hatten, konnten die Patientinnen und Patienten mit der Würdezentrierten Therapie beginnen (Chochinov et al., 2005). Dabei wurde das Gespräch, in dem sie beschrieben, was ihnen besonders wichtig ist und was sie den Menschen, die ihnen besonders nahestehen, sagen möchten, aufgenommen. (Die detaillierte Beschreibung des Ablaufs und der Gesprächsführungstechniken sind Gegenstand der folgenden Kapitel.)

Über einen Zeitraum von zwei Jahren haben hundert Patientinnen und Patienten, die sich gleichmäßig auf Australien und Kanada verteilten, die Studie abgeschlossen. In den meisten Fällen war die Krebserkrankung bereits im Endstadium; der Median für die Überlebensdauer ab dem ersten Kontakt bis zum Todeszeitpunkt betrug 51 Tage. Von den hundert Studienteilnehmenden, welche die Studie abgeschlossen haben, äußerten 91 Prozent Zufriedenheit oder große Zufriedenheit mit der Würdezentrierten Therapie; 86 Prozent bewerteten die Intervention als hilfreich oder sehr hilfreich. 76 Prozent gaben an, die Therapie habe ihr Würdegefühl gestärkt; 68 Prozent erfuhren durch die Würdezentrierte Therapie ein gesteigertes Gefühl von Bestimmung oder Sinnhaftigkeit; 67 Prozent beschrieben ein gestärktes Gefühl der Bedeutung ihres Lebens. 47 Prozent der Teilnehmenden gaben an, die Würdezentrierte Therapie habe ihren Lebenswillen gestärkt.

Eine 62-jährige Patientin mit metastasierendem Brustkrebs sagte sogar: »Für mich ist [die Teilnahme an dieser Studie] ein Grund, weshalb ich noch lebe.« 81 Prozent der Teilnehmenden an der Würdezentrierten Therapie hatten das Gefühl, die Therapie habe ihnen bereits geholfen und würde auch ihren Angehörigen helfen (Chochinov et al., 2005).

Dabei nutzten die Teilnehmenden die Würdezentrierte Therapie ganz unterschiedlich. Einige wollten Freunden und Angehörigen ihre Liebe versichern, während andere Bedauern zum Ausdruck brachten. Die meisten empfanden die Würdezentrierte Therapie als Gelegenheit, besondere Lebensereignisse und glückliche oder traurige Momente Revue passieren zu lassen; oft waren dies Momente, die ihr Leben verändert oder geprägt hatten. Viele Patientinnen und Patienten brachten generativitätsbezogene Themen auf; so sagte eine 36-jährige Frau mit Brustkrebs im Endstadium: »Ich bin glücklich, dass ich bei diesem Projekt mitgemacht habe. Es half mir, meine Erinnerungen, Gedanken und Gefühle zu sortieren, anstatt ständig dieses emotionale Chaos im Kopf zu haben. Am Wichtigsten war für mich, dass ich meinem Mann, meinen Kindern, meiner Familie und meinen Freunden eine Art ›Einblick‹ in meine Person hinterlassen konnte.« Anderen Patienten bot die Würdezentrierte Therapie die Chance, ihr Selbstwertgefühl zu stärken. Eine 49-jährige Frau mit Brustkrebs im Endstadium sagte: »Die Würdezentrierte Therapie war eine wunderbare Erfahrung. Das auf Papier zu bringen, was ich für ein eintöniges, langweiliges Leben gehalten hatte, öffnete mir die Augen dafür, was ich wirklich alles geschafft habe« (Chochinov et al., 2005). Einer anderen Patientin, einer 61-jährigen Frau mit rezidivierendem Darmkrebs, vermittelte das Gefühl einer überdauernden Sinnhaftigkeit und Bedeutung neue Zuversicht: »Diese Erfahrung half mir, in mein Selbst einzutauchen und einen größeren Zusammenhang in meinem Leben zu erkennen. Ich freue mich wirklich darauf, dies mit meiner Familie zu teilen. Für mich steht fest, dass es ihnen vieles klarmachen wird.« Die Ehefrau eines 72-jährigen Patienten mit Lungenkrebs im Endstadium fand das Transkript »großartig«. Sie wusste, dass ihr Mann »etwas beitragen wollte; dieses Interview gab ihm eine ›zweite Chance‹, etwas zu tun, um zu helfen« (Chochinov et al., 2005).

Manche Patienten empfinden das Gefühl, »anderen eine Last zu sein«, als existenziell belastend (Chochinov et al., 2002a; Chochinov et al., 2007); vor diesem Hintergrund kann die gebotene Chance zum Erkennen eines Sinns und einer Bedeutung – damit die Patienten spüren können, das Leben könnte mehr sein als das bloße Dasein – Balsam für die Seele sein. All das sollten diejenigen, die in der Krankenversorgung tätig sind, vor Augen haben und jede klinische Begegnung als Chance sehen, Patientinnen und Patienten nach Kräften in ihrem Menschsein zu würdigen und zu bestärken (Chochinov, 2007). In der Studie (Chochinov et al., 2005) wurde auch eine signifikante Verbesserung der Werte in Bezug auf Leiden und Depression verzeichnet. Auch in Bezug auf Würde, Hoffnungslosigkeit, Todeswunsch, Angst, Lebenswille und Suizidalität wurden positive Veränderungen gemessen. Für Patienten, die anfänglich höhere Verzweiflung berichteten, zeigte sich eher ein Nutzen durch die Würdezentrierte Therapie. Patienten, die die Würdezentrierte Therapie als hilfreich einstuften, berichteten signifikant häufiger, ihr Leben als bedeutsam zu empfinden, ein gesteigertes Gefühl von Sinn und Lebenswillen zu erleben und weniger zu leiden. Patienten, die glaubten, dass die Würdezentrierte Therapie ihren Angehörigen geholfen habe oder helfen würde, gaben signifikant häufiger an, dass sie ihr Leben als bedeutsam und sinnvoll erlebten, einen stärkeren Lebenswillen empfanden und weniger litten. Es ist wahrlich beeindruckend zu sehen, wie eine aus der Perspektive des bevorstehenden Todes kommende Einsicht eine tiefe Wahrheit über das menschliche Dasein offenbaren kann. Menschen, die das Wohlergehen von etwas, vielmehr jemandem, das oder der ihnen am Herzen liegt, in gewisser Weise beschützen können, gelingt es eher, dem Leben Sinn und Bedeutung abzugewinnen. Dies gilt für das ganze Leben und scheint – unseren Erkenntnissen zufolge – fortwährend bis zum Lebensende zu gelten (Chochinov et al., 2005).

Zahlreiche palliativmedizinische Interventionen zielen darauf ab, einen Patienten von seinem Leid abzuschirmen. Schmerzmittel können das körperliche Schmerzempfinden wirksam ausschalten, ohne dabei aber die Ursachen zu beseitigen. Die Würdezentrierte Therapie versucht, auf die Quelle des emotionalen Schmerzes abzuzielen. Sie möchte das Gefühl für Sinnhaftigkeit und Bedeutung stärken und zugleich – in einem unterstützenden, fürsorglichen und freundlichen Rahmen – das Selbstwertgefühl der Menschen steigern, auch kurz vor ihrem Tod. Der Nutzen der Würdezentrierten Therapie und ihre Durchführbarkeit als Intervention am Lebensende wurden durch die Ergebnisse dieser ersten Studie vollumfänglich bestätigt (Chochinov et al., 2005).

Einbeziehung der Angehörigen

Der Gedanke an den bevorstehenden Verlust und den nahenden Tod berührt nicht nur die Patientinnen und Patienten selbst, sondern auch ihre Angehörigen. Häufig überschneiden sich die leidvollen Erfahrungen von Patienten und Familien, sodass die Angehörigen die Verzweiflung der Patienten stellvertretend erleben. In der heutigen Palliativbetreuung werden Angehörige und Patienten daher als Versorgungseinheit betrachtet. So versucht die Palliativversorgung, sowohl die Lebensqualität der Sterbenden als auch der Menschen, die bald um sie trauern werden, zu verbessern. Obwohl Patienten und Angehörige die Situation verschieden erleben, gibt es doch einige interessante Überschneidungen. Eine Gemeinsamkeit ist der Verlust; auch einige würdebezogene Dynamiken gelten gleichermaßen für beide Gruppen. Patienten empfinden den Verlust der Würde, ihrer Persönlichkeit und der Wertschätzung als eng miteinander verwoben. Ebenso wie die Patienten leiden auch die Angehörigen, wenn sie das Gefühl haben, die von ihnen geliebten Menschen würden auf das reduziert, »was sie haben«, statt dass gesehen wird, »wer sie sind«. Daher können die Dynamiken, die das Würdegefühl der Patienten schwächen, auch von ihren Familien als belastend erlebt werden. Andererseits können Faktoren, die das Würdegefühl der Patienten stärken, ebenfalls ihren Familien zugutekommen.

Um den Einfluss der Würdezentrierten Therapie auf Angehörige besser verstehen zu können, wurden die Empfänger des aus der Therapie resultierenden Generativitätsdokuments neun bis zwölf Monate nach dem Tod ihrer geliebten Angehörigen befragt (McClement et al., 2007). Dieser zeitliche Abstand wurde so gewählt, dass die akute Trauerphase überwunden war, das Verlusterlebnis aber noch immer nah genug war, um deutlich erinnert werden zu können. Von den hundert Patientinnen und Patienten, die an der zuvor beschriebenen Phase-I-Studie zur Würdezentrierten Therapie teilgenommen hatten, erteilten sechzig Angehörige Auskunft zu ihren Erfahrungen mit der Intervention. Dabei handelte es sich in erster Linie um Ehepartner und erwachsene Kinder. Genau wie die Patientendaten lieferten auch die Angaben der Angehörigen in dieser Studie eine überwältigende Bestätigung für den Nutzen dieses neuartigen Therapieansatzes. 95 Prozent der Angehörigen bewerteten die Würdezentrierte Therapie als hilfreich für ihre Liebsten; eine Tochter bemerkte: »Mama war emotional äußerst verschlossen und tat sich extrem schwer, ihre Gefühle zu zeigen. Hier konnte sie es tun, ohne sich verletzlich zu fühlen.« 78 Prozent der Angehörigen berichteten, dass die Würdezentrierte Therapie das Würdegefühl ihrer Angehörigen gestärkt habe; 72 Prozent berichteten über die Steigerung eines Gefühls von Sinnhaftigkeit bei den Patienten. Eine Tochter fasste die Erfahrung ihres Vaters in folgende Worte: »Er hatte etwas zu sagen, er wollte gehört werden, er wollte eine Botschaft der Hoffnung weitergeben. Es hat ihm geholfen, einen Wert in dem zu erkennen, was er getan hatte, und sich daran zu erinnern, wer er war.« 65 Prozent der Angehörigen hatten das Gefühl, die Würdezentrierte Therapie habe ihren Liebsten dabei geholfen, sich auf den Tod vorzubereiten; in gleichem Ausmaß wurde die Würdezentrierte Therapie als genauso wichtiger Bestandteil der Palliativversorgung ausgewiesen wie jeder andere Aspekt in der Versorgung des Patienten. Dieses Ergebnis ist in Bezug auf eine individualisierte, nichtpharmakologische Kurzintervention besonders bemerkenswert.

Der Nutzen der Würdezentrierten Therapie wurde von den Angehörigen auf verschiedene Weise beschrieben (McClement et al., 2007). Einige fanden, die Würdezentrierte Therapie habe bei ihren Liebsten das Empfinden von Sinn und das Gefühl, ein lebenswertes Leben geführt zu haben, bekräftigt. Eine Tochter bemerkte: »Das Dokument zu lesen gab meiner Mutter das Gefühl, etwas geleistet zu haben. Ich glaube, es gab ihr etwas Greifbares, durch das sie auf ein gutes Leben zurückblicken konnte.« Viele Angehörige berichteten, dass den Verstorbenen der Gedanke, etwas zu hinterlassen, sehr viel bedeutete. Eine Frau sagte über ihren verstorbenen Ehemann: »Er hatte das Gefühl, dass unsere Enkelkinder – auch das jüngste, das er leider nicht mehr kennengelernt hat – auf diese Weise eine Vorstellung von seinem Leben und seinem Lebenswerk bekommen.« In ähnlichem Sinn betonte ein Angehöriger, wie stark die Würdezentrierte Therapie »dein Leben anerkennt und es dir ermöglicht, auf Papier festzuhalten, was du als Vermächtnis hinterlassen möchtest« (McClement et al., 2007).

Die Familienmitglieder schrieben der Würdezentrierten Therapie auch einen Einfluss auf ihre Trauer und die Bewältigung ihres Verlusts zu. 78 Prozent der Angehörigen gaben an, dass ihnen das Generativitätsdokument in der Zeit der Trauer geholfen habe und ihnen sowie anderen Familienmitgliedern eine Quelle des Trostes bleiben würde. Eine Tochter drückte es so aus: »Ich würde sagen, es war hilfreicher als jedes Trauern. Es half mir, darüber hinwegzukommen. Gewiss: Die Familie und Freunde geben Halt, aber dank des Dokuments konnte auch meine Mutter Halt geben.« Für eine andere Tochter war das Dokument »etwas, an dem man sich festhalten konnte, als Vater starb, etwas, das sein Leben und sein Wesen auf eine zärtliche Art lebendig machte«. Eine Angehörige beschrieb den Nutzen für Patienten und Familien zusammenfassend wie folgt: »Ich glaube, die Würdezentrierte Therapie hat ihm wirklich das Gefühl gegeben, etwas Sinnvolles zu tun und etwas von sich zurücklassen zu können. Dies wiederum half mir und den Kindern, denn es war fast, als bekäme man ein besonderes Geschenk – seine Worte, bewahrt für unser ganzes Leben« (McClement et al., 2007).

Obwohl die meisten Rückmeldungen der Angehörigen positiv waren, soll nicht unerwähnt bleiben, dass drei der Empfänger der Generativitätsdokumente unzufrieden waren. So war beispielsweise eine Ehefrau besorgt, bestimmte Inhalte des Dokuments könnten die Geschwister ihres Mannes verletzen (McClement et al., 2007). Das Protokoll ist als Schutz vor solchen Vorkommnissen zwar äußerst streng, doch in dem Fall hatte eine unbefugte Person das Dokument an sich genommen. Die anderen Beispiele für die Unzufriedenheit der Angehörigen bezogen sich auf das Gefühl, das Dokument habe das wahre Wesen der Personen nicht richtig erfasst. Um eine verzerrte Darstellung der Teilnehmenden zu verhindern – etwas, was Behandelnde im Umgang mit der Würdezentrierten Therapie stets bedenken müssen –, müssen Ausschlusskriterien wie Verwirrtheit, ausgeprägte Depression oder das schwächebedingte Unvermögen, wohlüberlegte und sinnvolle Antworten zu geben, verantwortungsvoll exploriert und angewandt werden. Einige der Angehörigen waren während der Interviews zur Würdezentrierten Therapie anwesend; interessanterweise war jedoch keiner der unzufriedenen Angehörigen in diesem Prozess präsent oder darin involviert (McClement et al., 2007). Erfahrungsgemäß kann die Gegenwart eines Angehörigen als Qualitätssicherung fungieren und sicherstellen, dass die gegebenen Antworten der Persönlichkeit des Patienten oder der Patientin entsprechen; zudem können Angehörige auch Anregungen geben, die bedeutsame und vollständige Aussagen erleichtern oder ermöglichen.

Der Goldstandard der Evidenz

Es ist nicht einfach, den Status quo zu verändern. Diese Wahrheit gilt für viele Lebensbereiche, insbesondere auch für die Medizin. Allgemein gängige Praktiken werden selten hinterfragt und Veränderungen nur angesichts neuer und überzeugender Erkenntnisse möglich. Wenn es um die Versorgung und die Behandlung von Patienten geht, kann das Hinterfragen des Status quo ein äußerst schwieriges Unterfangen sein. Die Medizin fokussiert heute dermaßen auf Technologie und Biologie, dass unser Umgang mit Patientinnen und Patienten oft als Nebensache betrachtet wird – als hätten die Feinheiten in der Versorgung sozusagen wenig bis gar nichts mit Fürsorge zu tun. Typischerweise ist das Verhalten des Behandlers intuitiv und basiert auf den Eigenschaften seiner Persönlichkeit oder wurde in manchen Fällen auch durch frühere Vorbilder geprägt. Manchmal funktioniert dies, manchmal nicht.

Unsere eigenen Forschungsarbeiten zu Würde haben *empirisch* gezeigt, dass das Verhalten von Gesundheitsversorgern (einschließlich Ärzten) gegenüber Patienten – ihre Fähigkeit, Patientinnen und Patienten als ganze Menschen zu würdigen – ein ausschlaggebender Mediator für die Zufriedenheit der Patienten und Angehörigen ist (Chochinov et al., 2002a; Chochinov, 2004). Dies bestätigt Francis Peabodys berühmte Worte: »Das Geheimnis in der Versorgung eines Patienten liegt in der Sorge um den Patienten« (Peabody, 1927). Dennoch ist es kein Geheimnis, dass die psychologischen Aspekte der Versorgung oft zu kurz kommen und sogar als außerhalb der Zuständigkeit der Medizin liegend betrachtet werden. So aussagekräftig die erste Studie zur Würdezentrierten Therapie auch gewesen ist, wird sie die Patientenversorgung und das Denken passionierter Empiriker wahrscheinlich nur bedingt verändern. Schließlich wird der Intervention in einer Phase-I-Studie keine Kontrollgruppe gegenübergestellt. Man könnte argumentieren, die Präsenz einer einfühlsamen Person sei das einzige hilfreiche Element der Würdezentrierten Therapie gewesen. Obwohl die belastbare Datenlage eine deutliche Richtung aufweist, wird lediglich randomisierten kontrollierten Studien die notwendige Aufmerksamkeit geschenkt, um ein Umdenken in der Praxis einzuleiten.

Dank der starken Daten der Phase-I-Studie zur Würdezentrierten Therapie erhielt unsere Forschungsgruppe finanzielle Unterstützung der Nationalen Gesundheitsinstitute in Bethesda, Maryland (USA). Zwischen 2004 und 2008 führten wir gemeinsam mit Kollegen aus dem australischen Perth unter Leitung von Dr. Linda Kristjanson und mit Kollegen aus New York City unter Leitung von Dr. William Breitbart eine dreiarmige randomisierte kontrollierte Studie in drei Ländern durch. Einschlusskriterien waren eine Lebenserwartung von sechs Monaten oder kürzer sowie die Teilnahme an einem Palliativversorgungsprogramm, das an das rekrutierende Studienzentrum angeschlossen war. Ferner mussten die Teilnehmenden mindestens 18 Jahre alt sein, zu drei bis vier Kontakten innerhalb von sieben bis zehn Tagen in der Lage sein und eine schriftliche Einverständniserklärung erteilen. Wie bereits in der Phase-I-Studie wurden Patienten ausgeschlossen, wenn sie unter kognitiven Einschränkungen litten, die Anforderungen des Studienprotokolls aufgrund ihres Gesundheitszustands nicht erfüllen konnten oder der englischen Sprache nicht mächtig waren.

Nach Erläuterung der Studie und Erteilung der Einwilligung wurden die Teilnehmenden einem der drei Studienarme randomisiert zugewiesen:
– Würdezentrierte Therapie, wie zuvor beschrieben.
– Klientenzentrierte Versorgung: Die der klientenzentrierten Versorgung zugewiesenen Patientinnen und Patienten sollten an Gesprächen teilnehmen, in denen Fragen zum Hier und Jetzt behandelt wurden. Damit sich die Gespräche innerhalb festgelegter Parameter bewegten, wurden die Teilnehmenden zu ihrer Krankheit, den damit verbundenen Symptomen und zu Maßnahmen zur Steigerung ihres Wohlbefindens befragt. Im Gegensatz zur Würdezentrierten Therapie wurden bei der klientenzentrierten Versorgung keine Sinn- und Bedeutungsfragen erörtert; ferner entstand auch kein Generativitätsdokument. Primäres Ziel dieses Studienarms war es, die Häufigkeit und Dauer der Kontakte zwischen Patienten und einem empathischen Interviewer zu replizieren, um so die Wirkung vermehrter Aufmerksamkeit kontrollieren zu können.

– Standardversorgung: Die einer Standardversorgung zugeteilten Patienten konnten das gleiche vollständige Angebot an palliativen Versorgungsangeboten nutzen wie Patienten, die nicht an der Studie teilnahmen. Im Studienarm Standardversorgung wurden zunächst psychologische Baseline-Erhebungen durchgeführt; sieben bis zehn Tage später – also in einem Abstand, der ungefähr dem Zeitraum zwischen dem ersten und letzten Kontakt innerhalb der beiden anderen Studienarme entsprach – wurden alle zusätzlichen im Rahmen der Studie vorgesehenen Messungen durchgeführt.

Diese Studie verwendete zahlreiche Standardmessverfahren, u. a. die Spiritual Wellbeing Scale (FACIT-Sp; Skala »Spirituelles Wohlbefinden«; Peterman, Fitchett, Brady, Hernandez u. Cella, 2002), das Patient Dignity Inventory (Fragebogen zum Würdegefühl; Chochinov et al., 2008), die Hospital Anxiety and Depression Scale (HADS; Fragebogen zu Angst und Depression im Krankenhaus; Zigmond u. Snaith, 1983) sowie einige Elemente des Structured Interview for Symptoms and Concerns (Strukturiertes Interview für Symptome und Belastungen; Wilson et al., 2004), einschließlich Würde, Todeswunsch, Leid, Hoffnungslosigkeit, Depression, Suizidgedanken und des Gefühls, anderen eine Last zu sein. Zur Anwendung kam auch ein Standardinstrument zur Messung der körperlichen Symptombelastung (Edmonton Symptom Assessment System; Bruera, Kuehn, Miller, Selmser u. Macmillan, 1991). Aufgrund von Überlegungen hinsichtlich einem initial geringen Disstresslevel wurden die Teilnehmenden aller Studienarme in einer identischen Nacherhebung befragt.

Die Erkenntnisse wurden von unserer Forschungsgruppe im August 2011 in der Zeitschrift »Lancet Oncology« publiziert. 326 Patientinnen und Patienten mit der Diagnose einer unheilbaren Erkrankung waren randomisiert auf die drei Studienarme verteilt worden. Aufgrund des initial geringen Disstresslevels konnten in keiner der Gruppen signifikante Unterschiede zwischen den Prä- und Postmessungen gefunden werden. Die Ergebnisse der Nachbefragung wiesen jedoch deutliche Unterschiede zwischen den drei Studienarmen auf. Gegenüber den Vergleichsgruppen berichteten die Teilnehmenden der Würdezentrierten Therapie signifikant häufiger, dass die Intervention hilfreich war, ihre Lebensqualität gesteigert und ihr Würdegefühl gestärkt habe. Zudem wurde signifikant häufiger angegeben, dass die Therapie der Familie geholfen und deren Blick auf die Patienten verändert habe. Bezüglich der Steigerung des spirituellen Wohlbefindens schnitt die Würdezentrierte Therapie signifikant besser ab als die klientenzentrierte Versorgung; bei der Linderung von Traurigkeit oder Depression erzielte sie signifikant bessere Ergebnisse als die Standardversorgung. Die Teilnehmenden der Würdezentrierten Therapie berichteten signifikant häufiger über ihre Zufriedenheit mit der Studiengruppe als die Patienten mit Standardpalliativversorgung.

Bis heute haben Hunderte, wenn nicht Tausende Patienten – sowie ihre Angehörigen – in Kanada, den Vereinigten Staaten, Japan, England, Schottland, Dänemark, Portugal und Schweden, um nur einige Länder zu nennen, in denen klinische Studien zur Würdezentrierten Therapie durchgeführt wurden – an der Würdezentrierten Therapie teilgenommen. Einige Studien berichten über die Durchführung der Würdezentrierten Therapie unter verschiedenen Umständen. Eine dänische Studie mit zehn Behandelnden und zwanzig Patienten kommt zu dem Schluss, dass die Würdezentrierte Therapie – mit geringfügigen kulturellen Anpassungen – eine gut anzuwendende, willkommene und wichtige Intervention für dänische Palliativpatienten darstellt (Houmann, Rydahl-Hansen, Chochinov, Kristjanson u. Groenvold, 2010). Eine weitere Studie mit acht Patienten im Endstadium einer Tumorerkrankung zeigt, dass die Würdezentrierte Therapie auch telemedizinisch zur Anwendung kommen kann und zu einem insgesamt großen Nutzen und großer Patientenzufriedenheit führt (Passik et al., 2004). Eine Studie aus dem französischsprachigen Kanada berichtet, dass die Relevanz und Zufriedenheit sowohl für die Patienten als auch für ihre Angehörigen in einer Gruppe von 33 sterbenden Patientinnen und Patienten als hoch eingestuft wurden (Gagnon et al., 2010).

Trotz der zunehmenden Fülle an quantitativen Daten wird der Wert der Würdezentrierten Therapie vielleicht am besten durch die Berichte derer, die sie erlebt haben, verdeutlicht. In vielen Fällen sind es einfache Weisheiten, die Patientinnen und Patienten ihren Liebsten hinterlassen möchten.

So nahm eine 63-jährige Frau und Mutter dreier erwachsener Kinder drei Monate, bevor sie an Darmkrebs starb, an der Würdezentrierten Therapie teil. Sie dachte über ihre Ehe nach und erinnerte sich daran, wie hart sie für eine Ehe gekämpft hatte, die besser war als die vielen gescheiterten Ehen im eigenen Familienkreis: »Das Körperliche ist wichtig, aber man muss es auch mit dem freundschaftlichen Part verbinden.« In ihrem Generativitätsdokument konnte sie vermitteln, wie »immens stolz« sie auf jedes ihrer Kinder war: »Es ist toll, zu sehen, wie sie sich entwickelt haben. Als sie Teenager waren, hatte ich viele Bedenken; jetzt sind sie wunderbare Menschen geworden.« Sie konnte ihrer Familie sagen, wie froh sie über ihr eigenes Leben war; dies machte es ihr vielleicht ein wenig leichter, sich mit folgender Lebensweisheit zu verabschieden: »Seid einfach zufrieden und führt das glücklichste Leben, zu dem ihr imstande seid. Seid im Frieden mit euch. Niemand hat das perfekte Leben, aber macht das Beste daraus und seid so glücklich, wie ihr nur könnt.«

Ein alleinstehender Lehrer mittleren Alters mit einem gastroösophagealen Tumor im Endstadium konnte zum Ausdruck bringen, mit wie viel Stolz es ihn erfülle, dass er das Leben seiner Schüler mitprägen durfte. Er fasste sein Selbstverständnis als Lehrer wie folgt zusammen: »Sei freundlich. Entdecke, wie du ihnen helfen kannst, und sei für sie da, um ihnen dabei zu helfen, sich selbst zu helfen; nicht, indem du ständig etwas für sie tust, sondern indem sie sich selbst helfen. Sei aufrichtig und fair zu den Menschen. Dann brauchst du dich für nichts zu schämen.« Als er sich die letzten Worte überlegte, mit denen er sich von seiner Familie – einer alternden Mutter und einem älteren Bruder – verabschieden wollte, sagte er: »Verzagt nicht und helft einander.«

Zahlreiche Patientinnen und Patienten nutzten die Würdezentrierte Therapie auch, um ihren Ehegatten die ausdrückliche Erlaubnis zu erteilen, wieder zu heiraten.

Eine 52-jährige Frau sagte: »Ich möchte nicht, dass er den Rest seines Lebens alleine bleibt, da er bestimmt selbst auch viel Halt brauchen wird. Natürlich wird er seine Familie haben, aber vielleicht braucht er ja auch eine Lebensgefährtin und will sich sogar ein anderes Leben aufbauen. Ja, ich möchte, dass er glücklich ist, dass er später wieder Glück findet.« Einmal ermutigte ein Vater im Rahmen der Würdezentrierten Therapie seinen Sohn dazu, »Sport zu treiben und ein paar Kilo abzunehmen«. Er fügte hinzu: »Meiner Familie möchte ich sagen, wie sehr ich sie liebe, und meinen Kindern möchte ich sagen, dass sie alles im Leben erreichen können, was sie wollen.« Eine ältere Frau versuchte im Rahmen ihrer Würdezentrierten Therapie zu erklären, weshalb sie sich wegen der schwierigen Beziehung zu ihrer Schwester auch emotional von ihren Neffen entfernt hatte. In ihren letzten Lebenswochen nahm sie die Therapie zum Anlass, um ihnen – wenngleich sie ahnte, dass es für eine vollständige Versöhnung vielleicht schon zu spät war – wenigstens eine Erklärung zu geben.

Immer wieder war es durch die Würdezentrierte Therapie möglich, lebensprägende Augenblicke – wie zum Beispiel Geburten, Hochzeiten, Todesfälle oder auch erste Begegnungen – festzuhalten: Momente, in denen die Zeit für die Betroffenen stillstand und Erinnerungen sich unauslöschlich in ihr Gedächtnis eingruben.

So erinnerte sich ein Mann voller Freude an den Augenblick vor sechzig Jahren, als er zum ersten Mal seine spätere Ehefrau erblickte. Ein älterer Journalist im Ruhestand dachte daran zurück, wie er nur wenige Meter von der Rednertribüne entfernt stand, als Pierre Elliot Trudeau als neuer Chef der Liberalen Partei Kanadas bekannt gegeben wurde. Fest ins Gedächtnis einer 76-jährigen Frau mit Krebs im fortgeschrittenen Stadium hatte sich der Tod ihres Vaters eingegraben, der bei der Landung der Alliierten in der Normandie gefallen war. Sie konnte sich noch genau daran erinnern, wie »ein Soldat kam, um meiner Mutter den Brief zu bringen, aber sie war nicht zu Hause. Sie war bei der Arbeit, also nahm ich den Brief entgegen. Natürlich öffnete ich ihn und las ihn. Ich zeigte ihn meiner Mutter eine Woche lang nicht. Ich wusste nicht, wie ich es ihr sagen sollte, und als ich es schließlich tat, hörte sie nicht mehr auf zu weinen. Das werde ich nie vergessen.« Als Teil ihrer Würdezentrierten Therapie wird diese Erinnerung sicher von Generation zu Generation weitererzählt werden.

Weitere Schritte

Bis hierher dürften die Grundlagen der Würdezentrierten Therapie, die zugrunde liegende wissenschaftliche Arbeit und die grundlegende Form der Intervention nun bekannt sein. Mehr noch sollte deutlich geworden sein, dass die Würdezentrierte Therapie empirisch entwickelt worden ist und belastbare Daten für ihren Einsatz als neue, praktikable und wirksame Intervention in der Palliativversorgung sprechen. Viele Belege weisen darauf hin, dass die Würdezentrierte Therapie die Erfahrung des Lebensendes verbessern sowie das spirituelle Wohlbefinden und manchmal auch die Lebensqualität steigern kann. Mithilfe der Würdezentrierte Therapie kann das Würdegefühl sterbender Patienten gestärkt werden. Die Würdezentrierte Therapie kann Patientinnen und Patienten helfen, Enttäuschungen, die Gewissheit, dass sie geliebte Menschen zurücklassen werden, Gefühle von Traurigkeit, Verlust, Isolation sowie ein beschädigtes Identitätsgefühl und einen angegriffenen Selbstwert zu bewältigen. Darüber hinaus kann sie ihnen helfen, über persönliche Prioritäten in Bezug auf Beziehungen und religiöse und spirituelle Überzeugungen nachzudenken und mit der Dringlichkeit, Konflikte beizulegen oder wichtige persönliche Ziele zu erreichen, umzugehen. Bei den Angehörigen kann die Würdezentrierte Therapie den Schmerz des Verlusts lindern und in Zeiten der Trauer Trost spenden.

Weshalb ist es so wichtig, über umfassende und ausführliche Hintergrundinformationen zur Würdezentrierten Therapie zu verfügen? Weil es allzu viele neue Therapiemoden gibt, die zur Folge haben, dass die Öffentlichkeit äußerst vorsichtig und Gesundheitsexperten regelrecht skeptisch sind. Deshalb müssen alle, die planen, die Würdezentrierte Therapie anzubieten – ebenso wie ihre Patienten und das Pflegepersonal –, wissen, dass sie sich mit dieser Therapieform auf solidem empirischem Boden bewegen. Aufgrund dieses festen Fundaments können Patienten, Angehörige und Behandelnde die Gewissheit haben, dass es sich um eine evidenzbasierte Therapie handelt, dass belastbare Daten zugunsten der Anwendung der Würdezentrierten Therapie bei Palliativpatienten vorliegen und dass die Würdezentrierte Therapie dazu beitragen kann, verschiedene Belastungen oder Nöte zu lindern, mit denen Patientinnen und Patienten und ihre Familien im Kontext palliativer Versorgungssituationen zu kämpfen haben.

3 Patienten und ihren Familien die Würdezentrierte Therapie vorstellen

> *Das Geheimnis in der Versorgung eines Patienten*
> *liegt in der Sorge um den Patienten.*
> Francis W. Peabody

Bis hierhin haben wir die theoretischen Grundlagen der Würdezentrierten Therapie betrachtet. Die Bedeutung, die klinisch tätige Behandelnde diesen zugrunde liegenden Informationen zugestehen, mag variieren. Trotzdem sollte jeder, der motiviert ist, die Würdezentrierte Therapie anzubieten, wissen, dass diese Intervention auf solider Forschung beruht und die Effektivität dieses Ansatzes an Patienten mit lebensbedrohenden und lebenslimitierenden Krankheiten geprüft wurde (Chochinov, et al., 2002b; Chochinov, 2002; Chochinov et al., 2004; Chochinov, 2006; McClement et al., 2004). Den meisten Klinikern ist es wichtig, zu wissen, dass die therapeutischen Ansätze, die sie ihren Patienten anbieten, evidenzbasiert sind und nicht einfach auf Intuition oder guten Vorsätzen beruhen. Sich der empirischen Grundlage bewusst zu sein, wird sowohl die Anbieter als auch die Adressaten der Würdezentrierten Therapie gleichermaßen ermutigen. Ebenso ist zu beachten, dass dieses Wissen die Wahrnehmung der Würdezentrierten Therapie prägen wird, wenn sich Fachkräfte aus dem Gesundheitswesen dazu entscheiden, ihren Patientinnen und Patienten diese neue Intervention am Lebensende zugänglich zu machen.

Auswahl der Patienten für die Würdezentrierte Therapie

SCHRITT 1: Zunächst muss festgelegt werden, welche Patienten von der Würdezentrierten Therapie profitieren könnten. Das bedeutet, als Erstes die Auswahlkriterien zu verstehen und zu wissen, welche Patientinnen und Patienten nicht teilnehmen sollten.

Wie bei jeder anderen therapeutischen Vorgehensweise ist es wichtig, zu wissen, wann sie angewandt werden sollte und wann nicht. Zu Beginn der Entwicklung der Würdezentrierten Therapie gingen wir davon aus, dass sie bestens für Personen geeignet sei, die in hohem Maße Disstress zum Ausdruck bringen, insbesondere in Form von psychosozialem oder existenziellem Leid. Rufen Sie sich noch einmal in Erinnerung, dass die Würdezentrierte Therapie entwickelt wurde, um ein Vermächtnis zu generieren und Personen am Lebensende eine konkrete, wertvolle Aufgabe anzubieten. Daher erschien es wahrscheinlich, dass dieser Ansatz speziell für Personen anwendbar wäre, deren Belastung in den letzten Monaten, Wochen und Tagen ihres Lebens durch einen Mangel an Bedeutung und Sinnfindung gekennzeichnet ist.

Während physische Beschwerden kaum zu übersehen sind, hat uns die Erfahrung gelehrt, dass Leid und existenzielle Qualen für den Betrachter manchmal weniger offensichtlich sind. Das macht sie jedoch nicht zu weniger bedeutsamen Ursachen für Disstress im Rahmen der Palliativversorgung.

Zum Beispiel Herr J., ein 54-jähriger erfolgreicher Geschäftsmann, bei dem kürzlich ein inoperabler Pankreastumor diagnostiziert worden war: Obwohl seine physischen Symptome während des Aufenthalts auf der Palliativstation gut kontrolliert werden konnten, war sein behandelnder Arzt überrascht zu hören, dass sein Patient seinen Zustand als »unerträglich« bezeichnete. Als er gebeten wurde, dies näher zu erklären, beschrieb er ein tiefes Gefühl der Verzweiflung, das dem Wissen um seine begrenzte Zeit entsprang. Er haderte damit, dass er gezwungen sein würde, die Kontrolle, die er in seinem beruflichen und persönlichen Leben immer bewahrt hatte, abzugeben, und dass er schon bald seine Frau und seine junge Familie zurücklassen würde.

Wäre Herr J. nicht gezielt nach den Ursachen seiner Angst gefragt worden, wäre sein Leid sehr wahrscheinlich unbemerkt geblieben. Dies unterstreicht die Notwendigkeit, *unsere Annahmen* bezüglich des Leids anderer *immer* mit deren subjektivem Erleben *abzugleichen*. Das Erreichen körperlichen Wohlbefindens bedeutet nicht notwendigerweise, dass jemand seinen inneren Frieden gefunden hat. Selbst bei Schmerzfreiheit fühlen sich manche Patientinnen und Patienten dadurch belastet, dass sie meinen, ihr Leben habe jeglichen Sinn oder jegliche Bedeutung verloren; oder wie es ein Patient ausdrückte, »dass atmen überflüssig geworden ist«.

Glücklicherweise ist eine derartig entmutigende Verzweiflung selten, aber es gibt Stufen des Leidens, die sehr viel häufiger sind: Menschen, die bereits spüren, dass sie alles verlieren werden, was sie kennen und lieben, die Ablösung jeglicher Verbindungen zu diesem Leben und eine ungewisse Zukunft. Leiden dieser Art sind allgegenwärtig und reichen von erkennbar schmerzvollen Aussagen bis hin zu stillen, unausgesprochenen Subtilitäten. Die Würdezentrierte Therapie kann breit gefächert angewandt werden: bei denjenigen, die tiefes Leid ausdrücken, bis hin zu denen, die überhaupt keine Beschwerden äußern. Mit anderen Worten, die Würdezentrierte Therapie muss nicht erst in Fällen von offensichtlichem Disstress und von Angst am Lebensende angewandt werden. Vielmehr kann sie in Situationen genutzt werden, in denen Patientinnen und Patienten das Gefühl haben, dass sie darin Trost finden und sich ihr Empfinden von Bedeutung und Sinnhaftigkeit ihres Lebens in den letzten Monaten, Wochen oder Tagen steigern wird.

Genauso, wie wir nicht davon ausgehen können, die Natur des Leids einer Person zu kennen, können wir auch nicht davon ausgehen, zu wissen, wer von der Würdezentrierten Therapie profitieren kann. Dies soll nicht heißen, dass jeder Patient von der Würdezentrierten Therapie profitiert oder dass jeder Patient daran teilnehmen sollte. Ein Patient, der die Würdezentrierte Therapie angeboten bekam, antwortete: »Wenn das, was Sie mir hier vorschlagen, mir helfen wird, allein von hier zur Toilette zu kommen, bin ich interessiert; wenn nicht, fühlen Sie sich jederzeit frei zu gehen!« Bei der Überlegung, wer von einem Behandlungsversuch profitieren und wen man darauf ansprechen könnte, sollte man aufgeschlossen und unvoreingenommen sein.

Die Würdezentrierte Therapie zielt darauf ab, bei den Teilnehmenden ein Gefühl von Bedeutung und Sinnhaftigkeit entstehen zu lassen, indem sie ihnen ein wirksames Gegengewicht gegen das Gefühl bietet, eine Last zu sein, oder gegen das wachsende Gefühl der Sinnlosigkeit, das entstehen kann, wenn Krankheit und Verlust überwältigend werden. Indem die Patientinnen und Patienten ermutigt werden, ihre Geschichte zu erzählen und die ihnen wichtigen Gedanken, Gefühle und Wünsche zum Ausdruck zu bringen, hilft die Würdezentrierte Therapie ihnen dabei, das Gefühl, wertvoll und geschätzt zu sein, zu bewahren und es zu fördern.

Man kann sich gut vorstellen, wie bestimmte Grundannahmen bezüglich einiger Patienten diese bereits von der Berücksichtigung für eine Teilnahme an der Würdezentrierten Therapie ausschließen können. Beispielsweise könnte man annehmen, dass bestimmte Geschichten, Lebenserfahrungen und sogar Persönlichkeitsstile sich besser für die Würdezentrierte Therapie eignen als andere. Die Erfahrung hat gezeigt, dass es unmöglich ist, zu wissen, wer die Würdezentrierte Therapie annehmen und von ihr profitieren wird, solange wir nicht nachfragen. Wieder und wieder hat uns die Durchführung der Würdezentrierten Therapie gezeigt, dass jedes Leben einzigartig ist, so wie es die aufgebauten Beziehungen, die gesammelten Erfahrungen und die gewonnenen Einsichten ebenfalls sind.

Das scheinbar »gewöhnliche« Leben wird außergewöhnlich, wenn wir uns die Zeit nehmen, es näher zu betrachten. Um Ralph Waldo Emerson zu zitieren: »Ergründe einen einzelnen Menschen eingehend und es werden Wahrheiten über alle Menschen zum Vorschein kommen.« Man kann mit Sicherheit davon ausgehen, dass *jeder* Patient und *jede* Patientin eine Geschichte zu erzählen, Erkenntnisse weiterzugeben, Erinnerungen oder Wünsche zu teilen hat, die er oder sie mithilfe der Würdezentrierten Therapie hinterlassen möchte – und der beste Weg, sich dies bestätigen zu lassen, ist, einfach zu fragen.

Wer sollte auf die Teilnahme an der Würdezentrierten Therapie angesprochen werden?

Auswahlkriterium 1: Jeder, der mit lebensbedrohenden oder lebensverkürzenden Krankheiten konfrontiert ist.

Auch wenn mehr Krebspatienten als Patienten mit anderen Erkrankungen an der Würdezentrierten Therapie teilgenommen haben, wurde sie ebenfalls bei Patienten mit neurodegenerativen Erkrankungen (wie Muskeldystrophie und Amyotrophe Lateralsklerose/ALS), Nierenerkrankungen im Endstadium, chronisch obstruktiver Lungenerkrankung (COPD) im Endstadium und bei Teilnehmenden, die man am ehesten als »gebrechliche, alte Menschen« bezeichnen könnte, erfolgreich angewandt. Umstände, die die Kommunikationsfähigkeit des Patienten beeinträchtigen, können herausfordernd sein und die Möglichkeit zur Teilnahme in manchen Fällen sogar ausschließen. Dennoch haben auch Patientinnen und Patienten mit Sprachschwierigkeiten, wie sie beispielsweise bei weit fortgeschrittenen Stadien der ALS vorkommen, an unseren Studien zur Würdezentrierten Therapie teilgenommen. Kreative Ideen, Geduld und Einfallsreichtum, die Anwesenheit eines Familienmitglieds, um bei den Antworten zu unterstützen oder diese weiter auszuführen, der Gebrauch einer Tastatur oder erleichternder Kommunikationsgeräte können es stimmlosen Patienten ermöglichen, ihre Antworten im Rahmen der Würdezentrierten Therapie zu artikulieren. Ein Patient, der sich infolge eines Hals- und Nackentumors einer operativen Entfernung des Kehlkopfs unterziehen musste, tippte jede seiner Antworten und benutzte dabei kunstvolle Schrifttypen, um sie zu verzieren.

Manchmal kommt auch die Frage auf, ob Krankheitseinsicht und Kenntnis der Prognose wichtige Bedingungen für die Würdezentrierte Therapie sind. Die Würdezentrierte Therapie hängt nicht davon ab, dass die Patienten ihren bevorstehenden Tod anerkennen oder darüber sprechen möchten. Erfahrungsgemäß gilt jedoch, dass sich sowohl die Kraft als auch die Dichte der Würdezentrierten Therapie intensivieren, wenn der Tod näher rückt und das Bewusstsein für das eigene Sterben zunimmt. Nichts davon ist Voraussetzung für die Teilnahme. Und es ist gewiss nicht die Aufgabe der Therapeutin oder des Therapeuten, im Rahmen der Würdezentrierten Therapie Gespräche zu führen, die neue prognostische Informationen liefern. Trotzdem nähern sich Patienten, die sich ihrer begrenzten Lebenserwartung bewusst sind, dieser auf Generativität basierenden Therapie anders an, möglicherweise reflexiver und mit mehr Dringlichkeit und Ehrlichkeit als diejenigen, die keine verkürzte Lebenszeit antizipieren. Der Unterschied liegt darin, die eine letzte Chance versus viele solcher Chancen zu sehen. Die Würdezentrierte Therapie als eine letzte Möglichkeit anzunehmen, um Erinnerungen, Gedanken und Reflexionen weiterzugeben, bietet eine existenzielle Intensität, die ansonsten fehlen könnte.

Ein 19-jähriger junger Mann, dessen therapeutische Maßnahmen gegen Leukämie quasi ausgeschöpft waren, wurde eingeladen, an der Würdezentrierten Therapie teilzunehmen. Seine Lebensumstände waren eher chaotisch, mit einem Vater, der die Familie schon vor langer Zeit verlassen hatte, und seiner einzigen Schwester – einer 23-Jährigen, die aktiv gegen die eigensinnige Mutter rebellierte. Trotz seiner ernsten medizinischen Lage dachte er weder noch redete er über seine verkürzte Lebenszeit. Obwohl er in der Lage war, auf viele Fragen der Würdezentrierten Therapie zu antworten, fehlte es seinen Antworten an Intensität und Eindringlichkeit. Gefragt nach einem Rat oder Wünschen für seine Schwester, antwortete er beispielsweise, dass er »eines Tages« mit ihr darüber sprechen werde, wie wichtig es sei, wieder zur Schule zu gehen und einen Abschluss zu machen. Auf die Frage, ob er jetzt über diese Dinge sprechen wolle, antwortete er mit dem Hinweis, dies zu tun, wenn die Zeit dafür gekommen sei.

Auswahlkriterium 2: Der Patient ist an der Würdezentrierten Therapie interessiert und motiviert, daran teilzunehmen.

Die Motivation zur Teilnahme an der Würdezentrierten Therapie ist schwer vorherzusagen. Jedoch ist das Verspüren einer gewissen Aktivierung durch die Intervention ein genauso guter Indikator wie jeder andere, der das Gefühl vermittelt, die Teilnahme daran sei richtig. Deshalb sollten die Patienten vollständig verstehen können, worauf sie sich einlassen, einschließlich der spezifischen Fragen, die ihnen gestellt werden. Das ist nicht nur im Sinne der Einverständniserklärung wichtig, sondern darüber hinaus auch für die Patientinnen und Patienten hilfreich, um für sich entscheiden zu können, ob ihnen die Würdezentrierte Therapie persönlich bedeutsam und wertvoll erscheint. Sich vorab

Zeit für die Fragen zu nehmen, die im Rahmen der Würdezentrierten Therapie gestellt werden könnten, hilft den Patienten auch bei der mentalen Vorbereitung auf die Intervention selbst. Man gewinnt keinen Vorteil daraus, Informationen zur Würdezentrierten Therapie vor angehenden Teilnehmenden zurückzuhalten; vielmehr gewährleistet eine umfassende Auskunft, dass diese gern teilnehmen und sich auf die Reflexionen und das Mitteilen von Persönlichem, das dieser Ansatz mit sich bringt, einlassen.

Das von Patienten zum Ausdruck gebrachte Interesse und ihre Motivation für die Würdezentrierte Therapie sind entscheidende Voraussetzungen der Eignung für dieses spezielle Verfahren. Es ist schwer zu sagen, was die Patientinnen und Patienten charakterisiert, die sich für die Würdezentrierte Therapie entscheiden. Oft haben sie allerdings das Gefühl, dies sei ein Weg, um Bedeutung und Sinnempfinden zu steigern, und es wert, dafür einen Teil ihrer kostbaren Zeit und Energie zu investieren. Obwohl die Patienten den Erfolg der Würdezentrierten Therapie auf verschiedene Weise verstehen, bewerten viele sie als Möglichkeit, sich selbst zu helfen, während sie gleichzeitig auch denen, die sie lieben und um die sie sich sorgen, zugutekommen kann.

Auswahlkriterium 3: Um an der Würdezentrierten Therapie teilzunehmen, müssen Patient, Therapeut und Transkribierende dieselbe Sprache sprechen.

Obwohl die meisten Forschungsarbeiten zur Würdezentrierten Therapie in englischsprachigen Ländern wie Kanada, den Vereinigten Staaten, England und Australien stattgefunden haben, wurden und werden ebenfalls in Dänemark, Deutschland, Portugal, Japan, China und dem französischsprachigen Teil Kanadas Untersuchungen durchgeführt. Für die Durchführung der Würdezentrierten Therapie ist es entscheidend, dass die Therapeuten, Patienten und diejenigen, die das Interview transkribieren (siehe Kapitel 5: Das Generativitätsdokument), alle dieselbe Sprache sprechen. Die Sprache, in der das Dokument dem Wunsch des Patienten nach verfasst werden soll, muss rechtzeitig vor der Durchführung der Würdezentrierten Therapie festgelegt werden. Die Person, die das Interview transkribiert, und diejenige, die das Transkript editiert, müssen die gewünschte Sprache des Patienten oder der Patientin fließend sprechen.

Wer sollte nicht an der Würdezentrierten Therapie teilnehmen?

Die Würdezentrierte Therapie ist kein Allheilmittel; weder braucht sie jeder, noch wird jeder zwangsläufig davon profitieren. Eine Binsenweisheit in der Medizin besagt, dass jede wirksame Therapie auch nachteilige Effekte haben kann. Das gilt insofern auch für die Würdezentrierte Therapie, als dass schöne wie unerwünschte Ergebnisse möglich sind. Um Letztere zu minimieren, ist es wichtig, darüber nachzudenken, wer nicht für eine Teilnahme an der Würdezentrierten Therapie in Betracht gezogen werden sollte.

Ausschlusskriterium 1: Wer zu krank ist und wessen Lebenserwartung unter zwei Wochen liegt, sollte – unter normalen Rahmenbedingungen – nicht für die Teilnahme an der Würdezentrierte Therapie berücksichtigt werden.

Der häufigste Grund, aus dem Patienten die Würdezentrierte Therapie ablehnen, ist, dass sie sich zu krank fühlen. Die fortgeschrittene Erkrankung kostet die Patienten physische und mentale Energie. Die Rolle des Therapeuten besteht darin, den Patienten zu helfen, ihre Gedanken zu ordnen, Hinweise zu geben, die durch die Antworten führen, und Techniken zu nutzen, die ermutigen, weitere Einzelheiten zu erzählen, und sie so beim Entwickeln ihrer Antworten zu unterstützen. Dessen ungeachtet benötigen die Patienten ausreichende Energiereserven und mentale Kraft, um diese reflektierende therapeutische Intervention anzugehen. Üblicherweise sollte die Würdezentrierte Therapie nur Patientinnen und Patienten mit einer Lebenserwartung von mindestens zwei Wochen – der üblichen Dauer der Durchführung der gesamten Intervention – angeboten werden. Der fehlende Abschluss einer Würdezentrierten Therapie kann den Patienten die Möglichkeit vorenthalten, vollständig zu Wort zu kommen, oder auch verhindern, dass der Patient sein editiertes Generativitätsdokument sehen und seine Zustimmung geben kann.

Es gab einige wenige Fälle, in denen Patienten in unseren Studien zur Würdezentrierten Therapie die Intervention begonnen haben, dann aber das Studienprotokoll nicht beenden konnten. Dies kann selbst trotz vorsichtiger Auswahlprozesse gelegentlich vorkommen. Diese Situation konfrontiert Therapeutinnen und Therapeuten mit mehreren Herausforderungen, die angesprochen werden müssen. Wie sollte zum Beispiel mit einem unvollständigen Manuskript umgegangen werden? Wem gehört es? Wer ist in der Lage, diese Entscheidungen zu treffen? Die Erfahrung hat uns gelehrt, dass es ratsam ist, die Patienten am Ende ihrer ersten Sitzung zur Würdezentrierten Therapie zu fragen, wie mit dem Manuskript umgegangen werden soll, wenn sie sich im Verlauf zu krank fühlen sollten, um weiter teilnehmen zu können. Für gewöhnlich fragen wir: »Für den Fall, dass Sie sich zu unwohl fühlen, wenn ich mit dem editierten Manuskript wiederkomme, habe ich Ihre Erlaubnis, es nach bestem Wissen und Gewissen fertigzustellen und es [wer auch immer als Empfänger bestimmt wurde] zu übergeben?« Die Therapeutin oder der Therapeut sollte die Patienten auch um Erlaubnis bitten, die vorgesehenen Empfänger um Unterstützung bitten zu dürfen, falls während des Editierens Fragen aufkommen. Diese einfache Vorsichtsmaßnahme hilft dabei, eine Reihe von Schwierigkeiten zu vermeiden, und kann helfen, den verschiedensten denkbaren ethischen Dilemmata vorzubeugen.

Gelegentlich kann es bezüglich des Kriteriums der Lebenserwartung von zwei Wochen Ausnahmen geben. Um diese zu ermöglichen, sind gezielte Planung und gewisse Ressourcen notwendig. Bisweilen haben Patienten trotz der fortgeschrittenen Erkrankung und der geringen Zeit, die noch bleibt, den starken Wunsch, an der Würdezentrierten Therapie teilzunehmen. Wenn die Würdezentrierte Therapie unter diesen Bedingungen durchgeführt werden soll, muss der gesamte Zeitrahmen wesentlich gekürzt werden. Das ist möglich, auch wenn es bedeutet, dass jeder, der in den Prozess involviert ist – Patient, Therapeut und Transkribierende –, in diese schnelle Durchlaufzeit eingebunden ist.

Frau M. war eine 49-jährige Frau mit fortgeschrittenem Lungenkrebs. Zum Zeitpunkt des Interviews im Rahmen der Würdezentrierten Therapie war sie erkennbar schwer krank und ihre Lebenserwartung betrug eher Tage als Wochen. Sie hatte über das Stationspersonal von der Würdezentrierten Therapie erfahren und zeigte großes Interesse an einer Teilnahme. Ausgedehnte Lungenmetastasen erschwerten ihr das Sprechen. Und dennoch war sie in der Lage, in wenig mehr als einem schwachen Flüstern, ihre Liebe zu ihrer jungen Tochter auszudrücken und einige frühe Erinnerungen aufzuzählen und für ihre Tochter festzuhalten. Darunter die Erzählung, wie sie den Namen für ihre Tochter ausgesucht hatte, basierend auf ihren eigenen Jugenderinnerungen an eine ganz besonders liebenswerte ausländische Filmfigur. Aufgrund ihres sehr schwachen Gesundheitszustandes wurde ihr Interview über Nacht transkribiert und am nächsten Tag zurückgegeben. Sie war von dem Ergebnis zu Tränen gerührt. Einige Tage später verstarb sie.

Ausschlusskriterium 2: Einer der wichtigsten Gründe, Patienten nicht für eine Teilnahme an der Würdezentrierten Therapie zu berücksichtigen, sind kognitive Beeinträchtigungen, die die Fähigkeit des Patienten zu bedeutsamen und reflektierten Antworten einschränken.

Der Stellenwert kognitiver Fähigkeiten kann nicht überbewertet werden. Delirien, kognitive Eintrübungen oder kognitive Einschränkungen sind bei unheilbar erkrankten Patienten nicht ungewöhnlich. Tatsächlich erleben die meisten Patienten vor dem Tod eine Phase kognitiver Beeinträchtigung. Daher ist es notwendig, die Würdezentrierten Therapie vor einem solchen Verlust der kognitiven Kapazität zu beginnen und abzuschließen. Akut psychotische Patienten sind keine geeigneten Kandidaten für die Würdezentrierte Therapie. Das Vorliegen einer Pseudodemenz, einer Gedankenarmut, die bei einer schweren Depression auftreten kann, sollte ebenfalls überprüft werden, da diese in der Konsequenz nicht weniger verzerrt als die eigentliche Demenz. Diese Patientinnen und Patienten sind häufig von Schuldgefühlen und Selbstverachtung überwältigt. Und das kann zu einer misslungenen, die Persönlichkeit falsch repräsentierenden Würdezentrierten Therapie führen.

Dr. M. war ein 72-jähriger emeritierter Professor. Seine akademischen Errungenschaften waren bemerkenswert. Innerhalb seines beruflichen Fachbereichs war er sehr bekannt und seine wissenschaftlichen Fähigkeiten wurden sehr geschätzt. Seiner Ehefrau zufolge war er auch ein guter Ehemann und ein überaus engagierter und liebevoller Vater für seine zwei mittlerweile erwachsenen Kinder. Trotzdem schien er bei seinen ersten Antworten während der Würdezentrierten Therapie nicht dazu in der Lage, von den vielen positiven Ereignissen seiner beruflichen Karriere zu erzählen, und beschrieb sich selbst als jemanden, der seine Familie vernachlässigt habe, indem er seine beruflichen Aufgaben vorangestellt habe. Seine Frau wies darauf hin, dass dies so nicht korrekt sei und eine depressive Haltung reflektiere, die im Laufe der letzten paar Wochen seiner Erkrankung aufgetaucht sei. In Anbetracht dieser kognitiven Verzerrungen und seiner den Umständen entsprechenden Gedankenarmut wurde Dr. M. vorgeschlagen, die Würdezentrierte Therapie noch einmal neu zu beginnen, wenn er in einer besseren Gemütsverfassung wäre. Er war sofort einverstanden.

Wie sich herausstellte, war die Entscheidung, die Würdezentrierte Therapie nicht fortzuführen, richtig, da er wenige Tage nach unserem ersten Treffen verstarb. Hätten wir das Interview fortgeführt, hätten Dr. M.s Antworten das Bild eines Mannes gezeichnet, der für seine Familie kaum wiederzuerkennen gewesen wäre. Während er den Eindruck machte, nur wenig über sein persönliches Leben sagen zu können, und vielmehr andeutete, seine Frau und seine Kinder in seiner Rolle als Ehemann und Vater enttäuscht und im Stich gelassen zu haben, widersprachen diese Wahrnehmungen völlig denen seiner Familie. Die Folgen nicht erkannter kognitiver Beeinträchtigungen oder Verzerrungen können verheerend sein. Obwohl die Mehrheit der Patienten und ihre Familien, die an der Würdezentrierten Therapie teilgenommen haben, mit der Intervention höchst zufrieden waren, gab es in den Fällen Ausnahmen, in denen kognitive Einschränkungen vor oder während der Therapie nicht erkannt wurden. Das ist höchst bedauerlich, da dies zu einem Generativitätsdokument führt, das, wie eine enttäuschte Familie es beschrieb, »eine Verfälschung dessen, wer sie wirklich waren« wiedergibt.

Ein verzerrtes Abbild des Patienten oder der Patientin zu erstellen ist vielleicht die wesentlichste Toxizität, die aus der Würdezentrierten Therapie heraus entstehen kann. Leider gibt es in der Regel kaum die Möglichkeit, diesen Schaden vor einer Zustandsverschlechterung und dem Tod des Patienten zu korrigieren. Absicherungen im Rahmen des Editierprozesses sowie die getroffenen Vereinbarungen bei der Zustimmung können helfen, diese Gefahr zu begrenzen, und werden im späteren Verlauf beschrieben. In den wenigen Fällen, in denen dies vorkam, hielten die Familienmitglieder das Generativitätsdokument eher zurück, statt es, wie gewöhnlich, mit anderen dem Patienten oder der Patientin nahestehenden Personen zu teilen.

SCHRITT 2: Wenn die Eignung für eine Teilnahme festgestellt wurde, kann die Würdezentrierte Therapie dem Patienten und seiner Familie formal vorgestellt werden.

Die Würdezentrierte Therapie ist eine gut untersuchte Intervention, welche die Erfahrung des Lebensendes bei Patientinnen und Patienten mit lebensbegrenzenden gesundheitlichen Umständen verbessern kann. Die Teilnahme an der Würdezentrierten Therapie angeboten zu bekommen, impliziert keine mentale Erkrankung oder gar, dass der Patient sich nicht gut mit der Situation auseinandersetzen könne. Tatsächlich sagen viele der Patientinnen und Patienten, die an den klinischen Untersuchungen zur Würdezentrierten Therapie teilgenommen haben, dass die Würdezentrierte Therapie einen wichtigen therapeutischen Nutzen habe, obwohl sie dachten, die Krankheitssituation adäquat zu verarbeiten. In gewissem Maße ist die Wortwahl bei der Vorstellung der Würdezentrierten Therapie abhängig von der Krankheitseinsicht des Patienten und seiner Bereitschaft, darüber zu sprechen. Die Behandelnden sollten nie die Bedeutung der kommunikativen Fähigkeiten in der Palliativversorgung vergessen. Wertvolle Kommunikation geht Hand in Hand mit wertvollem Zuhören. Die Therapeutin oder der Therapeut sollte nie davon ausgehen, dass sich der Patient seiner Prognose vollständig bewusst ist, und daher sorgfältig zuhören, wie er seine medizinische Situation beschreibt. Es ist ein Fehler anzunehmen, dass Begriffe wie »palliativ«, »begrenzt« oder »Tod und Sterben« bei der Vorstellung der Würdezentrierten Therapie emotional harmlos seien, ohne einen entsprechenden Hinweis des Patienten oder der Patientin wahrgenommen zu haben. Damit zu beginnen, die Würdezentrierte Therapie sei eine Intervention für Patientinnen und Patienten am Lebensende oder für Menschen mit unheilbaren Erkrankungen, wäre ein mäßig gelungener Start.

Eine typische Vorstellung der Würdezentrierten Therapie

»Ihr Arzt/Ihre Pflegefachkraft hat mir erzählt, dass Sie an der Würdezentrierten Therapie interessiert sind. Ich dachte, ich schaue bei Ihnen vorbei und erzähle Ihnen ein wenig darüber und beantworte alle Fragen, die Sie vielleicht haben. Die Würdezentrierte Therapie ist eine Gesprächstherapie, die speziell entwickelt wurde, um Menschen zu helfen, die mit erheblichen gesundheitlichen Herausforderungen leben. Es gab bereits mehrere Studien zur Würdezentrierten Therapie und die Ergebnisse zeigen, dass sie vielen Menschen dabei helfen kann, besser zurechtzukommen, ihre Gefühle hinsichtlich ihrer selbst und der gegebenen Umstände zu verbessern und sogar ihre Lebensqualität zu steigern. Selbst die Familie kann von der Würdezentrierten Therapie profitieren. Für gewöhnlich gibt es eine Sitzung zur Würdezentrierten Therapie, manchmal zwei. Die Würdezentrierte Therapie gibt den Menschen die Möglichkeit, über die Dinge zu sprechen, die für sie am wichtigsten sind, Dinge, die sie denen mitteilen möchten, die ihnen am nächsten stehen, und über die Dinge, von denen sie das Gefühl haben, sie möchten oder müssten ausgesprochen werden. Diese Gespräche werden als Tonaufnahme aufgezeichnet, transkribiert und editiert. Das Ergebnis ist ein maschinengeschriebenes Dokument oder Schriftstück, das Sie erhalten. Die meisten Menschen erleben diese Erfahrung als sehr bedeutungsvoll und finden Trost in dem Wissen, dass dieses Dokument bei ihnen verbleibt und dass es etwas ist, das sie mit den Menschen teilen können, die ihnen am Herzen liegen.«

Dieses Beispiel gibt ein Gefühl dafür, welche Informationen wir bei der Vorstellung der Würdezentrierten Therapie geben. Die Vorstellung sollte in einem üblichen Gesprächsrahmen stattfinden und der Tonfall sollte alltagssprachlich sein.

SCHRITT 3: Sobald Sie die Würdezentrierte Therapie vorgestellt haben, beantworten Sie alle Fragen der Patientin oder des Patienten.

Die Patientinnen und Patienten können mehrere Fragen haben. Jede Frage muss ernst genommen und angemessen beantwortet werden. Bieten Sie Antworten an, die Gefühle von Trost und Vertrauen fördern.

Häufige Fragen und Antworten

1. Warum ist die Würdezentrierte Therapie hilfreich?

»Die Würdezentrierte Therapie basiert auf Forschungsarbeiten, die zeigen, dass viele Menschen, die sehr krank sind, das Gefühl haben, die Person, die sie sind, und die Dinge, die für sie alltäglich waren und die zu tun sie ausmachten und ihnen das Gefühl gaben, nützlich zu sein, fingen an, sich aufzulösen. Diese Gefühle variieren von Person zu Person und können auch im zeitlichen Verlauf schwanken. Krank zu sein kann sich jedoch dem Gefühl, man selbst zu sein, in den Weg stellen. Die Würdezentrierte Therapie ist dazu da, den Menschen, besonders jenen, die sich sehr unwohl fühlen, zu helfen, das Gefühl zu bewahren, dass sie dennoch etwas Bedeutsames tun können. Die Würdezentrierte Therapie gibt den Menschen die Chance, über wichtige Dinge zu sprechen. Und sie gibt ihnen die Möglichkeit, durch die Erstellung eines zutiefst persönlichen Dokuments, das sie weitergeben, für die Menschen Sorge zu tragen, die ihnen am Herzen liegen. Die Würdezentrierte Therapie gibt den Teilnehmenden nicht zuletzt das Gefühl, dass ihre hier mitgeteilten Worte, was auch immer passiert, sicher festgehalten und für ihre Krankheit unerreichbar sind.«

2. Welche Fragen muss ich beantworten?

»Genau genommen gibt es keine Frage, die Sie beantworten müssen. Dies ist Ihre Therapie und Ihr Dokument, das wir zusammen erstellen. Deshalb ist es mir wichtig, dass Sie sich frei fühlen, nur über die Dinge zu sprechen, über die Sie sprechen möchten. Sollte ich Sie etwas fragen, über das Sie lieber nicht sprechen möchten, werden wir einfach zum nächsten Thema übergehen.«

3. Welche Fragen werden Sie mir stellen?

»Ich habe einen Fragenkatalog, der bestimmte Themen berührt, wie: Was möchten Sie, das Ihre Lieben über Sie wissen, oder gibt es spezielle Worte oder Gedanken, die Sie bei der Gelegenheit gern sagen möchten? Ich lasse Ihnen auch gern eine Kopie der Fragen hier, sodass Sie sie durchlesen können und sich ein paar Gedanken darüber machen können, ob und wie Sie einige oder alle Fragen beantworten möchten. Damit haben Sie auch die Möglichkeit, zu schauen, ob im Fragenkatalog etwas fehlt, über das Sie jedoch gern sprechen möchten.«

Manchmal haben die Patienten eine klare Vorstellung davon, was sie sagen möchten, oder von den Themen, die sie ansprechen möchten. Das sollte aufgegriffen werden. Beispielsweise wollen manche Patientinnen und Patienten ihre eigene Lebensgeschichte und ihre frühe Entwicklung reflektieren. Andere möchten die Würdezentrierte Therapie vielleicht dazu nutzen, Briefe für ihre

Kinder oder nachfolgende Generationen zu hinterlassen. Patienten, die eine bestimmte Vorstellung haben, sollten darin unterstützt werden, indem die Sitzungen entsprechend strukturiert werden. Falls Patientinnen und Patienten das Bedürfnis haben, ein begehrtes Familienrezept, das Erfolgsgeheimnis ihrer beruflichen Karriere, eine Entschuldigung für vergangene Fehler oder Lebensweisheiten zu hinterlassen, die ihre Kinder in den kommenden Jahren leiten könnten, dann sollte die Therapie an diesen genannten Zielen ausgerichtet sein.

Größtenteils haben die Patienten, die an der Würdezentrierten Therapie teilnehmen möchten, keinen speziellen Inhalt vor Augen. Den meisten Patienten erleichtert die Würdezentrierte Therapie den Wunsch, bedeutsame Abschnitte ihrer Lebensgeschichte zu erzählen und diese erinnert zu wissen. Für manche Patientinnen und Patienten wird das aus einer knappen Zusammenfassung ihrer Geschichte bestehen, während sich andere auf ganz bestimmte Kapitel oder Ereignisse konzentrieren, die von ihnen als unvergesslich, prägend oder bedeutsam erlebt wurden. Einige Personen sehen in der Würdezentrierten Therapie eine Möglichkeit, andere konkrete Aufgaben in Angriff zu nehmen oder zu vollenden.

Zum Beispiel nutzte ein trauriger älterer Herr mit einer langjährigen Alkoholabhängigkeit seine Therapie als Gelegenheit, seinen Kindern und Enkeln »ein besseres Leben, als ich es hatte« zu wünschen. Er erklärte, realisiert zu haben, dass es für eine Wiedergutmachung gegenüber seinen Kindern »zu spät« sei, er aber wolle, dass seine Enkelkinder die Wahrheit über ihn kennen, »damit sie einen besseren Weg gehen als ich«.

Die Sitzungen im Rahmen der Würdezentrierten Therapie sind so aufgebaut, dass Patienten entweder spontan wichtige Inhalte wiedergeben können oder den Fragenkatalog nutzen können, um über spezielle Themenbereiche nachzudenken.

4. Was ist, wenn wir beginnen und ich dann einfach nicht weiß, was ich sagen soll oder wie ich weitermachen soll?

»Das ist Teil meiner Arbeit und Teil dessen, was die Würdezentrierte Therapie möglich macht. Ich werde da sein und Ihnen dabei helfen. Ich werde versuchen, an all die richtigen Fragen zu denken und Ihnen all die Hinweise und die Ermutigung zu geben, die Sie brauchen, um Ihre Geschichte zu erzählen. Die Würdezentrierte Therapie wurde mittlerweile mit Hunderten, wenn nicht Tausenden Patienten auf der ganzen Welt durchgeführt. Die meisten von ihnen waren zum Zeitpunkt ihrer Teilnahme schwer krank. Wir haben inzwischen recht viel Erfahrung darin, den Menschen dabei zu helfen, ihre Geschichte zu erzählen. Wir merken es, wenn Sie vielleicht einen Rat oder Hinweis brauchen, um Ihre Würdezentrierte Therapie zu vollenden. Um das für Sie so angenehm wie möglich zu machen, haben Sie im Rahmen der Therapie die Möglichkeit, alles hinzuzufügen oder zu ändern, was Sie wünschen, bevor der ganze Vorgang als vollendet gilt.«

Patienten am Ende des Lebens erleben ausnahmslos einen Verlust an Energie, sowohl körperlich, emotional als auch kognitiv. Es ist entscheidend, dass die an der Würdezentrierten Therapie teilnehmenden Patienten kognitiv dazu in der Lage sind, Antworten zu geben, die für sie selbst und ihre Familie bedeutsam sind. Aufgrund der begrenzten Energie benötigen die meisten Patientinnen und Patienten Hilfe. Unserer Erfahrung nach ist es den Teilnehmenden mehr als recht, sich durch den Therapieprozess leiten zu lassen. In den meisten Fällen kommen die Antworten auf die Fragen leicht in Fluss, aber es ist die Aufgabe des Therapeuten, die Intervention für diejenigen Patienten voranzubringen, denen es an Energie mangelt. Es liegt ebenfalls in der Verantwortung der Therapeutin oder des Therapeuten, sich mit Hinweisen einzubringen, mögliche Verbindungen aufzuzeigen und der Sitzung Dynamik zu geben, um wertvolle und bedeutsame Antworten zu fördern.

5. Was ist, wenn ich müde werde oder mich zu unwohl fühle, um fortzufahren?
»Das ist Ihre Therapie und wir werden nichts tun, was Sie nicht tun möchten. Wenn Sie müde sind oder eine Pause brauchen, sagen Sie es einfach und wir werden aufhören. Ich werde Sie regelmäßig fragen, ob Sie eine Pause machen möchten oder eine Pause brauchen; außerdem bin ich sicher, dass wir, im Einklang mit Ihren Kraftreserven, nicht länger als 45 Minuten bis höchstens eine Stunde Zeit brauchen. Ich habe erlebt, wie Menschen sich in diesen Prozess vertiefen, und gesehen, wie sie darin aufgegangen sind. Nicht jeder, aber manche Patienten, die sich anfangs noch müde fühlten, erlebten den Prozess als aktivierend und sogar energetisierend.«

Herr J. war ein 70-jähriger pensionierter Lehrer mit fortgeschrittenem Darmkrebs. Er hatte zunächst eingewilligt, an der Würdezentrierten Therapie teilzunehmen, fühlte sich am Tag seiner geplanten Sitzung jedoch »zu krank und zu müde«, um sich zu konzentrieren. Ihm wurde gesagt, dass die Sitzung verlegt werden könne und der Zeitpunkt ihm passen solle. Als er allerdings das Aufnahmegerät sah, schlug er vor: »Wir probieren es.« Mit Beginn der Aufnahme saß Herr J. für die nächste Stunde aufrecht im Bett, erzählte mit nur wenigen Hilfen seine Lebensgeschichte, seine gewonnenen Einsichten und die Wünsche, die er seiner Frau, seinen Kindern und seinen Enkeln übermitteln wollte.

Ähnliche Erfahrungen wurden von Kollegen berichtet, die die Würdezentrierte Therapie in Australien und den Vereinigten Staaten anbieten. Denken Sie daran, dass das Gefühl der Aktivierung durch die Würdezentrierte Therapie nicht in jedem Fall eintritt, und achten Sie jederzeit auf die Bereitschaft des Patienten oder der Patientin, fortzufahren.

6. *Warum muss das Gespräch aufgenommen werden; was, wenn mich das Aufnahmegerät stört?*

»Es ist keineswegs ungewöhnlich, dass sich Patienten bezüglich des Aufnahmegeräts zu Beginn der Würdezentrierten Therapie ein wenig unwohl fühlen. Ich kann Ihnen versichern, dass Sie das Aufnahmegerät innerhalb weniger Minuten nach Beginn der Sitzung wahrscheinlich völlig vergessen haben. Die Aufnahme ist für uns wichtig, damit wir das Gespräch transkribieren können, um anschließend das Transkript für die Erstellung des Dokuments zu nutzen, das Sie den wichtigen Personen Ihres Lebens weitergeben können.«

Manche praktisch tätigen Kliniker mögen die Bedeutung der Aufnahme infrage stellen. Es ist jedoch wichtig, die wissenschaftlichen Grundlagen der Würdezentrierten Therapie zu bedenken. Erinnern Sie sich daran, dass wir auf der Basis unserer Studien mit unheilbar kranken Patienten das Modell zu Würde bei unheilbarer Erkrankung oder das Würdemodell entwickelt haben (Chochinov et al., 2002b; Chochinov, 2002). Das aus Daten von Patientinnen und Patienten in ihren letzten Lebenswochen oder -monaten generierte Würdemodell stellt Informationen über entscheidende, die Würde stärkende oder sie schwächende Faktoren im Angesicht des nahenden Todes zur Verfügung. Eine Hauptkategorie unserer Analyse war das würdebewahrende Repertoire, bezogen auf verschiedene psychische und spirituelle Aspekte, welche die Erfahrung, mit einer fortgeschrittenen, lebensbedrohlichen oder lebensverkürzenden Erkrankung zu leben, beeinflussen können. Innerhalb dieser Kategorie kristallisierte sich das Unterthema Generativität/Vermächtnis heraus. Generativität oder Vermächtnis bezieht sich auf die Vorstellung, dass etwas davon, wer wir sind oder wer wir in unserem Leben waren, überdauert, zum Wohle derer, die wir zurücklassen. Die Tonaufnahme der Interviewsitzung der Würdezentrierten Therapie ermöglicht die Transkription, die wiederum die Basis des Generativitätsdokuments ist. Auf diese Weise ermöglicht die Würdezentrierte Therapie den Patientinnen und Patienten etwas sehr Tiefgreifendes – die Möglichkeit, ihre Worte den Tod überwinden zu lassen.

Die Vorstellung der eigenen Nichtexistenz kann niemand gänzlich begreifen. Jeder von uns möchte daran glauben, dass ein Teil dessen, wer wir sind, nach unserem Tod weiterleben wird, mindestens in der Erinnerung der Menschen, deren Leben wir berührt haben. Für einige wird dieses Gefühl von Generativität oder Vermächtnis über die Kinder oder Enkelkinder erreicht. Für andere wird dieses Gefühl vielleicht über ihre sie überdauernden Werke oder Leistungen erreicht. Für Patientinnen und Patienten, die an der Würdezentrierten Therapie teilnehmen, kann das Generativitätsdokument ein konkretes und überdauerndes Zeugnis ihrer wichtigsten Gedanken und Erinnerungen sein, das für diejenigen erhalten bleibt, die sie bald zurücklassen werden. So wie es eine 58-jährige Frau mit metastasiertem Brustkrebs nach Beendigung der Würdezentrierten Therapie ausgedrückt hat: »Ich mag keine berühmte Person sein, und es werden sich nicht viele an meinen Namen erinnern, aber meine Söhne werden das hier haben [das Generativitätsdokument festhaltend].«

Von einigen Praktizierenden wurden auch die Möglichkeiten anderer Aufzeichnungen angesprochen, wie zum Beispiel einer Ton- oder Videoaufnahme, die dem Patienten übergeben wird. Das geschriebene Manuskript hat gegenüber anderen Medien jedoch mehrere Vorteile. Es trennt die Worte des Patienten von seiner Stimme oder seiner physischen Erscheinung, die durch die fortschreitende Erkrankung beeinträchtigt sein können. Trotz aller Beeinträchtigungen durch die Erkrankung können Worte ihre Kraft und Intensität behalten, ohne davon beeinflusst zu werden, wie jemand aussieht oder sich anhört.

Eine Patientin mit Brustkrebs im Endstadium erschien im Rollstuhl zu ihrem ambulanten Termin zur Teilnahme an der Würdezentrierten Therapie. Trotz ihrer Metastasen an der Wirbelsäule, der Halskrause und genereller Erschöpfung war sie dazu in der Lage, eine wundervolle und bewegende Geschichte über ihre schwierige Kindheit, ihre konfliktreiche Beziehung zu ihrer Mutter und die eher stürmische Verbindung zu ihren eigenen Kindern zu erzählen. Trotz dieser Probleme waren ihre Antworten ein Zeugnis unsterblicher Liebe und Zuneigung zu ihrer Familie. Schließlich wurde sie gefragt, ob sie ihre Sitzung lieber als Video aufgezeichnet hätte, woraufhin sie erklärte: »So sehe ich nicht aus; so sieht eine Frau aus, die an Brustkrebs stirbt!« Wenngleich ihr Aussehen alle Zeichen einer fortgeschrittenen Erkrankung widerspiegelte, waren ihre niedergeschriebenen Worte stark und lebendig.

Das folgende Beispiel illustriert die emotionale Rohheit, die in einer nicht editierten Aufzeichnung eines Würdezentrierte-Therapie-Interviews übermittelt werden kann.

Vor einigen Jahren begegnete ich dem Ehemann einer Teilnehmerin der Würdezentrierten Therapie ungefähr ein Jahr nach ihrem Tod wieder. Er war eine der wenigen Personen, die darum baten, neben dem editierten Generativitätsdokument auch die eigentliche Tonaufzeichnung der Würdezentrierten Therapie bekommen zu können. Es gab keine ethischen Bedenken, die dagegen sprachen, da sie beide die Würdezentrierte Therapie gemeinsam durchgeführt hatten. Seine Gattin war eine bemerkenswerte Frau, die an den Komplikationen eines metastasierten Lungenkrebses verstarb. Zum Zeitpunkt ihrer Therapie war sie so kurzatmig, dass jede Unterhaltung zu einer echten Belastung wurde. Gemeinsam schafften sie es trotzdem – die Gedanken und Sätze des anderen vervollständigend –, ein großartiges Generativitätsdokument zu erstellen.

Die Begegnung mit ihm ein Jahr später brachte die Erinnerungen an die damalige bewegende Sitzung zurück, nebst der Chance, einen Vergleich seiner Erfahrungen mit dem Generativitätsdokument und der unbearbeiteten Tonaufzeichnung zu hören. Seine Antworten waren bemerkenswert. Er erzählte mir, dass niemand außer ihm selbst und seinem Sohn jemals von der Existenz dieser Aufzeichnung erfahren werde. »Es ist einfach zu roh und zu schmerzhaft, es zu hören«, erklärte er. Auf der anderen Seite bekam »jeder« eine Kopie des Generativitätsdokuments, einschließlich Freunden und Familie. Im Gegensatz zur Tonaufzeichnung war und wird das Generativitätsdokument weiter eine Quelle des Trostes bleiben.

Aufgrund der Ruhe, mit der Worte editiert werden können, kann die Verwendung des geschriebenen Transkripts den Fluss des finalen, zur Hinterlassenschaft bestimmten Generativitätsdokuments erhöhen.

Frau L. war eine 55-jährige Patientin mit fortgeschrittenem Darmkrebs. Ihre Würdezentrierte Therapie war durch häufige Unterbrechungen gekennzeichnet, entweder aufgrund ihres Stomabeutels oder einfach nur, um eine bequemere Position zu finden. Diese Unterbrechungen und ab und zu unvollständige Gedankengänge waren in ihrem kraftvollen final editierten Generativitätsdokument nicht zu finden. Ihre Geschichte beschrieb ein Leben, das in Armut begonnen hatte und von frühkindlicher Vernachlässigung und Missbrauch geprägt worden war. In ihren frühen Zwanzigern, mittellos, allein und ohne nennenswerte Leistungen vorweisen zu können, wurde sie von einer Nonne aufgenommen, »die an sie glaubte«. Sie – die Patientin – glaubte daran, dass diese Verbindung »alles veränderte« und es ihr ermöglicht hatte, weiterzukommen und eine erfolgreiche Pflegefachkraft und beliebte Praxisanleiterin zu werden.

Anders als eine Ton- oder Videoaufzeichnung kann ein Transkript leicht editiert werden. Worte, Sätze oder ganze Passagen können ausgelassen oder später in das Transkript eingefügt werden (siehe Kapitel 5). Das Endergebnis ist ein Dokument, auf das die Patientinnen und Patienten stolz sind und bei dem sie sicher sein können, dass es das bewahrt, was sie sagen wollten und wie sie es sagen wollten. Frau L. wollte, dass »jeder« eine Kopie ihres Manuskripts erhält – ihre Pflegekräfte, ihre Freunde und ihre Familie –, sodass alle erfahren würden, was sie durchgemacht hatte und wie viele Fähigkeiten in jedem von uns stecken.

7. Was, wenn ich mich nicht richtig ausdrücken kann? Was, wenn ich etwas Wichtiges vergesse? Oder wenn ich etwas sage und mir nicht gefällt, wie es klingt? Das hört sich nach einem wichtigen Dokument an und ich möchte es perfekt machen. Was, wenn ich es nicht perfekt hinbekomme?

»Hierbei ist meine Rolle als Therapeut genauso wichtig wie die Tonaufnahme. Meine Zusage an Sie ist, dass ich all meine Fähigkeiten und meine Energie dafür einsetzen werde, zu versuchen, dieses Dokument so gut werden zu lassen, wie es nur werden kann. Auch wenn Sie sich vielleicht nicht wohlfühlen, kann ich Ihnen helfen. Denken Sie auch daran, dass das Transkript editiert wird. Ich werde den ersten Entwurf machen und Ihnen anschließend alles vorlesen, um sicherzustellen, dass es so in Ihrem Sinne ist. Wenn es etwas gibt, das wir vergessen haben, können wir es ergänzen; wenn es etwas gibt, das Ihnen nicht behagt, können wir es ändern oder auch löschen. Ich werde Ihnen dabei helfen, auch noch so kleine Fehler zu korrigieren. Am Ende dieses Prozesses sollen Sie sich mit dem wohlfühlen, was Sie geschaffen haben. Hunderte von Patienten haben dies gemacht und waren fast ausnahmslos sehr zufrieden mit dem Ergebnis.«

Den Patientinnen und Patienten kann erneut versichert werden, dass aufgrund des sorgsamen Editierprozesses jede kleinste Erläuterung eingefügt werden kann, genauso wie auf umfassendere Aspekte geachtet werden kann wie Korrekturen in der Chronologie, größere Ergänzungen oder Streichungen, bevor der Prozess als abgeschlossen gilt. (Genaueres zum Editieren des Transkripts finden Sie in Kapitel 5.)

Ein Professor für Englische Literatur entschied sich zwei Wochen vor seinem Tod dafür, an der Würdezentrierten Therapie teilzunehmen. Wenngleich er sehr stolz auf seine Arbeit und seine wissenschaftlichen Errungenschaften war, war all dies nichts im Vergleich zu der Bedeutung, die seine Familie, seine Frau, seine Kinder und Enkelkinder für ihn hatten. Er nutzte die Würdezentrierte Therapie dafür, seine Enkelkinder daran zu erinnern, ihre Mutter und ihren Vater immer zu lieben und zu ehren sowie sich selbst zu lieben. Obgleich ein untypischer Wunsch, wünschte er sich für das Generativitätsdokument für seine Familie eine in Teilen abweichende Version als die, die er seinen engsten Freunden übergeben wollte. Diese beiden unterschiedlichen Versionen wurden ihm überlassen, damit er sie weitergeben konnte, sobald er es für angebracht hielt.

8. Ist die Würdezentrierte Therapie nur für Patienten geeignet, die sterben, und ist das der Grund, aus dem Sie sie mir anbieten? (Dies ist keine Frage, die mir jemals gestellt worden ist, aber es mag sein, dass sie aufkommt, wenn das Verständnis für die Würdezentrierte Therapie steigt.)
»Die Würdezentrierte Therapie ist ursprünglich für Menschen in der Palliativversorgung entwickelt worden, das heißt für Menschen, deren Lebensende naht. Tatsächlich wurde die Würdezentrierte Therapie aber auch zahlreichen Menschen außerhalb der Palliativversorgung angeboten, darunter Menschen, die sich mit verschiedensten schwierigen gesundheitlichen Problemen auseinandersetzen müssen oder auch mit einigen der Herausforderungen des Älterwerdens. Ich kann nicht vorhersehen, welchen Verlauf Ihre Erkrankung nehmen oder wie sich Ihr Zustand verändern wird. Aber gewöhnlich scheint das Sprechen über die Dinge, die in der Würdezentrierten Therapie aufkommen, egal ob nah am Lebensende oder noch irgendwann weit davor, den Menschen Trost zu spenden.«

9. Woher weiß ich, dass die Würdezentrierte Therapie das Richtige für mich ist? (Varianten dieser Frage beinhalten: Ich habe keine besonders außergewöhnliche Geschichte zu erzählen; mein Leben war nicht sehr spannend.)
»Die Würdezentrierte Therapie wurde mit Menschen aller Gesellschaftsschichten und in den verschiedensten Ländern dieser Welt durchgeführt. Basierend auf breit gefächerter Erfahrung finden wir, dass jede Geschichte speziell ist, weil sie dem Erzähler gehört. Keine zwei Leben sind gleich und keine zwei Geschichten sind gleich. Selbst Lebensläufe, die Patienten als ›gewöhnlich‹ oder ›uninteressant‹ beschreiben, sind ausnahmslos einzigartig; es sind Geschichten, die von denjenigen erzählt werden, die sie als Einzige persönlich erzählen können. Ärztinnen, Rechtsanwälte, Landwirte, Hausfrauen, Einwanderer, Künstlerinnen, Fabrikarbeiter, Journalisten, Großunternehmer – es gibt keine einfache Formel, um die vielen Menschen zu beschreiben, die die Würdezentrierte Therapie hilfreich finden. Wenn Sie die Idee der Würdezentrierten Therapie anspricht und sie für Sie sinnvoll klingt, sollten Sie vermutlich versuchen, daran teilzunehmen.«

Frau S. war eine 69-jährige Patientin, die 15 Jahre zuvor mit ihrem Ehemann und ihren Kindern aus Osteuropa nach Kanada eingewandert war. Ihr Leben beschrieb sie als freudvoll. Sie liebte es, Mutter zu sein, und schätzte die vielen Möglichkeiten, die der Umzug nach Kanada ihr und ihrer Familie eröffnet hatte. Sie hatte mit beachtlicher Beharrlichkeit Englisch gelernt, ihren Führerschein gemacht und war wieder zur Schule gegangen. Im Verlauf ihrer Würdezentrierten Therapie, die im Rahmen der Palliativversorgung aufgrund einer fortgeschrittener Krebserkrankung stattfand, reflektierte sie Folgendes: »Ich habe nichts Großartiges oder Fantastisches getan, aber gerade die kleinen Dinge, die man tut, sind wichtig.« In Erwartung ihres eigenen Todes nutzte sie die Würdezentrierte Therapie als Versuch, ihre Familie zu trösten: »Letzten Endes werde ich gehen müssen, aber ich möchte Euch nicht in Verzweiflung zurücklassen. Ich weiß, dass Ihr es ohne mich schaffen werdet [...]. Es wird in Ordnung sein.«

10. Was, wenn ich denke, dass es mir auch ohne die Würdezentrierte Therapie gut geht? Warum sollte ich mich damit beschäftigen?
»Nicht jeder braucht oder möchte die Würdezentrierte Therapie. Allerdings haben wir sie sowohl Personen angeboten, die sich verzweifelt fühlten, als auch anderen, die das Gefühl hatten, gut klarzukommen. Selbst in der zweiten Gruppe berichteten die meisten, die Würdezentrierte Therapie sei hilfreich, steigere ihr Gefühl für Sinn und Bedeutung und verbessere ihre Lebensqualität. Letztlich sollten Sie sich davon leiten lassen, was sich für Sie am besten anfühlt.«

11. Muss ich die Würdezentrierte Therapie allein machen? Ist es in Ordnung, wenn während des Interviews jemand bei mir ist?
»Sie können allein an der Würdezentrierten Therapie teilnehmen oder mit jemandem an Ihrer Seite. Was auch immer sich für Sie am besten anfühlt, wird wahrscheinlich auch für die Therapie am besten sein. Manche Menschen nehmen lieber allein teil, weil es sich privater und angenehmer anfühlt und es leichter macht, persönliche Gedanken, Gefühle und Erinnerungen mitzuteilen. Möglicherweise fühlen Sie sich in dem, was Sie sagen, weniger befangen, wenn Sie nicht noch die Bedürfnisse eines Freundes oder eines Angehörigen berücksichtigen müssen, der eventuell darauf wartet, dass ein bestimmtes Thema in das Dokument aufgenommen wird. Wenn Sie denken, dass Sie sich vielleicht unwohl fühlen oder so, als ob Sie jemand anderem ›etwas vorführen‹, sollten Sie sich wahrscheinlich dafür entscheiden, die Würdezentrierte Therapie allein durchzuführen. Auf die Art müssen Sie sich keine Sorgen darum machen, wie jemand anderes sich fühlen könnte oder was andere im Verlauf der Sitzung denken könnten.

Andererseits fühlen sich manche Menschen mit einem Freund oder einem Angehörigen an ihrer Seite wohler und sicherer. Wenn diese Person Sie gut kennt, wird sie Ihnen vielleicht dabei helfen können, die Richtung zu erkennen, in die sich die Therapie entwickeln kann. Beachten Sie, dass es auf diese Frage keine richtige oder falsche Antwort gibt. Es ist ganz einfach die Frage, womit Sie sich wohlfühlen.«

SCHRITT 4: Wenn alle Fragen des Patienten oder der Patientin beantwortet wurden, überreichen Sie ihm oder ihr eine Kopie des Fragenkatalogs der Würdezentrierten Therapie.

Den Patientinnen und Patienten eine Kopie des Fragenkatalogs auszuhändigen dient verschiedenen Zwecken. Es entmystifiziert den Therapieablauf, weil es den Patienten eine genauere Vorstellung davon gibt, was die Therapie umfasst. Zusätzlich gewährt es ihnen Zeit, über die Fragen nachzudenken und sich zu überlegen, wie sie diese beantworten wollen. Wenn das Generativitätsdokument ein Teil der Hinterlassenschaft sein soll, ist es letztlich zum großen Vorteil der Patienten und der Therapeuten, wenn es vorab Überlegungen gab, wie diese Fragen beantwortet werden könnten. Wenn die Patienten den Fragenkatalog kennen, eröffnet ihnen dies auch die Möglichkeit, sich andere Themen oder Bereiche zu überlegen, die sie ansprechen möchten und die nicht Teil des Fragenkatalogs sind. Unserer Erfahrung nach hat es sich bewährt, den Patienten bei der Vorstellung der Würdezentrierten Therapie eine Kopie dieser Fragen zur Verfügung zu stellen. Gelegentlich werden Patientinnen und Patienten eine klare Vorstellung davon haben, wie sie ihre Würdezentrierte Therapie gestalten wollen. Soweit sie dazu in der Lage sind, sollten sie darin unterstützt werden, auf diese Weise Kontrolle über den Inhalt zu übernehmen. Eine Frau, Mitte sechzig, mit fortgeschrittenem Lungenkrebs, hatte das Gefühl, die Würdezentrierte Therapie sei die ideale Gelegenheit, ihren Kindern und Enkelkindern etwas Wichtiges mitzuteilen, sodass ihnen die Weisheit ihrer Erkenntnisse und die Wärme ihrer Segenswünsche zugutekommen möge.

Die meisten Patienten merken zumindest zu Beginn keine speziellen Themenwünsche an. Stattdessen warten sie das Urteil und die Expertise des Therapeuten ab, bis sie selbst ein besseres Gefühl für den Gesprächsverlauf und die gewünschte Richtung haben. Für diese Patienten bietet der Fragenkatalog eine strukturierte Grundlage ihrer Würdezentrierten Therapie. Dieser Fragenkatalog basiert auf dem Modell zu Würde bei unheilbarer Erkrankung (siehe Kapitel 1) (Chochinov et al., 2002b). Es ist wichtig, dass die Therapeutin oder der Therapeut versteht, dass diese Fragen nicht willkürlich oder zufällig zusammengestellt sind. Sie wurden so formuliert, dass sie Reaktionen erwirken und Themenbereiche ansprechen, die ein Gefühl von Bedeutung und Sinnhaftigkeit hervorrufen können und Patienten mit Erinnerungen und Gedanken verbinden, die so gut wie möglich mit dem in Einklang stehen, was den Kern ihres Selbstverständnisses ausmacht.

Der Fragenkatalog der Würdezentrierten Therapie

Der Fragenkatalog der Würdezentrierten Therapie setzt sich aus Fragen zusammen, die auf dem Würdemodell basieren. Die Fragen zielen darauf ab, Facetten der Persönlichkeit hervorzurufen, Gelegenheit zur Anerkennung zu geben oder den Teilnehmenden zu helfen, sich wieder mit den Elementen ihres Selbst zu verbinden, die bedeutungsvoll oder wertvoll waren oder es noch immer sind. Wie im folgenden Kapitel beschrieben, bedeutet Würdezentrierte Therapie weit mehr, als einfach nur der Reihe nach all diese Fragen zu stellen. Trotzdem sind sie der Rahmen der Würdezentrierten Therapie und unerlässlich für die Durchführung dieser spezifischen therapeutischen Intervention:

- Erzählen Sie mir ein wenig aus Ihrer Lebensgeschichte; insbesondere über die Zeiten, die Sie am besten in Erinnerung haben oder die für Sie am wichtigsten sind.
- Wann haben Sie sich besonders lebendig gefühlt?
- Gibt es etwas Besonderes, das Sie Ihrer Familie über sich mitteilen wollen?
- Gibt es bestimmte Dinge, die Ihre Familie von Ihnen in Erinnerung behalten soll?
- Was sind die wichtigsten Aufgabenbereiche, die Sie in Ihrem Leben eingenommen haben (Rollen in der Familie, im Beruf, im Sozialleben etc.)?
- Warum waren Ihnen diese Aufgaben wichtig und was haben Sie Ihrer Meinung nach darin erreicht?
- Was sind Ihre wichtigsten Leistungen, worauf sind Sie besonders stolz?
- Gibt es etwas, von dem Sie merken, dass es gegenüber Ihren Lieben noch ausgesprochen werden will?
- Oder etwas, das Sie gern noch einmal sagen möchten?
- Was sind Ihre Hoffnungen und Wünsche für die Menschen, die Ihnen am Herzen liegen?
- Was haben Sie über das Leben gelernt, das Sie gern an andere weitergeben möchten?
- Welchen Rat oder welche Worte, die Ihre/n ... (Tochter, Sohn, Ehemann, Ehefrau, Eltern, anderen Menschen) leiten können, würden Sie gern weitergeben?
- Gibt es konkrete Empfehlungen, die Sie Ihrer Familie mitgeben möchten, um sie für die Zukunft vorzubereiten?
- Gibt es speziell für dieses Dokument noch etwas, das Sie hier mit aufnehmen wollen?

Diese Fragen wurden formuliert, um die Themen zu berühren, die Patientinnen und Patienten eng mit ihrem Selbstbild, mit ihrer Persönlichkeit, ihrem Wesen oder dem Kern ihres Selbst verbinden. Die Teilnehmenden merken, dass die Fragen Ereignisse im Leben ansprechen, die am wichtigsten, am erinnerungswürdigsten, unvergesslich sind und sie wiederum einladen, darüber zu sprechen. Ein Gespräch zu führen, bei dem diese Themen zentral sind und an erster Stelle stehen, kann Patientinnen und Patienten das Gefühl geben, dass der Kern ihres Selbst anerkannt wird, womit die Empfindung von Sinn, Bedeutung und Würde gestärkt wird. Diese Fragen sind für Therapeuten, die die Würdezentrierte Therapie anbieten, als Anleitung gedacht. Sie sollten nicht so verstanden werden, dass sie rigide oder nach Vorschrift oder in irgendeiner sonstigen die Entfaltungsmöglichkeiten der Würdezentrierten Therapie einschränkenden Art und Weise angewandt werden müssen. Tatsächlich hat der Therapeut nicht nur einen Handlungsspielraum, sondern vielmehr auch die Verantwortung, diese und andere Fragen zu explorieren, die im Verlauf der Sitzung auftauchen. Der Therapeut, die Therapeutin muss den Fluss des auf den Interessen und individuellen Antworten des Patienten basierenden Interviews geschickt lenken. Daher ist es entscheidend, dass der Therapeut eine unterstützende Rolle einnimmt.

> SCHRITT 5: Sobald der Patient oder die Patientin in die Teilnahme eingewilligt hat, tragen Sie die demografischen Kontextinformationen zusammen. Diese sind für den Inhalt des anstehenden Interviews der Würdezentrierten Therapie hilfreich.

Ehe die Würdezentrierte Therapie weitergeht, sollten grundlegende Informationen bekannt sein: der Name der Patienten und wie sie angesprochen werden möchten; Alter, Familienstand, mit wem und wo sie leben, ob sie Kinder oder Enkelkinder haben (einschließlich deren Namen und Alter). Es ist zudem hilfreich, nach ihrem Beruf und ihrem momentanen Beschäftigungsverhältnis zu fragen. Der Therapeut sollte auch wissen, seit wann die Patienten erkrankt sind, die Art ihrer Erkrankung kennen und wissen, wie sie selbst den Schweregrad ihres Zustands einschätzen. Diese Informationen formen metaphorisch gesprochen den Rahmen, in den das Interview der Würdezentrierten Therapie ein detailreiches Bild malt. Dieser Rahmen verhindert auch, dass versehentlich grundsätzliche oder entscheidende Aspekte des Lebens der Patientin oder des Patienten nicht beachtet werden (z. B. Kinder, Partner oder Kernfacetten des Selbst).

> SCHRITT 6:   Vereinbaren Sie einen Termin mit dem Patienten (mit oder ohne Freunde, Familienangehörige oder geliebte Menschen) zur Durchführung des Interviews der Würdezentrierten Therapie.

Die Sitzung wird gewöhnlich so terminiert, dass sie innerhalb kürzester Zeit nach der Vorstellung, dem Beantworten aller Fragen und der Einwilligung des Patienten zur Teilnahme stattfindet. Das kann innerhalb von einem Tag bis idealerweise nicht mehr als drei Tagen sein. Eine zügige Fortsetzung der gesamten Würdezentrierten Therapie ist wichtig und unterstreicht das Ethos der Dringlichkeit. Dies vermittelt eine konkrete Botschaft – das, was der Patient zu sagen hat, ist wichtig, und die Therapeutin oder der Therapeut wird sich beeilen, all die wichtigen Gedanken und Worte des Patienten festzuhalten. Dennoch sollte die Flexibilität während dieses Zeitrahmens an den individuellen Bedürfnissen und Wünschen des Patienten ausgerichtet sein.

Wie jede Gesprächstherapie sollte die Würdezentrierte Therapie dort stattfinden, wo sich der Patient möglichst wohlfühlt. Bislang fanden diese Sitzungen nahezu gleich oft in institutionellen Einrichtungen (Palliativstationen, Pflegeheime, Akutstationen) und den eigenen Wohnräumen der Patienten statt. Privatsphäre ist natürlich insofern wichtig, als sie den Patientinnen und Patienten die Möglichkeit gibt, über persönliche Dinge zu sprechen, die nur für wenige Ausgewählte bestimmt sind. Allerdings kann gerade eine fortgeschrittene Erkrankung die Privatsphäre einschränken und Kreativität und Flexibilität verlangen. Einen Bettvorhang zuziehen, eine Sitzgelegenheit für den Therapeuten und die Teilnehmenden der Würdezentrierten Therapie finden, die Sitzung so legen, dass möglichst keine Unterbrechungen durch Pflegemaßnahmen entstehen, den Geräuschpegel der Umgebung reduzieren (TV, Radio) – all dies sind Maßnahmen, die helfen, ein intimes Umfeld zu schaffen, in dem die Würdezentrierte Therapie erfolgreich stattfinden kann. Wenn die notwendigen Vorbereitungen getroffen worden sind, ist es Zeit, zu starten.

4 Durchführung der Würdezentrierten Therapie

*Kümmere dich mehr um den besonderen Patienten
als um die Besonderheiten der Erkrankung.*
William Osler

Bis hierher haben wir die Bedeutung von Würde als klinisch relevantes Konstrukt betrachtet und einen Überblick darüber bekommen, wie die empirische Forschung zu Würde am Ende des Lebens zur Entwicklung der Würdezentrierten Therapie geführt hat (Chochinov et al., 2002b; Chochinov, 2002; Chochinov et al., 2005; Chochinov et al., 2004). Auf dieser Grundlage wurde in Kapitel 3 Schritt für Schritt dargestellt, wie potenzielle Teilnehmende der Würdezentrierten Therapie identifiziert und wie die eigentlichen Sitzungen zur Würdezentrierten Therapie vorbereitet werden können. Kapitel 4 geht über diese vorbereitenden Schritte hinaus und führt uns zum Kern des Ganzen, der eigentlichen Durchführung der Würdezentrierten Therapie.

Zum Zeitpunkt des Zusammenkommens zwischen Therapeut und Patient zur Würdezentrierten Therapie sollten bereits folgende Punkte besprochen worden sein:

- Die Würdezentrierte Therapie wurde dem Patienten erklärt und er oder sie hat in die Teilnahme eingewilligt.
- Dem Patienten wurde eine Kopie des Fragenkatalogs der Würdezentrierten Therapie ausgehändigt, was ihm oder ihr die Gelegenheit gegeben hat, sich über den möglichen Inhalt des Generativitätsdokuments Gedanken zu machen. Es bringt keinerlei Vorteil, diese Informationen zurückzuhalten; vielmehr ist es so, dass die Kenntnis des Fragenkatalogs die Patientinnen und Patienten beruhigt und ihnen dabei hilft, sich besser auf die Würdezentrierte Therapie vorzubereiten.
- Der Patient hat entschieden, wer aus dem Familienkreis oder dem weiteren sozialen Netzwerk der Empfänger oder die Empfängerin dieses wertvollen Dokuments sein wird.

- Der Patient hat entschieden, ob er oder sie die Würdezentrierte Therapie allein oder im Beisein eines Angehörigen oder Freundes durchführen wird.
- Die Therapeutin oder der Therapeut hat den Rahmen für die Würdezentrierte Therapie des Patienten abgesteckt, kennt also den Namen des Patienten und wie er oder sie angesprochen werden möchte, Alter, Familienstand sowie Namen und Alter wichtiger Bezugspersonen (wie Kinder, Enkelkinder), den Beruf, die Krankheiten des Patienten und das Krankheitsverständnis.

Ich erinnere mich daran, einen Patienten während der Erstellung eines solchen Rahmens gefragt zu haben, was er mit der Durchführung der Würdezentrierten Therapie zu erreichen hoffe. Er erklärte, dass er in seinem Leben viele Fehler gemacht habe. Er fühle sich insbesondere dafür schuldig, zu wenig für seine Kinder da gewesen zu sein, nachdem er seine erste Ehefrau für eine andere Frau verlassen hatte. Trotz der lebenslang guten Beziehung zu seinen Kindern hatte er das Gefühl, dass er seinen Kindern eine Erklärung schulde und um Verzeihung bitten möchte. Dieses Vorwissen erleichterte mir die Aufgabe, dem Patienten während der Sitzung zur Würdezentrierten Therapie die Unterstützung zu geben, die er für die Erzählung dieses Schlüsselthemas benötigte.

Aufbau der Sitzungen zur Würdezentrierte Therapie

Offene Fragen beantworten

Zu Beginn der ersten Sitzung der Würdezentrierten Therapie sollte die Therapeutin oder der Therapeut das Besprochene nochmals zusammenfassen. Es ist nicht ungewöhnlich, dass die Patienten noch Fragen haben, insbesondere wenn man bedenkt, dass ihre Aufmerksamkeit durch ihre Erkrankung eingeschränkt sein kann. Alle unklaren Punkte im Ablauf sollten dem Patienten erklärt werden und keine Frage unbeantwortet bleiben. Eine gute Möglichkeit, die Würdezentrierte Therapie zusammenzufassen, ist, zu erklären, dass sie zwei wesentliche Komponenten beinhaltet. Eine Komponente der Würdezentrierten Therapie besteht aus dem angeleiteten Gespräch zwischen Patient und Therapeut, in dem Themen angesprochen werden, die der Patient als höchst wichtig erachtet, wie Ausschnitte seiner Lebensgeschichte, gewonnene Erkenntnisse, Hoffnungen, Träume oder Segenswünsche, die er weitergeben möchte. Die zweite Komponente ist die Erstellung eines einzigartigen, individuellen Dokuments. Dieses Dokument ist eine schriftliche Zusammenfassung der aufgenommenen Therapiesitzung, die anschließend durch die Therapeutin oder den Therapeuten editiert wurde, um die Essenz der Antworten des Patienten wahrhaft festzuhalten. Dem Patienten wird dieses editierte Dokument, auch Generativitätsdokument genannt, übergeben, um es zu behalten oder es an die von ihm gewünschte Person weiterzugeben. Den oder die möglichen Empfänger des Dokuments bereits vor oder während der Therapiesitzung zu benennen, kann die Bezugnahme auf bestimmte Personen während des Interviews konkretisieren und ermöglicht es dem Patienten, seine Antworten im Hinblick auf diese Personen zu formulieren. Dadurch gewinnt das Dokument, im Gegensatz zu einem Dokument, das zu allgemein wirken kann, wenn der Patient keinen bestimmten Empfänger im Kopf hat, üblicherweise an Intensität und Bedeutung.

Das therapeutische Setting herstellen

Der Rahmen der Würdezentrierten Therapie sollte am Ende des ersten Treffens verabredet worden sein. Versuchen Sie während der eigentlichen Sitzung der Würdezentrierten Therapie, so gut wie möglich für Privatsphäre und Wohlbefinden zu sorgen. Dies wird im Zuhause der Patientin oder des Patienten in der Regel leichter gelingen als im Krankenhaus oder in einer anderen institutionellen Umgebung. Jedoch kann auch inmitten der Hektik einer Krankenhausstation mit etwas Mühe und Kreativität eine angemessene Atmosphäre gestaltet werden. Das Personal kann darüber informiert werden, wann die Sitzung zur Würdezentrierten Therapie stattfinden soll, sodass die Zeiten für Visite und Pflegeroutine entsprechend geplant werden können und niemand unnötigerweise gestört wird. Genauso wie bei jeder anderen wichtigen Behandlung auch können zeitliche Herausforderungen gewöhnlich gemeistert werden.

Um Störungen während des in der Regel einstündigen therapeutischen Gesprächs der Würdezentrierten Therapie zu vermeiden, können Besuche begrenzt und Fernseher sowie Radio ausgeschaltet werden. In einigen Fällen, insbesondere wenn der Patient kein Einzelzimmer hat, sollten nach Möglichkeit ein Besprechungszimmer oder ein Büro genutzt werden oder, wenn nötig, die Vorhänge um das Bett des Patienten herum zugezogen werden. Die Therapeutin oder der Therapeut sollte nah genug am Patienten sitzen, sodass beide leicht miteinander sprechen, sich gut sehen und gut hören können. Dies verhindert die Notwendigkeit, laut zu sprechen, und sorgt für eine gewisse Vertrautheit und Privatsphäre. Falls die Patientin oder der Patient sich dafür entschieden hat, einen Freund oder Angehörigen bei dem Interview dabei zu haben, sollte dieser neben dem Patienten sitzen, dem Therapeuten gegenüber. Das heißt, wenn der Therapeut zur Rechten des Patienten sitzt, kann der Freund oder Angehörige zur Linken des Patienten Platz nehmen. Abgesehen von den praktischen Vorteilen unterstreicht diese Positionierung die Botschaft, dass die primäre Aufgabe des Therapeuten das Gespräch mit dem Patienten ist und der Freund oder Angehörige eine unterstützende und beruhigende Funktion für den Patienten einnimmt. Versichern Sie sich zu Beginn der Sitzung zur Würdezentrierten Therapie, dass der Patient es so bequem wie möglich hat, dass ihm etwas zu trinken angeboten wird und Sie Papiertaschentücher zur Hand haben.

Nutzung eines Tonaufnahmegeräts

Benutzen Sie ein Tonaufnahmegerät von guter Qualität und, auch wenn es wie ein unnötiger Rat erscheinen mag, prüfen Sie, dass es einwandfrei funktioniert. Die Patienten befinden sich in einem heiklen Gesundheitszustand, sodass es vielleicht keine zweite Chance gibt, sollte das Aufnahmegerät nicht richtig funktionieren. Die Patientinnen und Patienten sprechen häufig mit leiser Stimme und die Aufnahmebedingungen sind mehr als ungünstig. Da das Interview wörtlich transkribiert wird, sollte das Mikrofon daher so nahe wie möglich am Patienten sein, um eine deutliche und verständliche Aufnahme zu gewährleisten.

Durch das Wissen, dass alles, was sie sagen, aufgezeichnet wird, empfinden manche Patientinnen und Patienten möglicherweise eine gewisse Beklemmung dabei, ihre Gedanken in Worte zu fassen. Um ihre Befürchtungen zu zerstreuen, erinnern Sie die Patienten daran, dass durch die anschließende Transkription der Tonaufnahme im Nachgang zu diesem Gespräch jegliche Änderungen am Manuskript möglich sind, alles Mögliche ergänzt oder gelöscht werden kann oder, falls sie dies wünschen, das gesamte Manuskript verworfen werden kann (von allen Patienten, die bisher an der Würdezentrierten Therapie teilgenommen haben, hat sich noch niemand für diese Möglichkeit entschieden). Weisen Sie die Patientinnen und Patienten auch darauf hin, dass gerade weil das Gespräch aufgezeichnet wird, das Manuskript so editiert werden kann, dass chronologische Ungereimtheiten, Unterbrechungen oder Fehlstarts allesamt bereinigt werden können. Grundsätzlich beruhigt es die Patienten, zu wissen, dass die Therapeutin oder der Therapeut einen Großteil der Verantwortung dafür übernimmt, das aufgezeichnete Gespräch ihren Vorstellungen entsprechend in das Generativitätsdokument zu überführen.

Teilnehmende Angehörige oder Freunde

Die eigentliche Interviewsitzung der Würdezentrierten Therapie ist für die Therapeutin, den Therapeuten vermutlich die erste Begegnung mit der Person, die vom Patienten zu diesem Interview hinzugebeten wurde. Seien Sie aufmerksam und offen für die wahrscheinlich aufkommenden Fragen und Belange der Begleitperson des Patienten, die diese gern besprechen möchte. Eine offene und ehrliche Beantwortung aller Fragen wird dem Patienten und seiner Familie die nötige Ruhe, Vertrauen und ein Gefühl der Sicherheit geben, was Ihnen das weitere Prozedere erleichtern wird.

Kurz bevor Sie das Aufnahmegerät einschalten, erinnern Sie den Patienten daran, dass die erste Frage, die Sie ihm stellen werden, von den Erinnerungen handelt, die er in sein Dokument einbeziehen möchte. Falls es seitens des Patienten oder der Patientin keine weiteren Fragen gibt, kann das Aufnahmegerät eingeschaltet werden, und die Würdezentrierte Therapie kann beginnen: »Erzählen Sie mir ein wenig aus Ihrer Lebensgeschichte, insbesondere über die Zeiten, die Sie am besten in Erinnerung haben oder die für Sie am wichtigsten sind.«

Die Rolle der Therapeuten

Die Würdezentrierte Therapie bedeutet viel mehr, als den Patienten bloß den Fragenkatalog vorzulesen und passiv deren Antworten abzuwarten. Während manche Patienten nicht viel Anleitung oder kaum Vorgaben zu brauchen scheinen, können sich andere bei dem Versuch, die Essenz dessen zusammenzufassen, wer sie sind, oder zu artikulieren, was sie sagen wollen, möglicherweise komplett überfordert oder sogar wie gelähmt fühlen. Deshalb ist die Rolle des Therapeuten, der Therapeutin in der Würdezentrierten Therapie entscheidend.

> Der Therapeut/die Therapeutin muss zu jedem Zeitpunkt ein maximal präsenter Zuhörer sein.

Im gesamten Verlauf der Würdezentrierten Therapie müssen die Therapeuten sorgsam auf alles achten, was zwischen ihnen und ihren Patienten geschieht. Dies beinhaltet, was gesagt wird, wie es gesagt wird und auch, was die versteckten nonverbalen Hinweise ausdrücken könnten. Metaphorisch gesprochen ist der Prozess mit der Begleitung eines Suchenden vergleichbar, der sich unsicher darüber ist, welchem Pfad er folgen soll. Die Rolle des Therapeuten ist es, durch aktives Zuhören sicherzustellen, dass sich die Suchenden nicht verlieren und erfolgreich ihr Ziel erreichen. Das bedeutet, immer aufmerksam zu sein, immer Ausschau zu halten, wohin sie die Antworten führen könnten, dem Fluss des Interviews zu folgen und zu antizipieren, wo Probleme auftreten könnten. Die Spannung, den Patienten zu erlauben, selbstständig voranzugehen, und dabei zu wissen, wann sie angeleitet oder sogar in eine andere Richtung gelenkt werden müssen, ist die Essenz des aktiven Zuhörens und der Begleitung der Würdezentrierten Therapie. Es ist schier unmöglich, diese Aufgabe ohne absolute Aufmerksamkeit und höchste Präsenz zu erfüllen.

Zu Beginn seines Interviews der Würdezentrierten Therapie schien ein älterer Herr mit einer fortgeschrittenen Krebserkrankung eher unbeteiligt, als er von einigen Erinnerungen seiner Jugend berichtete. In dem Moment, als er die Musik erwähnte, wurde er aktiver und wacher. Dieser Veränderung im Tonfall des Patienten gegenüber sensibel, fragte ihn der Therapeut nach seiner Beziehung zur Musik. Dies brachte den Patienten dazu, zu erzählen, wie Musik sein Leben beeinflusst hatte, Teil vieler wunderschöner Beziehungen war und fester Bestandteil seines Repertoires lebenslanger Leidenschaften.

Manchmal können die Hinweise der Patienten sehr vage sein; jedoch wird der konzentrierte und engagierte Therapeut oder die Therapeutin immer aufmerksam sein, um sie zu bemerken, sobald sie auftauchen.

Ein Achtzigjähriger zählte alle Mitglieder seiner großen, aber mittlerweile größtenteils verstorbenen (mit Ausnahme eines Bruders) Herkunftsfamilie auf. Er begann damit, zu erwähnen, dass seine Mutter und sein Vater »liebevolle Menschen« waren, ging dann aber sehr schnell zu der Aufzählung seiner Brüder und Schwestern über, wobei er nur wenig mehr Informationen als ihre Namen und die Reihenfolge ihrer Geburt preisgab. Die Therapeutin sagte: »Sie erwähnten eben, dass Sie liebevolle Eltern hatten – könnten Sie mir das noch ein bisschen erläutern, inwiefern waren sie liebevoll?« Dies führte zu zärtlichen Erinnerungen, in denen der Patient daran dachte, wie vernarrt seine Mutter in all ihre vielen Kinder war, die das Zentrum ihres Universums bildeten.

> Die Therapeutin, der Therapeut muss zu jeder Zeit, für alle Patienten und unter allen Umständen eine die Würde stärkende Haltung einnehmen.

Eine die Würde stärkende Haltung spricht für die Fähigkeit des Therapeuten, den Patientinnen und Patienten während des therapeutischen Prozesses das Gefühl zu geben, respektiert zu werden und wertvoll zu sein. Der Therapeut muss ein einfühlsamer *aktiver Zuhörer* sein, der mit existenziellen Themen, Stille und Emotionen von Freude bis Leid vertraut ist. Durch mitfühlendes Engagement sollte die Therapie an sich – neben dem sich daraus ergebenden Produkt – den

Patienten das Gefühl vermitteln, dass sowohl sie selbst als auch die Worte, die sie aussprechen, bedeutsam sind, und zwar außerordentlich. Dieses Ethos aus Zuwendung und Unterstützung in einem akzeptierenden, unvoreingenommenen und nicht wertenden Beziehungsgeschehen ist für den Erfolg der Würdezentrierten Therapie unerlässlich. Die Würdezentrierte Therapie soll die Haltung der Fürsorge bei den Behandelnden stärken (beschrieben im Würdemodell, Kap. 1 S. 28; Chochinov et al., 2002b; Chochinov, 2002). Diese therapeutische Haltung zollt dem Patienten Respekt, dem, wer er ist und wer er war, seinen Gedanken und Gefühlen und selbstverständlich seinen Worten – jenen Worten, die das Gerüst für sein Generativitätsdokument bilden werden.

Es reicht jedoch nicht aus, empathisch, fürsorglich und interessiert zu handeln; um die Würdezentrierte Therapie durchzuführen, müssen diese Gefühle authentisch sein. Der Kern einer würdestärkenden Haltung liegt darin, zu verstehen, dass die Patientinnen und Patienten sich von ihren Therapeuten Bestätigung und Anerkennung ihres immanenten Wertes erhoffen. Therapeuten müssen sich selbst als Spiegel verstehen, in den Patienten schauen, um ein Spiegelbild zu erblicken, das die Essenz ihrer Persönlichkeit zeigt und nicht, »welche Erkrankung sie haben«. Dies ist eine starke und stark machende Metapher, die Behandelnden mit Patientenkontakt eine wunderbare therapeutische Chance verleiht. Ohne authentisches Engagement und aufrichtige Beteiligung wird sich die Würdezentrierte Therapie nichtssagend anfühlen und – wenig verwunderlich – die therapeutischen Ziele nicht erreichen.

Eine ältere Dame nahm etwa einen Monat vor ihrem Tod an der Würdezentrierten Therapie teil. Sie nahm sowohl sich selbst als auch ihr Leben als ziemlich gewöhnlich wahr. Durch die Ermutigung der Therapeutin und die Bestätigung der Bedeutung ihrer Geschichte »in diesem Moment« zog die Patientin die folgende Schlussfolgerung: »Nun, ich schätze, jeder möchte im Laufe seines Lebens so etwas wie ein Erbe hinterlassen. Und was mich betrifft, nehme ich an, dass ich wahrscheinlich keine enormen Leistungen in meinem Leben vollbracht habe. Das waren alles ziemlich gewöhnliche Dinge. Nicht wie manche Menschen, die in ihrem Leben Wunder in der Welt vollbracht haben und deren Namen jeder kennt. Ich glaube, das sind Dinge, für die man bekannt sein möchte, aber das wird man in meinem Fall nicht. Ich habe ein ganz gewöhnliches Leben geführt, aber ich glaube, ich habe gute Erinnerungen und Gefühle hinterlassen. Ich habe einen guten Ruf und Anstand – das ist es, was ich hinterlassen werde. Und das wird hoffentlich genug sein. Ich denke, das ist so ziemlich alles, was ich über mich sagen kann, weil ich nie eine besonders auffällige Person war und nicht denke, dass ich jemals eine sein werde. Ich glaube, so schlicht es auch gewesen sein mag, gibt es immer irgendetwas, zu dem man beigetragen hat, manchmal sogar ohne es zu wissen. Ich habe es genossen, dies hier zu tun, und ich denke, dass ich wahrscheinlich jedem meiner Kinder eine Kopie hiervon geben werde.«

> Geben Sie die notwendige Struktur und Anleitung, um den Patienten zu helfen, ihr individuelles Generativitätsdokument zu erstellen.

Im Rahmen der Würdezentrierten Therapie muss der Therapeut bereit sein, eine aktive Rolle einzunehmen. Er muss dazu in der Lage sein, den Patienten in dieser sinnstärkenden Therapie zu leiten und zu aktivieren. Patienten, die sehr krank sind und sich dem Ende ihres Lebens nähern, fehlen die Energie und Entschlossenheit, ihre Antworten perfekt zu ordnen oder zu gliedern. Um Patientinnen und Patienten mühelos durch die Würdezentrierte Therapie zu führen, folgt der Therapeut notwendigerweise ihren Hinweisen, während er zugleich die Struktur anbietet, die es ihnen ermöglicht, leicht nachvollziehbare Abschnitte, Ausführungen oder logische Verbindungen herzustellen. Zwischen Therapeut und Patient sollte ein hohes Maß an Zusammenarbeit herrschen, um sicherzustellen, dass sich der Patient motiviert, unterstützt und gefördert fühlt.

> Setzen Sie bedeutsame und leicht nachvollziehbare »Punkte«!

Eine mögliche Sicht auf die Rolle der Therapeutin oder des Therapeuten ist es, sich das Kinderspiel »Malen nach Zahlen« vorzustellen. Nummerierte Punkte werden der Reihe nach verbunden, um selbst dem ungeübtesten Maler zu helfen, einfache oder komplexe Figuren zu zeichnen. Ohne diese Anhaltspunkte wäre die Aufgabe für die meisten schwierig, wenn nicht sogar unmöglich. Ebenso besteht die Rolle des Therapeuten der Würdezentrierten Therapie darin, den Patienten die notwendigen »Punkte« anzubieten, um ihnen zu helfen, ihr eigenes Generativitätsdokument zu »zeichnen«. Patienten, die an der Würdezentrierten Therapie teilnehmen, bleiben meist nur noch wenig Lebenszeit und wenig Energie. Auch wenn die Generierung einer verschriftlichten Lebenserzählung ihr Gefühl von Sinn und Bedeutung sehr wohl erhöhen kann, können die meisten Patientinnen und Patienten dies schlichtweg nicht allein schaffen. Mit der geschickten therapeutischen Bereitstellung der entsprechenden »Punkte« kann der Abschluss eines bedeutsamen Generativitätsdokuments ermöglicht werden.

Offene Fragen bieten häufig einen ersten Anhaltspunkt, daher beginnt das Interview im Allgemeinen mit der Frage: »Erzählen Sie mir ein wenig aus Ihrer Lebensgeschichte, insbesondere über die Zeiten, die Sie am besten in Erinnerung haben oder die für Sie am wichtigsten sind.«

Ein älterer Herr begann seine Antwort auf diese Frage mit folgender Schilderung: »Als ich meine Frau zum ersten Mal sah, mochte ich sie. Wir heirateten und sind bis heute verheiratet.« Er ging von sich aus nicht auf weitere Details ein, und doch war es für den Therapeuten offensichtlich, dass es hierzu noch weit mehr zu erzählen gab. Details zu entlocken, den »nächsten Punkt« so zu legen, dass der Patient die Geschichte weitererzählen kann, ist eine entscheidende Aufgabe des Therapeuten. In diesem Beispiel wurde die folgende Frage gestellt: »Sie sagten, dass Sie Ihre Frau mochten, als Sie sie zum ersten Mal sahen. Erinnern Sie sich daran, was Sie an ihr mochten?« Dies führte zu einer wunderbaren Reminiszenz an diese all die vielen Jahre zurückliegende erste Begegnung mit seiner zukünftigen Frau bei einer Tanzveranstaltung in einem Gemeindesaal und zu Erinnerungen an die erste Zeit des Umeinanderwerbens und schließlich ihre Hochzeit. Auch wenn die Einstiegsfrage sehr breit angelegt war, bewegte die darauffolgende Frage den Patienten auf diese Weise dazu, konkreter und viel detaillierter zu werden.

Schon bald hatte der Patient allerdings das Gefühl, dass es »nicht viel mehr zu sagen« gebe. Um weitere Einzelheiten hervorzulocken und dem Patienten zu helfen, die »Blockade« zu lösen, bot der Therapeut die folgende Frage an: »Zwischen dem Zeitpunkt Ihrer Hochzeit und heute haben viele weitere Ereignisse stattgefunden. Gibt es besondere Erinnerungen oder Abschnitte aus dieser Zeitspanne, über die Sie gern sprechen möchten oder die zu erwähnen Sie wichtig finden?« Beachten Sie, dass die Wortwahl eine chronologische Abfolge der Geschichte des Patienten weder fordert noch verlangt. Solch ein kleinschrittiger biografischer Ansatz wäre unvertretbar; die Patientinnen und Patienten wären schnell erschöpft und die Intervention selbst mühselig und wenig praktikabel. Statt zu versuchen, eine zeitliche Vollständigkeit zu erreichen, sollten die Fragen bedeutsame Einzelheiten hervorrufen – das heißt Einzelheiten zu bestimmten Lebensereignissen oder Erfahrungen. Der Patient antwortete mit der Aussage, dass er »niemals ein Problem mit seinen Kindern« hatte. Obwohl er möglicherweise tatsächlich kein Anliegen oder Bedürfnis hatte, diesem Thema noch etwas hinzuzufügen, wurde diese Annahme mit einer weiteren angebotenen Frage überprüft: »Gibt es besondere Erinnerungen aus der Zeit, als Ihre Kinder aufwuchsen, über die Sie gern sprechen möchten?« Dieser Frage folgten detailreiche Informationen über seine Kinder, über deren entscheidende Schritte in ihrem Leben und über die Gefühle und speziellen Erinnerungen, die er in Bezug auf jedes seiner Kinder hatte.

Manchmal erfordert das »Punktesetzen« die Fähigkeit, kreativ und spontan zu sein und den Hinweisen der Patientin oder des Patienten zu folgen.

Beispielsweise deutete eine indigene Kanadierin mit fortgeschrittenem Darmkrebs an, ihr geistiges Tier sei die Schildkröte. Die Therapeutin entschied sich zu fragen, wie es dazu kam und welche Bedeutung dies habe. Daraufhin gab die Patientin einige zutiefst persönliche Werte von sich preis und wie ihre Kultur und die Geschichte ihres Volkes ihr Gefühl für ihren Platz in dieser Welt geformt hatten.

Derart spontanes Nachfragen kann das bedeutungsvolle, reiche und strukturierte Erzählen erleichtern. Dies wird das Gefühl von Sinnhaftigkeit, Bedeutung und Würde der Patientinnen und Patienten steigern, was wiederum zu einem Generativitätsdokument führen kann, das eine große Bedeutsamkeit für ihre Familien und geliebten Menschen hat.

> Sitzen Sie mit der Patientin oder dem Patienten zusammen und sehen Sie sich, metaphorisch gesprochen, gemeinsam ein Fotoalbum an.

Eine andere Möglichkeit, detaillierte Erinnerungen hervorzurufen, ist, dem Patienten zu sagen: »Stellen Sie sich vor, Sie und ich blättern durch ein Fotoalbum Ihres Lebens. Erzählen Sie mir so ausführlich wie möglich etwas über einige der Bilder, die wir sehen könnten.« Dies ist eine einfache und dennoch sehr wirkungsvolle Metapher, die während der Durchführung der Würdezentrierten Therapie angewandt werden kann. Fotografien sind greifbare Artefakte der Momente, die sie eingefangen haben. In der Tat sind die Patienten während der Würdezentrierten Therapie dazu eingeladen, ein mentales Fotoalbum durchzusehen und die Fotos auszuwählen, die ihnen als wesentlich oder unvergesslich auffallen. Nach den auf diesen mentalen Bildern dargestellten Personen, Orten und Ereignissen zu fragen, weckt häufig die Erinnerung der Patienten und fördert weiteres bedeutungsvolles Material für ihr Generativitätsdokument zutage. Patienten ein Album durchschauen zu lassen, liefert Breite; sich eingehender mit den Details einzelner Bilder zu befassen, offeriert Tiefe. Es ist diese Tiefe bezüglich der Einzelheiten einer bestimmten »Fotografie«, die die Antworten persönlich und einzigartig macht.

Der Einsatz der Fotoalbum-Metapher brachte die folgende Antwort eines älteren unheilbar erkrankten Herrn hervor: »Auf einem Bild habe ich Knickerbocker getragen. Das waren weite Pluderhosen.« Nachdem er seine Vorliebe für Autos und alles, was mit Autos zu tun hat, offenbart hatte, sagte er: »Auf dem Foto sehe ich ein altes Ford-T-Modell.« Die Unterhaltung hierüber führte ihn zu der Beschreibung von Autotouren mit seinen Freunden »runter nach Minneapolis, für eine Samstagnacht und dann wieder zurück«.

Weder setzt es sich die Würdezentrierte Therapie zum Ziel, eine komplette Biografie des Patienten zu erstellen, noch wird jeder Patient das Gefühl haben, dass seine Lebensgeschichte dokumentiert werden sollte.

Ein älterer Herr mit metastasiertem Lungenkrebs beschrieb, wie sein Alkoholkonsum den Großteil seines Erwachsenenlebens vereinnahmt hatte. Es gab vieles, was andere nicht wissen sollten, und weite Teile seiner Vergangenheit, die er gern vergessen hätte. Dieser Patient hatte, selbst mit der Hilfe eines Therapeuten, keinen Bedarf, seine Lebensgeschichte zu rekonstruieren und festzuhalten. Stattdessen nutzte er die Therapie, um seine von ihm entfremdete Familie um Vergebung zu bitten und ihr dabei Glück zu wünschen, all die Fehler zu vermeiden, die er auf seinem Weg gemacht hatte.

Für manche Patientinnen und Patienten ist die Frage »Wann haben Sie sich besonders lebendig gefühlt?« gleichbedeutend mit »Zeigen Sie mir Ihr(e) Lieblingsfoto(s).« Dies kann unvergessliche Momente und detailreiche Erinnerungen hervorrufen. Auch wenn diese Erinnerungen unabhängig vom chronologischen Verlauf erzählt werden, was bei einer allgemeinen Suche durch das »Fotoalbum« typischerweise geschieht, können die Ergebnisse berührend sein und manchmal sogar magisch.

Die Würdezentrierte Therapie einer bemerkenswerten 65-jährigen Patientin beinhaltete eine wundervolle Erinnerung an ein spezielles Geschenk, das sie für ihre Enkelkinder gemacht hatte:

»Für mich war Spielen immer wichtig, Picknickausflüge und Abenteuer, aber in einem Winter, als meine Enkel älter wurden, dachte ich, nur eingepacktes Spielzeug sei vielleicht nicht genug. Sie brauchten Abenteuer! In diesem Oktober fror der See früh zu. Normalerweise schneit es im Oktober und es dauert ein paar Wochen, bis der See zufriert, aber diesmal war es Ende Oktober und es gab keinen Schnee. Ich blickte über den Sumpf hinweg, der überwachsen war mit dem, was manche Leute Lampenputzer nennen, Rohrkolben, die mit den braunen Spitzen. Einige von denen waren so groß; sie waren in diesem Herbst zwei Meter hoch. Ich dachte: ›Ich werde ihnen ein Abenteuer mitten in den Lampenputzern bescheren.‹ Also bin ich mit Knieschützern an meinen Knien los und ich trug eine Rettungsweste, weil ich diesem Eis nicht ganz traute. Ich hatte eine Sichel und fing an, die Kolben auf

Höhe des Eises zu schneiden. Sie ließen sich wie Butter schneiden und ich schnitt Pfade durch die Lampenputzer. Als die Nächte dann kühler wurden, hatte ich Glück, denn es gab noch immer keinen Schnee, aber die Rohrkolben begannen höher zu gefrieren, und ich konnte sie nicht mehr mit der Sichel schneiden, also nahm ich eine scharfkantige Schaufel.

Nun müssen Sie bedenken, dass ich eine ältere Frau in der Stadt bin. Das Ende des Sees war nur etwa vier Minuten von uns die Straße runter entfernt, was großartig war. Aber was dachten wohl die Leute, wenn ich jeden Tag, für eineinhalb Stunden, mindestens für eineinhalb Monate, aus dem Haus ging, um Pfade zu schlagen? Als ich fertig war, hatte ich Pfade von gut eineinhalb Kilometern Länge zwischen die Lampenputzer geschnitten. Im Sumpf gibt es wahre Kunst zu sehen, wie Tierspuren und Tierhöhlen, Kiefern und verschiedene Lichtungen. Ich umrundete alles, was interessant aussah, und die Pfade trafen alle aufeinander. Es gibt auch Lichtungen in dem Sumpf, und als ich eines Tages auf einer großen ankam, dachte ich: ›Perfekt. Jetzt kann ich einen Eislaufring in meinem Labyrinth anlegen‹, und ich schaufelte ihn aus. Dann kam der Schnee und ich dachte, wenn wir einen großen Schneesturm bekommen, muss ich die Pfade freihalten oder ich werde bis Weihnachten nie fertig sein. Einmal hatten wir einen so heftigen Sturm, dass ich in jener Nacht zweimal rausging, um meine Pfade frei zu halten. Wenn ich so weitermachen würde, könnte ich einfach mit meiner großen Schaufel die Pfade entlangrutschen, und an Weihnachten wäre es für die Kinder fertig.

Ich hatte auf den Pfaden Geschenke, wie Hockeyschläger und Pucks, versteckt, und als meine Enkel in der Weihnachtswoche zu mir kamen, führte ich sie hinaus zum Sumpf und sagte: ›Nun, das ist euer Geschenk!‹ Sie schauten irritiert und sagten: ›Was ist das für ein Geschenk?‹ Ich sagte: ›Schaut mal! Da ist ein Eingang und dahinter wartet ein Abenteuer auf euch.‹ Der Clou war, dass ich aus einigen Rohrkolben ein Bündel gemacht hatte, das den Eingang versperrte, sodass man, wenn man aus der Entfernung auf den Sumpf schaute, das Labyrinth nicht einmal sehen konnte. Für meinen einen kleinen Enkel waren die Lampenputzer so hoch wie Bäume. Er konnte nicht über sie hinwegschauen. Am Anfang hatte er Angst, hineinzugehen. Sie fanden die Öffnung und dann gingen sie los. Nicht nur, dass ich Spaß mit meinen Enkelkindern hatte, anschließend wollten die älteren Leute aus der Stadt darin spazieren gehen, und es kamen andere Kinder zum Spielen. Sie hatten zuvor nie bemerkt, was es da draußen im Sumpf alles gibt. Es war so magisch, aber das Leben gibt uns gleichzeitig gute und schlechte Dinge. Ich habe das für meine Enkel gemacht, aber ich war mit der Krankheit meiner Mutter beschäftigt. Ihr ging es zu dieser Zeit immer schlechter, und ich habe es gebraucht, da draußen weinen zu können. Ich musste meine Frustration abbauen. Ich habe erst später gemerkt, dass das Labyrinth mehr als einen Zweck erfüllte.«

Als sie schließlich gefragt wurde, wann sie sich am lebendigsten gefühlt habe, antwortete sie: »Als ich erfahren habe, dass ich sterbe.« Obwohl sie immer eine wunderbare Mutter, Großmutter, Ehefrau und Tochter gewesen war, musste sie sich eingestehen, sich zu viel Verantwortung für das Glück anderer aufgeladen zu haben. Wann immer sie es nicht geschafft hatte, diejenigen, die sie liebte, vor den unvermeidbaren Wirrnissen und Enttäuschungen des Lebens zu schützen, fühlte sie sich verantwortlich und schuldig. Das alles begann sich zu verändern, als sie erfahren hatte, dass sie sterben würde. Etwa zu dieser Zeit begann sie, Bibelstunden zu besuchen, und erlebte ein spirituelles Erwachen. »Sie erklärten mir, was gerade geschieht, und je mehr ich meine Seele nährte, umso lebendiger wurde sie.«

Am Ende ihrer Würdezentrierten Therapie sagte sie Folgendes:

»Vor allen Dingen möchte ich meiner Familie sagen, dass ich bereit bin, zu sterben, und dass sie weiterleben müssen. Das ist die große Sache. Schaut nicht zurück. Ich war aus einem bestimmten Grund Teil ihres Lebens. Mein letzter Wunsch ist es, dass sich die Leute an mich erinnern, die an dem Fluss in der Nähe unserer Stadt anhalten. Sie sollen ihre Schuhe und Socken ausziehen, ihre Füßen in das Wasser halten und spüren, wie sich das an einem heißen Sommertag anfühlt. Wie oft gehen wir an diesem Ort vorbei und halten nicht an. Gönnt euch einen Kaffee zum Mitnehmen. Er bleibt heiß, bis ihr zu diesem Fluss kommt, und ich sage euch, genießt den Moment. Wie oft lassen wir solche Momente verstreichen. Es gibt so viel Schönes da draußen und du kannst es nicht sehen, weil dir heute nicht danach ist oder die Fahrt zu lang ist. Aber es ist so viel wert.«

> Seien Sie sich bewusst, dass es verschiedene Arten von Geschichten oder Formen der Enthüllungen gibt, die Patienten mitteilen werden.

Es gibt im Wesentlichen drei Arten von Geschichten, die Patientinnen und Patienten erzählen: die »guten«, die »traurigen« und die von uns mittlerweile sogenannten »hässlichen« Geschichten. Die guten Geschichten sind wahrscheinlich die, die am einfachsten anzuhören sind und von denen wir intuitiv denken, es seien die Geschichten, die Patienten am liebsten erzählen. Es sind die Erzählungen, die vor allem einen Rückblick auf ein gut gelebtes Leben und einen Ausdruck der Dankbarkeit für die vielen Geschenke des Lebens vermitteln. Sie enthalten oft Bekundungen der Dankbarkeit gegenüber geliebten Menschen oder Beschreibungen darüber, wie bestimmte Personen ihr Leben bereichert haben. Patientinnen und Patienten besinnen sich häufig auf die Freude, die sie durch ihre Kinder, Enkelkinder und bestimmte Beziehungen erfahren haben. Oftmals hinterlassen sie spezielle Wünsche und Hoffnungen für diejenigen, die sie bald verlassen werden.

Eine Frau hinterließ ihrer neugeborenen Enkelin den folgenden Wunsch: »Ich kann ihr nur viel Freude und Gesundheit wünschen. Und dass ihr Liebe begegnet, wohin sie auch geht.« In Erwartung ihres baldigen Todes fügte sie noch Folgendes für ihre Töchter hinzu: »Ich hoffe, dass meine Familie einen guten, festen Glauben hat, denn ich denke, dies jetzt ist eine Zeit, in der man ihn wirklich braucht. Wir verstehen nicht immer, warum diese Sachen geschehen. Ich vermute, dass wir sie wahrscheinlich nie verstehen, aber ich denke, es ist immer sehr hilfreich, wenn Du einen Glauben hast. Dann kann man einfach mit allem fertig werden, was einem vorgesetzt wird. Und so wenig ich es auch selbst verstehe, bin ich mir sicher, dass sie daraus gut herauskommen werden, in dem Wissen, dass ich sie immer geliebt habe und sie mich geliebt haben. Ich denke, das ist das Wichtigste. Wir alle werden früher oder später jemanden verlieren. Aber Du weißt, Du hast immer die Andenken und die Erinnerungen an gute Zeiten. Damit kannst Du für den Rest Deines Lebens leben, weil Erinnerungen immer etwas ganz Besonderes sind. Und ich bin mir sicher, für sie wird es genauso sein. Am Anfang wird es schwer sein, aber die Zeit heilt alle Wunden. Und so wird es auch für sie sein.«

P. war ein 53-jähriger Mann, seit Kurzem verheiratet, ohne Kinder. Aufgrund seiner Krebserkrankung war eine Kehlkopfentfernung notwendig geworden, sodass er nicht mehr sprechen konnte. Daher benutzte er einen Laptop, um seine Antworten im Rahmen der Würdezentrierten Therapie aufzuschreiben.

INTERVIEWER: P., können Sie mir ein wenig aus Ihrem Leben erzählen, insbesondere von den Zeiten, die Sie am besten in Erinnerung haben oder die für Sie am wichtigsten sind?

P: Die wichtigsten Zeiten meines Lebens sind die, die ich mit meiner Frau verbracht habe, insbesondere die wundervollen Reisen, die wir zusammen unternommen haben. Unsere Beziehung entwickelte sich langsam über die Zeit und tatsächlich ist das eine meiner »Theorien«. Wenn Menschen Zeit miteinander verbringen, speziell Verheiratete, wachsen sie entweder zusammen oder leben sich auseinander. T. und ich kamen uns mit der Zeit immer näher, bis wir so vertraut miteinander wurden, zusätzlich zu unserer tiefen Liebe füreinander.

INTERVIEWER: Haben Sie Wünsche oder Hoffnungen für T.?

P: Ich wünsche T. eine nicht zu lang andauernde Zeit, in der sie durch meinen Verlust Schmerz empfindet und dass dieser sich mehr in liebevolle Erinnerungen als schmerzvolle Traurigkeit verwandelt. So wie sie jetzt bezüglich ihrer Eltern fühlt. Wann immer wir in den letzten Jahren über sie geredet haben, dann mit einem versonnenen Lächeln und der Erinnerung an gute Zeiten. Das ist es, was hoffentlich früher eintritt. Dazu noch einen schönen und zufriedenen Ruhestand, mit vielen Freunden und Familie, damit sie beschäftigt ist. Und einen Welpen.

Andere Patientinnen und Patienten werden die Würdezentrierte Therapie nutzen, um »traurige« Geschichten zu erzählen. Dies sind Geschichten, die an persönliche Tragödien oder Ungerechtigkeiten erinnern oder die schlicht Versäumnisse oder frühere Fehler aufzählen. Obwohl wir möglicherweise intuitiv davon ausgehen, dass das Erzählen dieser Geschichten kontraindiziert sei, verspüren Patienten gegen Ende ihres Lebens oftmals das Bedürfnis, »die Dinge ins rechte Licht zu rücken«, indem sie eine Erklärung für ihre Schwächen geben, Vergebung suchen oder, in einigen Fällen, um sich einfach zu entlasten. Eine Frau mit Darmkrebs im Endstadium hatte das Gefühl, bei der Pflege vernachlässigt worden zu sein. Sie erzählte von »schlechtem, unprofessionellem Verhalten« und dem Gefühl, dass sie schlecht behandelt worden sei und keinen mitmenschlichen Respekt bekommen habe. Mit dem Erzählen ihrer schwierigen Geschichte wollte sie andere warnen, dass »dies möglich sei« und es das Beste wäre, vorsichtig zu sein.

Ein Mann mit metastasiertem Lungenkrebs nutzte die Gelegenheit seiner Würdezentrierten Therapie, um sich an den Schock zu erinnern, als er im Alter von elf Jahren erfuhr, dass er adoptiert worden war. Im Verlauf seiner Sitzung erklärte er, wie diese Enthüllung zur Basis für ein Leben voller Selbsthass, Drogenmissbrauch und Schwierigkeiten im Aufrechterhalten sozialer Kontakte wurde: »Von diesem Moment an war mein Selbstwertgefühl an einem extremen Tiefpunkt. Ich hatte nicht das Gefühl, irgendwohin zu gehören, und ich schämte mich. Ich wollte nicht, dass mich jemand kennt. Ich fühlte mich wertlos und wie ein Geist in meinem eigenen Zuhause.«

Nur wenige Geschichten sind ausschließlich »gut« oder »traurig«. Das Generativitätsdokument dieses Mannes enthielt sicherlich beide Anteile. Nachdem er seine Frau kennengelernt hatte und zu den Anonymen Alkoholikern gegangen war, blieb er dreißig Jahre lang abstinent und übernahm die Verantwortung für seine persönlichen Fehler ebenso wie für seine Erfolge. Mit dem Erzählen seiner Geschichte und dabei über seine früheren Schwierigkeiten hinauswachsend, gelang es ihm, seine jetzige Krankheit in einen größeren Zusammenhang zu stellen: »Ich habe viele Verletzungen, Ängste, Qualen und Verwirrung erlebt, daher nutzte ich die Kraftquelle, die gleich hinter diesem Tränenschleier liegt. Ich bin sicher, dass es etwas jenseits dieses Lebens gibt. Ich bin sicher, es gibt da noch mehr. Tatsächlich glaube ich, dass das Bewusstsein von hier aus weitergeht. Was nun den großen Plan angeht, ist niemand jemals zu mir zurückgekommen, um davon zu berichten, aber ich bin sicher, dass er wundervoll ist.«

Therapeuten mögen sich dazu veranlasst sehen, Patienten davon abzuraten, ihre »traurigen« Geschichten zu erzählen.

Zum Beispiel begann ein älterer Herr mit fortgeschrittenem Lungenkrebs sein Interview mit der Aussage: »Nun ja, ich arbeitete etwa zwanzig Jahre im Norden; dort habe ich gelernt zu trinken.« Ein solcher Anfang könnte den Therapeuten dazu verleiten, den Patienten zu einem harmloseren oder »fröhlicheren« Inhalt zu dirigieren. Tatsächlich wurden in diesem Fall – er ereignete sich zu Beginn unserer Erfahrungen mit der Würdezentrierten Therapie – genau solche Manöver unternommen. Die Antworten des Patienten machten jedoch deutlich, dass er nicht daran interessiert war, seine Vergangenheit »schönzureden«. Seinen Antworten fehlte die Intensität und das Interview kam schnell zum Stillstand. »Ich erinnere mich nicht mehr wirklich an diese Dinge ... aber hier kommt, was ich sagen muss.« An diesem Punkt fuhr er mit der Aussprache dessen fort, was seiner ursprünglichen Absicht, an der Würdezentrierten Therapie teilzunehmen, entsprach. Obwohl er das Gefühl hatte, es sei zu spät, um Vergebung zu bitten, wollte er, dass seine Enkelkinder wüssten, wer er war, sodass sie klügere Entscheidungen treffen könnten, als er sie getroffen hat.

> Es ist wichtig, zu wissen, wie Sie mit den »hässlichen« Geschichten umgehen und wie Sie darauf reagieren.

Die wahrscheinlich schwierigsten Erzählungen, mit denen Therapeutinnen und Therapeuten konfrontiert werden können, sind die sogenannten »hässlichen« Geschichten. Diese Erzählungen werden deshalb so genannt, weil sie das Potenzial haben, die Empfänger des Generativitätsdokuments zu verletzen.

Eine Frau beschrieb beispielsweise eine langjährige, extrem konfliktreiche Beziehung zu ihrem Sohn. Trotz ihres rasch fortschreitenden Sterbeprozesses konnten sie viele der Konflikte, die zu der lang anhaltenden Distanz zwischen ihnen geführt hatten, nicht auflösen. An einem Punkt, ihre Hoffnungen für ihren Sohn beschreibend, führte sie aus: »Er ist ein Gammler und ein Schnorrer.«

Ohne Frage würde es für jedes Kind schwierig sein, diese harten Worte zu hören; wenn sie schriftlich Teil des Generativitätsdokuments sind, unwiderruflich Enttäuschung und ungelöste Konflikte bezeugen, können die psychischen Folgen verheerend sein.

Wir sind der Meinung, dass die Therapeutinnen und Therapeuten der Würdezentrierten Therapie die Verantwortung haben, mit diesen »hässlichen« Geschichten umzugehen, sowie die Verpflichtung, sowohl für die Patienten als auch für die Empfänger des Generativitätsdokuments zu sorgen. Vielleicht ist es hilfreich, sich das Ausmaß vorzustellen, bis zu dem Sie in der Patientenversorgung unter normalen Umständen dazu bereit wären, Informationen zu überbringen oder im Namen des Patienten mitzuteilen. Sollte die Bereitschaft, Mitteilungen der Patienten weiterzugeben, vom eigentlichen Inhalt dieser Mitteilungen unabhängig sein? Macht es einen Unterschied, Patienten darin zu unterstützen, liebevolle Botschaften an ihre Kinder zu übermitteln, im Gegensatz zur Aussprache von Enttäuschung oder gar einem Gefühl der Abscheu gegenüber einer bestimmten Person? Während Ersteres gänzlich unbedenklich und akzeptabel zu sein scheint, sollte Letzteres die Behandelnden innehalten lassen und ihnen Grund genug sein, sich von der Rolle des bereitwilligen Übermittlers zu distanzieren.

Das soll nicht heißen, dass Patientinnen und Patienten nicht die Freiheit haben, bezüglich ihrer Familie und Freunde jedes beliebige Thema anzusprechen; tatsächlich sollten sie aber dazu ermutigt werden, dies im *Hier und Jetzt* zu tun und nicht sozusagen aus dem Grab heraus. Im Gegensatz zu einem Gespräch in der Jetztzeit ermöglicht das Generativitätsdokument weder einen Dialog zwischen Patient und Empfänger, noch ist es unter diesen Umständen möglich, die verschiedenen Themen gemeinsam durchzugehen. Im Hier und Jetzt können selbst schwierige Gespräche mitunter heilend und kathartisch wirken oder eine Lösung fördern. Im Generativitätsdokument festgehalten, können Worte jedoch zu einer überdauernden Anklage, einem permanenten Tadel oder Angriff werden, gegen den keine Verteidigung oder Erwiderung möglich ist. Daher sehen wir es als Aufgabe der Therapeutin oder des Therapeuten an, den Patienten daran zu erinnern, dass seine Worte dokumentiert werden und, einmal übermittelt, eine bleibende Auswirkung haben könnten.

Als Reaktion gegenüber der sterbenden, wütenden, von ihrem Sohn entfremdeten Mutter könnte die Therapeutin eine Frage wählen wie: »Wenn dies die letzten Worte wären, die Sie Ihrem Sohn mitteilen könnten, sind dies die Worte, die Sie ihm hinterlassen möchten? Oder gibt es möglicherweise andere Worte, mit denen Sie von ihm in Erinnerung behalten werden wollen?« In diesem Beispiel fing die Mutter, die ihren Sohn zunächst beschimpft und ihn beschuldigt hatte, ein Gammler zu sein, zu weinen an und sagte, sie wolle ihm mitteilen, wie sehr sie ihn liebe, wie sehr sie sich wünsche, ihn zu umarmen, und fügte dann schließlich lachend hinzu: »Und dass er einen Job finden soll!«

Manchmal sind »hässliche« Geschichten eher subtil. Wenn Patientinnen und Patienten mit der Gesprächssituation vertraut sind, vergessen sie möglicherweise, dass ihre Worte aufgezeichnet werden und dass das, was sie sagen, ungeachtet des Editierprozesses, gelesen wird und Auswirkungen auf die Personen hat, denen sie das Dokument weitergeben möchten. Beispielsweise begann ein witzelnder Herr seine Gedanken über seine Frau mit einem »Blondinenwitz«. Die angemessene Reaktion des Therapeuten in dieser Situation war es, ihn zu fragen, ob er wirklich wünsche, dass dieser Witz Teil des Generativitätsdokuments sein soll. Glücklicherweise wollte er das nicht!

Therapeutinnen und Therapeuten für Würdezentrierte Therapie müssen aufmerksam auf Inhalte achten, die erheblichen Schaden anrichten können. Es wird immer eine Ermessensfrage sein, wann der Punkt erreicht ist, um einzugreifen. Dies lässt sich im Zweifelsfall leicht mit dem Patienten überprüfen: »Sie sprechen einige ziemlich kritische Aspekte bezüglich Ihrer/Ihres [Familienmitglied] an ... wie, denken Sie, werden sie sich fühlen, wenn sie das hören? Haben Sie das jemals zuvor mit ihnen besprochen? Könnten Sie sich vorstellen, dies von Angesicht zu Angesicht mit ihnen zu besprechen?« Es ist wichtig, dass eine derartige Nachfrage genau in diesem Moment erfolgt, da sich die Gelegenheit zur Klärung einer angemessenen Vorgehensweise aufgrund des schwachen Gesundheitszustands vieler Teilnehmender unter Umständen nicht wiederholen wird.

Helfen Sie den Patienten, die Einzelheiten ihrer Geschichten verständlich darzustellen.

Patientinnen und Patienten deuten in ihren Erzählungen häufig etwas an, ohne die notwendigen Details für die Verständlichkeit ihrer Aussage zu erzählen. Dadurch können ihre Schilderungen, außer für die Leser, die über ausreichende Hintergrundinformationen verfügen, recht unverständlich wirken. Der Therapeut, die Therapeutin muss eine aktivierende Rolle einnehmen, um genug Einzelheiten zu gewinnen, damit das Generativitätsdokument gut lesbar für die geliebten Menschen ist, die darin später Trost finden sollen. Vergessen Sie nicht, dass der Patient gegebenenfalls nicht die nötige mentale Fähigkeit oder Energie hat, um an kleine Ergänzungen zu denken, die unter anderen Umständen selbstverständlich erscheinen. Daher muss der Therapeut die Aufgabe übernehmen, die berichteten Sachverhalte nachzuvollziehen, und sicherstellen, dass die notwendigen Details erwähnt werden. In einem Fall sinnierte ein älterer Herr über die enge und herzliche Beziehung zu seiner Familie. Auch wenn er der Meinung war, sich im Laufe seines Lebens die Zeit genommen zu haben, seinen Angehörigen dieses Gefühl von Nähe und Vertrautheit mitzuteilen, wollte er, dessen ungeachtet, bestimmte Wünsche und Hoffnungen an seine Kinder und insbesondere seine Enkelkinder weitergeben. Er begann, über sie als »der Älteste meines Sohnes« und »die Jüngste meiner Tochter« zu sprechen. Seine engsten Familienmitglieder wären wahrscheinlich in der Lage, zu verstehen, wer damit gemeint war. Ihn trotzdem die Personen, über die er hier sprach, namentlich benennen zu lassen, brachte Klarheit in die Angelegenheit. Schließlich wurden die Namen nahtlos in das Manuskript eingewoben, sodass der Familie eine verständlichere und ansprechendere Niederschrift der letzten Worte ihres Vaters und Großvaters übergeben werden konnte. Mit dem Namen bezeichnet zu werden anstatt des eher beschreibenden Verweises in der dritten Person, den der Patient ursprünglich gewählt hatte, vermittelt darüber hinaus das Gefühl, eine Art Segnung erhalten zu haben.

Die zeitliche Abfolge ist ein weiterer Aspekt, der üblicherweise einiger Klärungen bedarf. Die Patientinnen und Patienten beginnen unter Umständen mit einer Erzählung, ohne sie in einen zeitlichen Rahmen einzubetten. Einfache Fragen wie »Wie alt waren Sie damals?« können die notwendige Erläuterung liefern und erleichtern es der Therapeutin oder dem Therapeuten, der Geschichte zu folgen und den Patienten sinngemäß zu führen, falls die Geschichte ins Stocken gerät.

Ein Mann mittleren Alters mit Lungenkrebs im Endstadium und einer verbleibenden Lebenszeit von nur wenigen Wochen erzählte beispielsweise eine komplexe Geschichte über seine Erfahrungen beim Militär. Sein Leben war eine Aneinanderreihung von Abenteuern, geprägt von Umzügen an mehrere exotische Orte rund um die Welt. Während seiner Erzählung vergaß er jedoch die nötigen Zeitangaben, wann dies alles geschah oder wie alt er bei den jeweiligen Ereignissen war. Die Frage nach diesen Angaben machte die Erzählung nicht nur besser nachvollziehbar, sondern führte den Therapeuten außerdem zur nächsten logischen Sequenz der Geschichte des Patienten. Seine letzte Stationierung war zum Beispiel an der Ostküste Kanadas. Dieses Wissen leitete folgerichtig zu der Frage über, wie er letztlich in die Stadt gekommen sei, in der er nun im Krankenhaus lag. Das führte wiederum zu einigen wichtigen Zusammenhängen zwischen dem Umgang mit seiner Erkrankung und seiner Rückkehr an einen Ort, an dem er das Gefühl hatte, die für ihn bestmögliche Versorgung und familiäre Unterstützung bekommen zu können.

Vermutlich ist der häufigste Mangel an Verständlichkeit, mit dem man in der Würdezentrierten Therapie zu tun hat, schlichtweg der Mangel an Einzelheiten. Bedenken Sie nochmals, dass die Patientinnen und Patienten krank sind und ihnen, ganz gleich wie motiviert sie sind, die erforderliche Energie fehlen kann, um ein sinnvoll zusammenhängendes Dokument zu erstellen, das ihre Geschichte erzählt oder in ihrem Namen für sie spricht, wenn sie selbst dazu nicht mehr in der Lage sein werden. Das ist erneut der Punkt, an dem die Fähigkeiten der Therapeutinnen und Therapeuten entscheidend sind.

Eine schwerstkranke Frau, die, wie sich herausstellte, nur noch wenige Tage zu leben hatte, teilte nur mit, dass sie ihre Tochter liebe und es »wenig mehr zu sagen« gebe. Wenngleich dies eine sehr klare Botschaft war, so war sie dennoch rätselhaft. In einem solchen Fall muss die Therapeutin oder der Therapeut versuchen, sich in die Lage der Patientin hineinzuversetzen, und sich fragen: »Wenn ich die Geschichte meines Kindes zu erzählen hätte oder zu entscheiden hätte, welche letzte Botschaft ich an mein Kind richte, wo würde ich anfangen? Über welche Dinge würde ich berichten wollen und was würde ich nicht unausgesprochen lassen wollen?« Diese Fragen vor Augen, bat die Therapeutin die Patientin darum, ihr etwas über ihre Tochter zu erzählen. Auch wenn dies einige Einzelheiten aufdeckte, wie den Namen und das Alter der Tochter und auf welche Schule sie gerade ging, beendete die Patientin ihre Antwort schnell mit der Bemerkung, wie »stolz« sie auf ihre Tochter sei. »Worauf sind Sie am meisten stolz?«, fragte die Therapeutin. Die Antwort der Patientin war erneut allgemein gehalten. Sie sprach davon, wie klug und begabt ihre Tochter schon immer gewesen sei. An dieser Stelle bat die Therapeutin die Patientin darum, ihr ein genaueres Bild dessen zu zeichnen, was sie meinte: »Wenn Sie an Ihre Tochter denken und Ihre Gefühle des Stolzes, erzählen Sie mir von ein oder zwei Bildern, die Sie dann vor Augen haben.« In diesem Beispiel erinnerte sich die Patientin spontan daran, wie ihre Tochter im Alter von vier Jahren »bei einem Festumzug vor ihrer Klasse stand … in einem grün-gelben Kleid«.

Die Patientinnen und Patienten zu ermutigen, mehr Einzelheiten zu erzählen, bringt diese häufig dazu, sich an weitere bedeutsame Aspekte zu erinnern. Hier sprach die Patientin darüber, wie intelligent ihre Tochter schon immer gewesen sei, mit drei Jahren lesen gelernt habe, Klavierunterricht genommen und ihren Eltern und Großeltern vorgespielt habe. Sie sprach auch über den Wunsch, ihre Tochter vor einer Welt zu schützen, die allzu schnell wettbewerbsorientiert sei – einer Welt, in der Eifersucht Beziehungen vergiften könne. Sie schloss mit der Bemerkung, dass sie über die bis hierher getroffenen elterlichen Entscheidungen froh sei, durch die ihre Tochter zu einer bemerkenswerten jungen Frau herangewachsen sei.

Es ist für Patientinnen und Patienten einfach, sich hinter Verallgemeinerungen zu verstecken, nicht weil dies ihre Absicht ist, sondern weil es weniger Nachdenken und Energie erfordert, wenn man vage bleiben kann, statt spezifische Einzelheiten auszuführen, die ihre Worte und Erinnerungen lebendig werden lassen.

Frau L. war eine erfolgreiche Geschäftsfrau, die aus sehr ärmlichen Verhältnissen kam. Sie beschrieb, wie wenig Geld ihr und ihrer Familie zur Verfügung stand, während sie sich abmühte, in der Bekleidungsindustrie zu lernen. In ihrer Therapie erzählte sie von dem Moment, als sie es sich zum ersten Mal leisten konnte, ein Kleid zu kaufen, an dessen Herstellung sie selbst beteiligt war. Der Therapeut spürte, dass dies ein bedeutungsvolles Ereignis war, und bat sie, das Kleid zu beschreiben. Mit Tränen in den Augen erinnerte sie sich an »ein Paisleymuster, und es hatte einen kleinen Kragen. Es hatte lange Ärmel, Schattierungen in Braun und Grün, einen Gürtel aus Kunstleder und eine kleine Schleife vorne«. Sie fuhr fort zu erzählen, wie sie das Kleid getragen hatte, »mit Stolz, weil ich es bezahlt habe und weil ich daran mitgearbeitet habe. Von da an trug ich alles mit Stolz, was ich in der Fabrik hergestellt hatte«.

Dieses Gefühl von Leistung und Selbstständigkeit war fundamentaler Bestandteil der Geschichte und der Identität dieser Patientin. Als Reaktion auf die Frage nach mehr Details zu einem scheinbar unbedeutenden Ereignis war sie in der Lage, Gefühle von Stolz auszudrücken; Gefühle, die ihr Selbstbild definierten und die Grundlage ihrer Stärke waren, die sie durch ihr langes, von Freude und Verlust geprägtes Leben getragen hatte.

> Den Gefühlen der Patientinnen und Patienten zu folgen, ist eine Möglichkeit, die Bereiche zu identifizieren, die in die Würdezentrierte Therapie mit einbezogen werden sollten.

Im Versuch, die Anschaulichkeit zu steigern, riskiert der Therapeut, dass das Interview gekünstelt wirkt und sich in zu vielen Einzelheiten verliert. Während der gesamten Zeit werden die klinische Begutachtung und die Erfahrung den Therapeuten bei der Entscheidung, wann nach Ergänzungen zu bestimmten Gedanken oder Ereignissen gesucht und wann zum nächsten Thema übergegangen werden sollte, leiten müssen. Erfahrungsgemäß ist es für den Therapeuten ratsam, den Gefühlen und der emotionalen Energie des Patienten zu folgen, um diese Momententscheidungen klug treffen zu können.

Beispielsweise wurde eine ältere Frau in der Eröffnungsfrage gebeten, ihre Kindheit zu beschreiben. Obwohl sie einige Einzelheiten dazu beschrieb, wo sie geboren worden war, tat sie dies offensichtlich ohne besonderen Enthusiasmus oder Energie. Zur Erinnerung: Die Würdezentrierte Therapie ist nicht notwendigerweise eine Biografie, und nicht jeder Patient, wie das Beispiel dieser Frau illustriert, hat das Bedürfnis oder den Wunsch, über die eigene Lebensgeschichte zu sprechen.

Die einzigen Momente im Verlauf des Interviews, in denen sie mit echten Gefühlsregungen und emotionaler Energie sprach, waren die, in denen sie ihr Bedauern über ihre begangenen Fehler zum Ausdruck bringen konnte. Hier den Emotionen zu folgen, hieß, auf die Nacherzählung ihrer Lebensgeschichte zu verzichten und ihr zu erlauben, das Dokument für diejenigen, die sie glaubte, enttäuscht und im Stich gelassen zu haben, am Ende ihres Lebens als Entschuldigung zu gestalten.

Manchmal werden die Entscheidungshilfen dazu, wo nach mehr Einzelheiten gefragt werden sollte, weniger offensichtlich sein und die Therapeutin oder der Therapeut wird der eigenen Intuition trauen müssen.

Zum Beispiel erinnerte sich ein Patient an seine frühen Teenagerjahre. Er beschrieb ausführlich, wo er aufwuchs, zur Schule ging und wie sich sein soziales Umfeld entwickelte. Dann begann er zu beschreiben, erneut ziemlich allgemein gehalten, wie er die Sommerferien verbrachte. Der emotionalen Energie dieser Sitzung folgend, fragte ihn die Therapeutin, ob er sich an eine ganz bestimmte Szene dieses Sommers erinnern und diese beschreiben könne. Der Patient erinnerte sich nur allzu gern daran, »mit dem Fahrrad raus aufs Land gefahren zu sein, mit einer Stange, um Fische zu fangen, wenige Meilen vom Haus entfernt. In jenen Tagen nahmen Jungs kein Sixpack Bier mit, aber ein Fünferpack Woodbine-Zigaretten, das war wirklich gewagt«. Das offensichtliche Vergnügen beim Erzählen dieser Episode brachte ihn auf eine andere Sommererinnerung: »Ich liebte es, in der Schule schwimmen zu gehen, und es war nicht so weit von unserem Haus entfernt. Es gab ein funkelnagelneues Schwimmbecken in der Nähe unseres Hauses. Ich sehe es jetzt genau vor mir; ich kann all die Rufe und das Kreischen hören. Wir sind hineingesprungen und geschwommen und danach nach Hause gegangen, zu einem guten Sonntagsfrühstück.« Den Erinnerungen an diese glücklichen Sommertage folgten Erinnerungen an das Internat und schließlich an den Eintritt in die Armee.

> Setzen Sie wesentliche Impulse im Interview und maximieren Sie die Offenheit mit minimalem Energieaufwand.

Der emotionalen Energie oder den Gefühlen zu folgen, die Fotoalbum-Metapher zu verwenden oder auf andere Art und Weise detailreiche Erinnerungen hervorzurufen, hilft, im Interview wichtige Impulse zu setzen. Ohne Eigendynamik wird sich das Interview sowohl für den Patienten als auch für den Therapeuten mühselig und schwerfällig anfühlen. Der Patient wird das Gefühl haben, dass jeder einzelne Gedanke ohne Zusammenhang mit dem zuvor mitgeteilten Gedanken abgerufen werden muss, was den Erzählprozess belastend macht und in einigen Fällen sogar behindert. Der Therapeut wird zudem äußerst schwer daran arbeiten müssen, dem Patienten zu helfen, inhaltlich aufeinanderfolgende Bereiche zu erkennen und zu explorieren.

Beispielsweise hatte ein schwerstkranker älterer Herr offenbar nur sehr wenig Kraftreserven für die Durchführung der Würdezentrierten Therapie. Trotzdem signalisierte er, es ausprobieren zu wollen. Kraftlosigkeit, ausgeprägte Müdigkeit und leichte, intermittierende Vergesslichkeit gestalteten es schwierig, wenn auch nicht unmöglich, diese Aufgabe zu vollenden. In einigen Teilen des Interviews musste der Therapeut jede Frage strukturieren, um jeweils eher kurze Antworten zu erhalten:

»Wo sind Sie aufgewachsen?«
»Auf einer Farm.«
»Woran erinnern Sie sich auf der Farm?«
»Einige Pferde und Kühe.«
»Und wofür haben Sie die Pferde gebraucht?«
»Für alles auf der Farm, pflügen und anbauen, was auch immer.«

Angesichts dieser kurzen Antworten war es offensichtlich, dass der Patient wenig begeistert davon war, diese Informationen mitzuteilen, sodass die Aufgabe, sie zu explorieren, mühsam und schwer wurde. Im Verlauf stellte sich heraus, dass es nicht die Erinnerungen an seine Kindheit waren, warum er an der Therapie teilnehmen wollte. Er war ohne Weiteres in der Lage, über seine Eheprobleme, die nachfolgende Scheidung und den Zusammenbruch seines zuvor fröhlichen Lebens zu berichten. Er hatte das Gefühl, das Dokument könne als Anlass dienen, sich bei seiner Exfrau für all seine Fehltritte zu entschuldigen, und eine Art Erklärung für ihre zwei mittlerweile erwachsenen Kinder sein. Diesen bedeutsamen Punkt in der Erzählung des Patienten anzustoßen, verlieh dem Interview ein Maß an Eigendynamik, das es dem Therapeuten ermöglichte, bei dem Patienten zu sitzen, zuzuhören und einen wertfreien, sicheren Raum für das Erzählen dieser Geschichte zu schaffen.

> Erzielen Sie eine angemessene Balance zwischen dem Angebot an offenen Fragen und dem Festlegen einer Struktur.

Im Allgemeinen gilt, je desorganisierter und müder die Patientin oder der Patient, desto strukturierter muss die Therapie sein. Das Interview auf eine Reihe von kurzen Fragen und Antworten zu reduzieren ist das Höchstmaß an Struktur und sollte nur dann in Betracht gezogen werden, wenn es notwendig ist. Obwohl es nachvollziehbar ist, die Therapie auf diese Weise durchzuführen, deutet dieses Maß an Struktur darauf hin, dass der Patient entweder zu ambivalent oder schlichtweg zu krank ist, um an der Würdezentrierten Therapie teilzunehmen. Im idealen Ablauf eines Interviews wird dem Patienten eine Frage gestellt, die offen genug ist, um eine berührende und lebhafte Antwort hervorzurufen. Wenn die Themen für den Patienten eine wichtige Rolle spielen, wird das Interview meist mühelos fließen; wenn die Themen oder Fragen dem Patienten nichts bedeuten, wird das Interview nur schleppend weitergehen oder geradewegs zum Stillstand kommen.

Ein sechzig Jahre alter Patient, der an metastasiertem Lungenkrebs verstarb, blieb in der Erzählung verschiedener Episoden seines Lebens sehr zurückhaltend und die Therapeutin bekam das Gefühl, in eine Reihe von Sackgassen zu laufen. Als jedoch das Thema Kindheit zur Sprache kam, ging der Patient intensiv darauf ein und beschrieb, wie ein chaotischer Familienalltag seine Identität zutiefst geprägt hatte, die schließlich in einer chronischen Instabilität mündete. Er sprach ausführlich über diese entscheidenden Lebensjahre, schilderte spontan und mit intensiven Gefühlen umfangreiche Einzelheiten. Nachdem er seine Erzählung beendet hatte, bemerkte die Therapeutin: »Sie haben mir so viel über Ihre frühen Lebensjahre erzählt, aber nicht viel über die letzten dreißig Jahre. Wenn Sie noch mal auf die letzten dreißig Jahre zurückblicken, gibt es da spezielle Abschnitte oder Momente, über die Sie noch sprechen möchten?« Darauf antwortete der Patient: »Nicht wirklich.«

Offensichtlich war das adäquate therapeutische Vorgehen hier nicht der Versuch, mehr biografische Informationen zu erbitten, sondern vielmehr im Dialog andere Bereiche herauszufinden, auf die sich der Patient möglicherweise wieder engagiert einlassen könnte.

Eine andere Möglichkeit, entscheidende Momente ausfindig zu machen, ist ein zunächst offener Beginn, um sich anschließend mehr auf Einzelheiten zu fokussieren. Gerade die offenen Fragen ermöglichen der Patientin oder dem Patienten ein breites Spektrum an Antworten. Beispiele hierzu sind: »Erzählen Sie mir mehr über die Zeiten Ihres Lebens, von denen Sie sagen würden, dass sie am erinnerungswürdigsten sind; auf welche Ihrer Leistungen sind Sie besonders stolz? Was hat das Leben Sie gelehrt, das Sie Ihren Angehörigen weitergeben möchten?« Beachten Sie, dass der Patient frei entscheidet, wohin er seine Antworten lenken möchte. Abhängig von den Energiereserven des Patienten und seinem Engagement im therapeutischen Prozess erfordern diese offenen Fragen gegebenenfalls nur wenig zusätzliche Ermutigungen, um zu einem gehaltvollen Generativitätsdokument zu führen. In den meisten Fällen werden die Patienten jedoch einige Anregungen benötigen, da ihre Konzentration oder Energie nachlässt. Wenn das so ist, sollte der Therapeut mit Fragen nach »Details« nachhaken. Statt simple Fragen zu stellen, die wahrscheinlich sehr eingeschränkte Antworten hervorrufen (»Waren Sie glücklich? Hatten Sie Spaß? War es erfüllend?«), sollten Nachfragen die Patientinnen und Patienten dazu einladen, ihre Antworten auf die offenen Fragen um weiterführende Details zu ergänzen. Gelegentlich kann sich die Fotoalbum-Metapher als hilfreich erweisen: »Stellen Sie sich vor, Sie und ich blättern durch ein Fotoalbum Ihres Lebens. Erzählen Sie mir so ausführlich wie möglich etwas über einige der Bilder, die wir sehen können.« Diese Fotoalbum-Metapher kann in Abhängigkeit von der Entwicklung und dem Fluss des Interviews auch verändert werden.

Zum Beispiel sprach ein äußerst erfolgreicher Geschäftsmann darüber, wie stolz er auf seine Kinder war, viel mehr als auf seine verschiedenen geschäftlichen Verdienste. Danach gefragt, was ihn so stolz auf seine Kinder sein lasse, fielen seine Antworten eher kurz aus und es fehlte an Einzelheiten: »Sie sind so wunderbare Menschen und haben sich so gut entwickelt.« Daraufhin stellte ihm der Therapeut die folgende Frage: »Wenn wir uns ein Fotoalbum von Ihnen und Ihren Kindern ansehen würden, könnten Sie mir ein oder zwei Fotos beschreiben, von denen Sie möchten, dass ich sie unbedingt sehe?« Der Patient beschrieb eine Zeit, in der er seine Tochter ins Krankenhaus brachte, nachdem sie sich den Arm gebrochen hatte, und die liebevolle Fürsorge, die er und seine Frau danach aufbrachten, um sie zu trösten. Er erinnerte sich auch an einen besonderen Golfausflug mit seinem Sohn und die Begeisterung, die sie gemeinsam dabei teilten.

Die Nachfrage nach weiteren Einzelheiten ist manchmal alles, was notwendig ist. Dabei ist es am besten, dies mit offenen Fragen zu tun statt mit Fragen, die wahrscheinlich eher kurze oder eingeschränkte Antworten hervorbringen.

Ein älterer Herr betonte, wie wichtig seine Karriere als »Zeitungsmensch« war. Im weiteren Gespräch reflektierte er jedoch, wie dürftig die Zeitungen von heute ihr Metier im Vergleich zu seiner Zeit beherrschten. Statt das Gespräch allgemein und distanziert zu halten, lud der Therapeut den Patienten mit folgender Frage zu sehr persönlichen Antworten ein: »Wenn Sie auf Ihre Karriere als Journalist zurückblicken, gibt es bestimmte Momente oder Meilensteine oder besondere Erfolge, an die Sie sich erinnern?« Die Frage ist breit angelegt, fragt den Patienten dabei aber nach den Einzelheiten, die den generellen Bericht über die Wichtigkeit seiner Karriere als Journalist bereichern. In seiner faszinierenden Antwort erinnerte sich der Patient daran, auf der Titelseite über die »Superbombe« in Hiroshima berichtet zu haben und den konkurrierenden Zeitungen damit zuvorgekommen zu sein, die völlig überrascht davon »die Geschichte auf Seite 34 brachten!«. Von diesem Augenblick und der Intensität der Erinnerungen ergriffen, erinnerte er sich noch an weitere entscheidende Momente seiner langen und illustren Karriere:

»Ich hatte eine Verabredung zu einem Abendessen mit Präsident Johnson im Weißen Haus. Wie viele Leute haben das? Es machte sehr viel Spaß und die interessanteste Sache war das Geschirr. Jeder Präsident hat sein eigenes Geschirrservice. Ich fand das und das Marineorchester am interessantesten. Dann bin ich nach London rüber, zu einer Gartenparty im Buckingham-Palast. Dann bin ich nach Rom und traf Papst Johannes XXIII. Mein Job eröffnete mir all diese Möglichkeiten. Wann immer ich nach Ottawa kam, rief mich John Diefenbaker an und schlug vor, ich solle zum Frühstück vorbeikommen. Er war ein seltsamer Mann und ein wunderbarer Geschichtenerzähler. Einmal aß ich mit Trudeau zu Abend; ein unzugänglicher Mann, gleichzeitig ein brillanter Mann. Ich erinnere mich noch daran, wie er zum Vorsitzenden der Liberalen Partei gewählt wurde. Ich saß unten, ihm direkt gegenüber. Als die Wahl verkündet wurde, ich weiß nicht, ob jemand irgendwelche Lichter angeschaltet hatte oder was, aber seine Augen leuchteten auf, als leuchteten zwei Glühbirnen darin. Ich werde mich immer daran erinnern. Ich erinnere mich auch an einen anderen Kandidaten für den Parteivorsitz, der im Gang unter dem Podium wartete. Ich ging an ihm vorbei und er übte seine Dankesrede. Er kam nicht dazu, sie zu halten. Also, ich würde sagen, es war ein großartiges Leben.«

> Zeigen Sie Verständnis dafür, dass es Geschichten gibt, die zu schmerzhaft sind, um sie zu erzählen. Geben Sie Patienten das Recht, Erinnerungen zurückzuhalten, die dazu führen könnten, sich schutzlos zu fühlen.

Den Gefühlen oder emotionalen Schwingungen während der Therapiesitzung zu folgen kann manchmal Themen oder Erinnerungen hervorbringen, die der Patient als zu traurig oder belastend empfindet, um sie zu erzählen. Ambivalenz, Konflikte, Tragödien charakterisieren möglicherweise entscheidende Ereignisse im Leben eines Patienten und sind für ihn noch heute zu beängstigende Aufgaben, um sie anzugehen, daher bleiben sie unerwähnt. Manche Formen der Psychotherapie versuchen, die Patientinnen und Patienten durch ihre konflikthaften Gefühle zu leiten, oder bieten Interpretationen für diesen scheinbaren Widerstand; die Würdezentrierte Therapie versucht weder das eine noch das andere. Der Therapeut muss die gesunden Abwehrmechanismen der Patienten respektieren, auch wenn dies verhindert, sich mit besonderen, grundlegenden Themen zu beschäftigen.

Eine ältere Patientin beschrieb die enge Beziehung zu ihrem verstorbenen Ehemann so: »Mein Mann war ein Gentleman. Er war ein sehr, sehr liebenswürdiger Mensch. Und seine Tochter hat ihn über alles geliebt. Wenn er vor ihr gestorben wäre, wäre sie gestorben. So sehr haben sie sich geliebt. Unglücklicherweise starb sie vor ihm … aber darüber möchte ich nicht sprechen.« An dieser Stelle war die angemessene Antwort der Therapeutin: »Ich möchte, dass Sie sich frei fühlen, über die Dinge zu sprechen, über die Sie sprechen wollen, und nicht über Dinge, die Sie lieber unausgesprochen lassen.« Später im weiteren Verlauf des Interviews zeigte die Patientin auf ein Foto ihrer Tochter auf dem Nachttisch und sagte: »Es gibt bestimmte Bilder von ihr, da macht es mir nichts aus, sie anzusehen. Wie dieses Bild da mit mir in fröhlichen Zeiten.« Sie fuhr mit der Erzählung über den Universitätsabschluss ihrer Tochter fort und wie sie eben dieses bestimmte Abschlussfoto von ihr zusammen mit einer Rose geschenkt bekommen hatte. »Sie war eine so wundervolle, wunderbare Person. Manche Leute sind ihren Kindern nicht dankbar, aber ich bin für jede einzelne Kleinigkeit, die sie für mich getan hat, dankbar.« Auch wenn sie für sich entschied, die Umstände des Todes ihrer Tochter nicht direkt zu thematisieren, war sie dazu in der Lage, verschiedene herzliche Anekdoten einfließen zu lassen und unerschütterliche Gefühle der Liebe zu ihr auszudrücken, während sie sich selbst auf den Tod vorbereitete.

> Vermitteln Sie den Patientinnen und Patienten: »Jetzt ist die Zeit!«

Für jeden von uns ist es schwer vorstellbar, nicht zu existieren. Selbst Patienten, die dem Tod bereits nahe sind, überschätzen häufig die ihnen verbleibende Zeit. Es ist fast so, als ob die Erwartung eines neuen Morgens Teil des menschlichen Daseins ist und selbst dann erhalten bleibt, wenn diese neuen Morgen gezählt sind. In dieser Erwartung weiterer Gelegenheiten kann es sein, dass Patientinnen und Patienten es schier aufschieben, bestimmte Dinge zu sagen.

Sylvia war eine 21-jährige junge Frau mit Leukämie im Endstadium. Die Krankheit wurden gegen Ende ihrer Teenagerzeit diagnostiziert, sie erhielt eine aggressive Therapie einschließlich Knochenmarktransplantation, trotzdem kam es zu einem Rückfall. Sie war auf Transfusionen angewiesen und die kurativen Optionen waren schnell erschöpft. Im Verlauf ihrer Würdezentrierten Therapie drückte sie Bedauern darüber aus, was sie aller Wahrscheinlichkeit nach nie mehr würde tun oder sagen können. Die Therapeutin erwiderte: »Wenn dies hier Ihre letzte Chance wäre, all das zu sagen, was ausgesprochen werden sollte, was würden Sie sagen und zu wem?« Dies war ein behutsamer Weg, zu sagen: »Jetzt ist die Zeit!« Die Patientin reagierte darauf mit der Mitteilung an ihren Bruder, sich nicht voreilig in eine Ehe zu stürzen, insbesondere dann nicht, wenn der Grund dafür die Sorge sei, dass sie nicht mehr lange genug lebe, um an der Hochzeit teilnehmen zu können. Zudem wünschte sie sich für ihre Familie, dass sie lernte, miteinander zurechtzukommen und keinen Groll gegeneinander zu hegen. Ihrer Schwester sagte sie, dass sie nach ihrem Tod wahrscheinlich ihre Rolle als Vermittlerin innerhalb der Familie übernehmen würde und lernen müsse, mehr Vertrauen in ihre eigenen Entscheidungen und Urteile zu haben.

Die Würdezentrierte Therapie eröffnet Patientinnen und Patienten die Möglichkeit, die Dinge zu sagen, die sie nicht unausgesprochen lassen möchten. Sie daran zu erinnern, behutsam und sanft, erlaubt es ihnen, diese Gelegenheit in vollem Ausmaß zu nutzen.

> Passen Sie das Tempo der Würdezentrierten Therapie den Bedürfnissen und Fähigkeiten der Patientinnen und Patienten an.

Wie in allen Bereichen der Würdezentrierten Therapie sind die wichtigsten Einflussfaktoren auf die Anzahl und Dauer der Sitzungen der allgemeine Gesundheitszustand, die Kraft und kognitive Leistungsfähigkeit der Patienten. Wenn Patienten sich dem Ende ihres Lebens nähern, nehmen die physische Energie und das Denkvermögen wechselhaft zu und ab. Es ist im Wesentlichen die Aufgabe der Therapeutin oder des Therapeuten, die Zeit im Auge zu behalten und den Grad der Erschöpfung sowie die mentale Verfassung der Patienten einzuschätzen. Hin und wieder wird es Patientinnen und Patienten geben, die Sie überraschen und durch ihre Bemühungen die anfänglichen Erwartungen weit übertreffen.

Eine Patientin schien aufgrund von abdominellen Beschwerden durch ihre weit fortgeschrittene Darmkrebserkrankung Schwierigkeiten zu haben, eine für sie angenehme Position zu finden. Und dennoch: Sobald die Aufnahme begann, beschrieb sie im Verlauf von fast einer Stunde ihre chaotische Erziehung und wie sie schließlich von einem »Schutzengel« unter die Fittiche genommen wurde, was ihrem Leben eine neue Richtung gegeben hatte.

Man erleichtert sich das Zeitmanagement, wenn man sich das Interview gedanklich in zwei Hauptbestandteile einteilt. Der erste Teil ist eher biografisch und an die Lebensgeschichte erinnernd – genauer gesagt, an einzelne Episoden der

Lebensgeschichte –, hervorgerufen durch die ersten Fragen des Fragenkatalogs der Würdezentrierten Therapie:

- Erzählen Sie mir ein wenig aus Ihrer Lebensgeschichte; insbesondere über die Zeiten, die Sie am besten in Erinnerung haben oder die für Sie am wichtigsten sind.
- Wann haben Sie sich besonders lebendig gefühlt?
- Gibt es etwas Besonderes, das Sie Ihrer Familie über sich mitteilen wollen?
- Gibt es bestimmte Dinge, die Ihre Familie von Ihnen in Erinnerung behalten soll?
- Was sind die wichtigsten Aufgabenbereiche, die Sie in Ihrem Leben eingenommen haben (Rollen in der Familie, im Beruf, im Sozialleben etc.)?
- Warum waren Ihnen diese Aufgaben wichtig und was haben Sie Ihrer Meinung nach darin erreicht?
- Was sind Ihre wichtigsten Leistungen; worauf sind Sie besonders stolz?

Häufig werden im Kontext der ersten Frage bereits viele Aspekte der verbleibenden biografischen Fragen angesprochen, beispielsweise was die Patienten ihrer Familie noch über sich mitteilen wollen, welche Rollen sie für wichtig erachten oder auf welche Leistungen sie stolz sind. Wann immer Zweifel aufkommen, kann der Therapeut den Patienten fragen, ob dieser noch etwas zu einem bestimmten Thema, einem Ereignis oder einer Erinnerung ergänzen möchte. Dennoch sollte der Therapeut versuchen, im Verlauf der Sitzung frühzeitig, in der Regel innerhalb der ersten zwanzig Minuten, einzuschätzen, ob das Interview während einer Sitzung fertiggestellt werden kann. Diese Entscheidung sollte anhand der vom Patienten gezeigten Bereitschaft bei der Beantwortung der Fragen und seines Gesundheitszustands getroffen werden. Sollte der Therapeut feststellen, dass der Patient in der Lage ist, die Aufgabe zu erfüllen und Antworten geben kann, die inhaltsreich und detailliert beschreibend sind, kann die gesamte erste Sitzung dazu genutzt werden, sich in einer eher gemächlichen Rekonstruktion seiner Geschichte auf biografische Inhalte zu konzentrieren. Für die verbleibenden Fragen der Würdezentrierten Therapie wäre dann eine zweite Sitzung anzusetzen. Der Therapeut oder die Therapeutin muss eine solche Strategie im Rahmen der Würdezentrierten Therapie jedoch mit Bedacht wählen, da sich der gesundheitliche Zustand der Patienten sehr schnell verschlechtern kann, was eine unvollständige Therapie zur Folge haben könnte.

Angesichts des desolaten Gesundheitszustands der meisten Patientinnen und Patienten, die bisher an der Würdezentrierten Therapie teilgenommen haben, ist der Zeitrahmen von einer Sitzung mit Abstand das üblichere Szenario. Gehen Sie daher achtsam mit der Zeiteinteilung und dem begrenzten Zeitrahmen um,

sodass Sie dem zweiten Teil der Fragen der Würdezentrierten Therapie, die häufig emotional herausfordernder sind, ausreichend Zeit widmen können:
- Gibt es etwas, von dem Sie merken, dass es gegenüber Ihren Lieben noch ausgesprochen werden will?
- Oder etwas, das Sie gern noch einmal sagen möchten?
- Was sind Ihre Hoffnungen und Wünsche für die Menschen, die Ihnen am Herzen liegen?
- Was haben Sie über das Leben gelernt, das Sie gern an andere weitergeben möchten?
- Welchen Rat oder welche Worte, die Ihre/-n ... (Tochter, Sohn, Ehemann, Ehefrau, Eltern, andere Menschen) leiten können, würden Sie gern weitergeben?
- Gibt es konkrete Empfehlungen, die Sie Ihrer Familie mitgeben möchten, um sie für die Zukunft vorzubereiten?

Diese Fragen sind fast immer emotional bewegend und rufen häufig ergreifende, nachdenkliche und zutiefst bedeutsame Antworten hervor. Man wird die Würdezentrierte Therapie nicht anbieten wollen, ohne den Teilnehmenden die Möglichkeit zu geben, auf die Fragen in der zweiten Hälfte des Fragenkatalogs der Würdezentrierten Therapie einzugehen. Um dies im Zeitrahmen von etwa einer Stunde zu ermöglichen, müssen die Therapeuten den Zeitrahmen entsprechend einschätzen und das Tempo des Interviews daran anpassen.

> Bevor Sie das Aufnahmegerät ausschalten, geben Sie dem Patienten immer die Gelegenheit zur Formulierung abschließender Worte.

Für die meisten Patienten ist eine aufgezeichnete Sitzung, gelegentlich zwei, ausreichend und realistisch. Bedenken Sie, dass jede Würdezentrierte Therapie vier oder mehr Patientenkontakte erfordert (einschließlich der aufgezeichneten Sitzung). Setzen Sie es sich zum Ziel, alle Patientenkontakte innerhalb einer Woche abzuschließen. Das erste Treffen dauert in der Regel zwanzig Minuten und soll dazu dienen, die Intervention zu erklären, einige Hintergrundinformationen zu eruieren (den »Rahmen« der Würdezentrierten Therapie abzustecken) und die Therapie an sich zu planen (Themen und Inhalte zu identifizieren, die der Patient besprechen möchte).

Der zweite Kontakt ist die aufgezeichnete Interviewsitzung, die für gewöhnlich eine Stunde dauert. Abhängig von den Kraftreserven und der Bereitschaft des Patienten oder der Patientin kann ein zusätzlicher Termin vereinbart werden, um möglicherweise offen gebliebene Fragen zu beantworten. Bevor Sie das

Aufnahmegerät ausstellen, empfiehlt es sich im Rahmen der guten klinischen Praxis, dem Patienten die Gelegenheit zu abschließenden Worten zu geben: »Gibt es speziell für dieses Dokument noch etwas, das Sie hier mit aufnehmen wollen?« Nicht selten ruft der Gedanke, dass dies, zumindest in diesem speziellen Moment, die letzte Chance ist, bestimmte Gedanken zum Ausdruck zu bringen, ein ganz neues Thema hervor oder die Patienten betonen nochmals etwas bereits Gesagtes, um es zu unterstreichen oder hervorzuheben.

Gegen Ende der Interviewsitzung der Würdezentrierten Therapie sollte der Therapeut das Gefühl haben, dass die Patientinnen und Patienten jede Möglichkeit hatten, ihre Gedanken in Worte zu fassen, ihre Geschichten zu erzählen und all das zu sagen, was unter den gegebenen Umständen gesagt werden musste. Es ist wirklich erstaunlich, wie viel in einer einzigen Sitzung abgedeckt werden kann. Nebenbei bemerkt, wenn ich die Würdezentrierte Therapie lehre, führe ich in Anwesenheit der Auszubildenden entweder mit einem Patienten oder einem Simulationspatienten ein reales Interview durch. Im Anschluss an diese Demonstrationen frage ich oft: »Wie viele von Ihnen haben das Gefühl, den Kern der Persönlichkeit dieses Menschen hier zu kennen?« Es ist beeindruckend und ermutigend zu sehen, wie sich der Raum mit sich hebenden Händen füllt. Eine erfolgreiche Sitzung sollte eine ebensolche Reaktion hervorrufen, die das Gefühl aufkommen lässt, dass die Essenz der Persönlichkeit dieser Person mit ihren eigenen Worten, Überlegungen, Erinnerungen und Reflexionen eingefangen werden konnte.

> Planen Sie etwas Zeit für die Nachbesprechung mit dem Patienten ein.

Sobald das Aufnahmegerät ausgeschaltet worden ist, nehmen Sie sich einen Moment Zeit für eine Nachbesprechung mit dem Patienten. »Wie war es für Sie? Sind Sie damit zufrieden, wie es gelaufen ist? War es anstrengender, als Sie erwartet hatten? Ich habe gemerkt, dass manche Teile recht emotional waren – war das schwer für Sie?« Dies sind einige der möglichen Fragen, die Sie stellen können, um anzuerkennen, dass der Patient einiges an Energie in einen wichtigen Prozess investiert hat. In den meisten Fällen wird die Nachbesprechung kurz und positiv ausfallen. Sollten dem Patienten jedoch bezüglich dessen, was im Verlauf des Interviews gesagt wurde, Zweifel oder Ängste kommen, ist es besser, dies sofort herauszufinden, statt den Patienten oder die Patientin damit bis zur nächsten Sitzung warten zu lassen.

Schließlich gehen Sie die nächsten Schritte im Ablauf der Würdezentrierten Therapie noch einmal durch, bevor Sie sich von ihrem Patienten verabschieden. Erinnern Sie ihn daran, dass Sie die gesamte Tonaufnahme transkribieren lassen müssen und dass Sie dann das Dokument editieren werden. Versuchen Sie, einen realistischen Zeitrahmen anzugeben, wobei Sie berücksichtigen sollten, dass das Ethos des schnellen Rücklaufs und der Dringlichkeit den Worten der Patienten und dem Prozess, an dem sie beteiligt sind, Nachdruck verleiht. Wenn die Würdezentrierte Therapie reibungslos vonstattengeht und dementsprechend angemessene Ressourcen zur Verfügung stehen, sollten das Editieren und die Folgetermine innerhalb der nächsten drei oder vier Tage stattfinden können. Wie bereits erwähnt, ist ein kürzeres Zeitfenster zur Durchführung unter dringlichen Umständen möglich, muss allerdings im Vorfeld geplant werden.

Das dritte Treffen dauert etwa zwanzig Minuten. (Bedenken Sie, dass das Interview zwischen dem zweiten und dritten Termin transkribiert und editiert werden muss.) Die dritte Sitzung dient der Überprüfung des editierten Transkripts gemeinsam mit dem Patienten. Der Patient kann entscheiden, das Dokument selbst zu lesen oder es sich von Ihnen in Gänze vorlesen zu lassen. In der Regel empfinden Patientinnen und Patienten dies als sehr bewegend und bedeutsam. Dies bietet ebenfalls die Möglichkeit, zu überprüfen, ob einzelne Korrekturen, Ergänzungen oder Streichungen vorgenommen werden sollen. Alle Änderungen am editierten Transkript sollten den Angaben und Wünschen des Patienten entsprechen. Halten Sie das Aufnahmegerät bereit, falls einige der Gedanken des Patienten oder der Patientin wörtlich aufgenommen werden müssen, um später in das Manuskript eingearbeitet werden zu können.

Gegen Ende ihrer Würdezentrierten Therapiesitzung bat eine Frau ihren erwachsenen Sohn um Vergebung dafür, ihm nie die Identität seines Vaters verraten zu haben – es war ihr Ehemann, von dem sie seit Langem entfremdet war. Zu dem Zeitpunkt, als sie in Betracht zog, es ihrem Sohn zu sagen, war es bereits zu spät, da ihr Ehemann schon verstorben war. Sie war nicht dazu in der Lage, ihrem Sohn eine wirkliche Erklärung zu geben, außer der irrationalen Angst, das Wissen, wer sein Vater ist, könne irgendwie ihre eigene Beziehung bedrohen.

Gelegentlich geben Patientinnen und Patienten in ihrem Manuskript Hinweise, die hilfreich für einen sachkundigen Editierprozess sein können: »Das hätte ich nicht sagen sollen.« »Ich habe nicht genug über meine andere Tochter erzählt.« Im Manuskript können die den Wünschen der Patienten entsprechenden Änderungen vorgenommen werden.

Im vierten Treffen wird dem Patienten das finale Generativitätsdokument übergeben. Das Vorgehen für die Übergabe dieses Dokuments wurde durch eine der ersten Patientinnen, die an der Würdezentrierten Therapie teilnahm, geprägt. Am Schluss ihres Interviews wurde sie gefragt, in welcher Form ihr das Dokument übergeben werden solle. Ihr Vorschlag war, es in einen schönen, aber schlichten blauen Ordner zu heften und das Dokument selbst auf hochwertigem Papier zu drucken. Ich habe an verschiedenen Stellen unterschiedliche Varianten gesehen, doch ist es unsere Praxis, das Dokument auf qualitativ hochwertigem beigefarbenem Papier zu drucken und in einen leichten, blauen Ordner zu heften.

Es ist beeindruckend, Empfänger der Lebensgeschichten von Menschen zu sein, zu hören, welche Lehren sie daraus gezogen haben, welche Segenswünsche sie weitergeben wollen und welches Vermächtnis sie hinterlassen möchten. Therapeuten für Würdezentrierte Therapie in Kanada, den USA, Dänemark, Deutschland, England, Schottland, Portugal, Spanien, China und Australien haben sich alle von der Möglichkeit, diese Arbeit tun zu können, berühren lassen; ihre Erfahrungen beschreiben sie dabei ausnahmslos mit Worten wie »Ehre« und »Privileg«. Dies ist weder eine gewöhnliche Unterhaltung, die man eben geführt hat, noch eine gewöhnliche Mitteilung, die man gehört hat. Es sind die gesammelten Erfahrungen und Einsichten eines ganzen Lebens, die, wenn Sie Ihre Aufgabe richtig gemacht haben, das Potenzial haben, für nachkommende Generationen weiter nachzuhallen. Vergessen Sie nicht, sich bei den Patientinnen und Patienten für die Ehre und das Privileg zu bedanken, dass sie ihre Worte mit Ihnen geteilt haben.

5 Das Generativitätsdokument

*Warum sich um kranke Menschen kümmern, warum versuchen,
sie zu retten, wenn sie es nicht wert sind, gewürdigt zu werden?
Wenn ein Arzt einem Patienten diese Anerkennung verwehrt,
überlässt er ihn seiner Erkrankung.*
Anatole Broyard

Herr M. war schwer krank, als er auf die Würdezentrierte Therapie hingewiesen wurde. Seine Frau, die ihn mit der Unterstützung eines örtlichen Palliativpflegedienstes zu Hause versorgte, war sehr dankbar dafür, dass ihrem Mann die Möglichkeit angeboten wurde, an der Würdezentrierten Therapie teilzunehmen. Sie hatte das Gefühl, die Teilnahme könne gut für seine Stimmung sein und bis zu einem gewissen Grad auch ihr und ihren beiden Töchtern guttun. Sie entschied sich dafür, während des Interviews im Rahmen der Würdezentrierten Therapie dabei zu sein, sowohl um ihren Mann zu unterstützen als auch um sicherzugehen, dass er auf einige Schlüsselthemen einging, von denen sie hoffte, er würde sie ansprechen. Trotz ihrer großen Bemühungen war sie jedoch in Sorge, er könne mit seinen Antworten »abgeschweift« sein und dass sie ihn mehr hätte leiten müssen, als zuvor angenommen, um einige seiner wichtigsten Erinnerungen und tröstliche Worte für seine Kinder hervorzulocken. Vor dem Lesen des editierten Manuskripts offenbarte sie ihre Angst, dass das Interview womöglich nicht »sein Wesen eingefangen« habe. Nach dem Lesen des Dokuments war sie hingegen »überrascht und erleichtert«, dass sie – und sicher auch ihre Kinder – in der finalen, editierten Fassung seines Generativitätsdokuments den liebenden Ehemann, den sorgenden Vater, seinen unbeschwerten Charakter und seine gütige Seele erkennen konnte.

In nahezu jedem Land, in dem Kurse zur Würdezentrierten Therapie stattgefunden haben, ruft die Aufgabe, das wortgetreue Transkript zu editieren, neben Interesse regelmäßig ein gewisses Maß an Beklemmung hervor. Schließlich sind diese Transkripte oft die letzten aufgezeichneten Worte der Patientinnen und

Patienten; ist es in Ordnung, diese in irgendeiner Form zu editieren oder zu verändern? Welches Grundprinzip gilt dabei? Wie kann man wissen, dass die Änderung den Wünschen des Patienten entspricht? Können die für das Editieren erforderlichen Kompetenzen ohne Weiteres erworben werden? Reduziert die Notwendigkeit des Editierens die Möglichkeiten zur Durchführung der Würdezentrierten Therapie in den verschiedenen Settings und Einrichtungen der Palliativversorgung? Dies sind sehr berechtigte Fragen; um sich mit der Würdezentrierten Therapie sicher zu fühlen, muss jede offen angesprochen werden können.

Grundgedanken zum Editieren der Transkripte der Würdezentrierten Therapie

Warum sich die Mühe machen, Transkripte der Würdezentrierten Therapie zu editieren angesichts der Tatsache, dass dies in den meisten Fällen die letzten aufgezeichneten Worte der Patienten sind? Ist es anmaßend oder vielleicht sogar falsch, »anzutasten« oder in irgendeiner Art zu verändern, was die Patientinnen und Patienten tatsächlich gesagt haben oder, viel mehr noch, wie sie es gesagt haben? Dies ist eine entscheidende Frage und eine, die geklärt sein muss, bevor mit den Erläuterungen zum Editierprozess eines Transkripts der Würdezentrierten Therapie fortgefahren werden kann.

Um diese Diskussion zu beginnen, ist es hilfreich, auf den therapeutischen Vertrag zurückzukommen, der mit den Teilnehmenden der Würdezentrierten Therapie geschlossen wurde. Die Aufgabe der Therapeuten ist die Befähigung der Patienten, etwas zu vollbringen, das sie ohne die therapeutische Unterstützung und Anleitung nicht schaffen würden. Diejenigen, die an der Würdezentrierten Therapie teilnehmen, befinden sich gesundheitlich in einer lebensbedrohenden und lebenslimitierenden Lage. Typischerweise fehlt es Patienten an Zeit, Energie und psychischer Stabilität für verschiedenste Aufgaben, ganz zu schweigen von der, die darin besteht, ein ausführliches und tiefsinniges Dokument zu erstellen und zu gestalten. Sogar ohne diese Einschränkungen wären viele Patienten von dem Gedanken eingeschüchtert, zu versuchen, einige ihrer tiefsten Gedanken oder Gefühle festzuhalten, wohl wissend, dass diese Worte noch lange ihre eigenen gezählten Tage überdauern werden. Die Würdezentrierte Therapie eröffnet Patientinnen und Patienten einen Weg, viele dieser Hindernisse zu überwinden, die sie normalerweise von der Aufgabe, solch eine Hinterlassenschaft zu erstellen, abhalten würden. Die Zustimmung zur Würdezentrierten Therapie beinhaltet die Bereitschaft des Patienten, die Hilfe des Therapeuten anzunehmen. Sie bedeutet mit anderen Worten das Einverständnis, an einem Prozess teilzunehmen, in dessen Verlauf eine ausführliche Hinterlassenschaft generiert wird, ein Dokument, das das eigene Vermächtnis bewahrt, mit dem Verständnis, dass der Therapeut oder die Therapeutin die Mittel bereitstellt, mit denen dies gelingen kann.

Mangelnde innere Stärke mag viele Patienten davon abhalten, sich der Aufgabe zu stellen, eine Hinterlassenschaft zu erstellen, besonders eine, von der sie erwarten, dass sie »nicht gut werden« könnte. Jeder von uns ist darum bemüht, richtig verstanden zu werden, und hofft darauf, dass unsere Worte genau das wiedergeben, was wir fühlen. Das trifft besonders dann zu, wenn diese Worte aufgeschrieben und von anderen gelesen werden und als überdauerndes Zeugnis dessen dienen, wer und was wir sind oder waren. Unter diesen Umständen würden wenige Patienten »einen Fehler machen« wollen. Niemand möchte verwirrt klingen, unfreundlich erscheinen oder in einer Art und Weise beschrieben werden, die nicht zutreffend ist. Patienten möchten ihre Gedanken, Gefühle und Erinnerungen angemessen wiedergeben. Letztlich möchten sie in ihrem Generativitätsdokument ein genaues Abbild ihrer selbst festgehalten wissen. Es ist kaum vorstellbar, am Ende des Lebens ein wertvolleres Geschenk zurücklassen zu können.

Unser therapeutischer Vertrag mit Patientinnen und Patienten schützt ihre Würde, indem er zusichert, dass sie so erfolgreich wie möglich an der Würdezentrierten Therapie teilnehmen können. Es liegt daher in unserer Verantwortung, ihnen nicht nur zu helfen, das zu erreichen, was sie allein erreichen könnten, sondern vielmehr alles, was sie zu erreichen wünschen und verdienen. Die Kernaussage der Therapeuten für Würdezentrierten Therapie ist: »Zusammen können wir das hinbekommen und wir können das richtig gut hinbekommen.« Das bedeutet, dass eine ungeordnete oder fahrige Denkweise nicht als unantastbar betrachtet wird, nur weil dies Teil der Erzählweise des Patienten ist. Stattdessen wahren wir unser therapeutisches Versprechen, wenn wir den Patientinnen und Patienten helfen, über ihre eigenen Grenzen hinauszuwachsen, sowohl während des Interviews als auch während des Editierens des Transkripts. Ecken und Kanten zu schleifen, Ungeordnetes auszugleichen sowie belanglose und möglicherweise vom großen Ganzen ablenkende Inhalte zu streichen sind redaktionelle Maßnahmen, die – umsichtig angewandt – zu einer endgültigen Version des Generativitätsdokuments führen, die auch der Patient selbst erstellt haben könnte, hätte er sich gut genug gefühlt, um dies zu tun. Sich mit weniger ehrgeizigen Ergebnissen zufrieden zu geben, ist ein Verstoß gegen den Vertrag zur Würdezentrierten Therapie.

Transkribieren der Tonaufnahme des Interviews

Bevor der Editierprozess beschrieben wird, sind ein paar Erläuterungen zum Transkribieren der Tonaufnahme des Interviews notwendig. Das Transkript stellt im Grunde das Rohmaterial zur Gestaltung des editierten Generativitätsdokuments dar. Folglich gilt es, bei der Erstellung des Transkripts wichtige Einzelheiten zu beachten.

Angefangen bei den Transkribierenden sind einige Dinge zu berücksichtigen. Der Inhalt der Würdezentrierten Therapie ist nahezu immer emotional bewegend. Selbst die meisten der schnörkellosen Geschichten erreichen eine bemerkenswerte Schmerzlichkeit, wenn sie von einer am Lebensende stehenden Person erzählt werden. Transkripte enthalten häufig Worte der Liebe, des Bedauerns, des Leids, der Sehnsucht und der Trauer – im Wesentlichen die ganze Bandbreite menschlichen Erlebens. Transkribierende benötigen solide und fehlerfreie Schreibkompetenzen, aber sie benötigen auch persönliche Reife, um diese besondere Aufgabe zu übernehmen. Beachten Sie bei der Auswahl der Transkribierenden die emotionale Qualität der Aufnahmen. Die für die Transkription ausgewählten Personen müssen darauf vorbereitet werden, Inhalte dieser Art zu hören, und es muss ihnen die Gelegenheit gegeben werden, sich mit anderen über ihre emotionalen Reaktionen auszutauschen.

Frau A., eine unserer regelmäßigen Transkribiererinnen, beschrieb, wie traurig es sein könne, den Aufnahmen junger Menschen zuzuhören. Sie erinnerte sich daran, mehrmals zu Tränen gerührt gewesen zu sein und gelegentlich Pausen von der Arbeit machen zu müssen, bevor sie sich bereit fühlte, die Arbeit wieder zur Hand zu nehmen. Sie hatte zudem das starke Gefühl, dass die Tätigkeit, die letzten Worte der Patienten zu transkribieren, im Gegensatz zu ihren anderen Schreibaufträgen »wesentlich tiefgreifender und sinnvoller« war. Sie nahm sich dieser Aufgabe mit einem Gefühl von »Verantwortung und Ehre« an, das diese Tätigkeit einzigartig mache. Sie drückte auch ihre Neugier darüber aus, wie aus dem von ihr geschriebenen initialen rohen Produkt ein Generativitätsdokument entstehe, und hoffte, dass es dem Patienten Trost spenden würde.

Besprechen Sie den Zweck und den Inhalt der Würdezentrierten Therapie vollständig, die Eigenschaften der Aufnahmen in diesem Rahmen, ebenso die unmittelbare und entscheidende Rolle der Transkribierenden in diesem Gesamtprozess. Die Art und Weise, wie die potenziellen Transkribierenden auf diese Tätigkeitsbeschreibung reagieren, sollte Teil der Entscheidung darüber sein, ob sie für diese Aufgabe geeignet sind. Transkribierende müssen ebenfalls die

Bedeutung der zeitlichen Fristen dieser Arbeit verstehen. Auch wenn es nicht realistisch ist, zu erwarten, dass jemand all seine anderen Verpflichtungen fallen lässt, um eine Aufnahme der Würdezentrierten Therapie Wort für Wort zu transkribieren, so muss diese Aufgabe dennoch rasch erledigt werden. Sie sollte innerhalb eines Zeitrahmens von einem Tag bis zu drei Tagen fertig sein.
   Bedenken Sie, dass die Zeit für gewöhnlich gegen uns arbeitet. Aus diesem Grund ist die Verfügbarkeit eines Teams von Transkribierenden ideal (vier bis sechs, abhängig von der Größe des Projekts Würdezentrierte Therapie). Solange dieses Team insgesamt eine ausreichende Absicherung gewährleisten kann, können Fluss und Tempo des Ablaufs der Würdezentrierten Therapie ungehindert weitergehen. Mit der Entwicklung der Rahmenbedingungen für die Würdezentrierte Therapie werden sich zweifelsohne verschiedene Modelle für eine rechtzeitige Transkription ergeben, angepasst an die jeweiligen örtlichen Gegebenheiten. Einige Einrichtungen werden sich dafür entscheiden, diese Aufgabe in bereits bestehende Schreibdienste zu integrieren; wo diese Dienste überlastet sind, wird ein paralleles System unabhängiger Auftragnehmer interessanter sein. Wissend um die finanziellen Hintergründe, werden einige palliativmedizinische Einrichtungen prüfen, kompetente ehrenamtliche Transkribierende einzubinden, während andere möglicherweise abklären, welche Rolle gemeinnützige Organisationen wie örtliche Hospizvereine oder ähnliche Organisationen der Palliativversorgung spielen können. In Abhängigkeit von der Länge der Interviews beträgt der notwendige Zeitrahmen für jedes individuelle Transkript zwei bis drei Stunden; das Anfertigen einer wortwörtlichen Niederschrift dauert gewöhnlich ungefähr zwei- bis dreimal so lang wie das eigentliche Interview. Der Zeitaufwand ist für den einzelnen Patienten nicht belastend, und die schnellstmögliche Fertigstellung des Transkripts hilft, die Botschaft zu transportieren: »Ihre Worte sind wichtig, genau wie die Aufgabe, sie dauerhaft und sorgfältig zu dokumentieren.« Systematische Lösungen zur Transkription müssen schnelle – und damit würdebewahrende und würdestärkende – Rücklaufzeiten beinhalten. Sobald geeignete Transkribierende engagiert werden konnten, betonen Sie die folgenden Punkte:

- *Genereller Ansatz.* Ein in der Würdezentrierten Therapie entstandenes Interview zu transkribieren ist eine besondere und wichtige Aufgabe. In der Lage zu sein, sich die entsprechende Zeit zu nehmen und persönlich an dem Prozess beteiligt zu sein, wird nicht nur die Ausführung dieser Aufgabe ermöglichen, sondern, wie durchweg berichtet, auch emotional und geistig erfüllend sein.
- *Zeitrahmen.* Es ist entscheidend, dass die Transkription des Interviews der Würdezentrierten Therapie so schnell wie möglich fertiggestellt wird. Das

bedeutet, dass die transkribierende Person sich mit der Annahme dieser Aufgabe verpflichtet, diese innerhalb eines Zeitrahmens von maximal drei Tagen fertigzustellen.
- *Vertraulichkeit.* Das Transkript der Würdezentrierten Therapie beinhaltet sehr detailreiche persönliche Informationen. Die Transkribierenden müssen die Privatsphäre der Patienten wahren und die lokalen relevanten Vorschriften der jeweiligen Institution, die Berufsordnung sowie die Rechtsvorschriften zu persönlichen gesundheitsbezogenen Daten einhalten.
- *Layout des Generativitätsdokuments.* Die Gestaltung des Transkripts kann den Editierprozess außerordentlich vereinfachen und ist folglich ein Standardelement im Ablauf der Würdezentrierten Therapie. Angesichts der Tatsache, dass sich das Transkript wie eine Unterhaltung zwischen dem Interviewer und dem Patienten lesen wird, sollte jeder neue Wechsel in diesem Dialog gekennzeichnet werden, um den jeweils Sprechenden anzuzeigen. Da die eigentlichen Worte von Belang die Worte der Patienten sind, können die Interviewenden schlicht mit »Interviewer« gekennzeichnet werden oder bei der ersten Nennung mit ihrem vollständigen Namen und Titel und im Verlauf abgekürzt, zum Beispiel: »Dr. Schmidt« und anschließend »Dr. S.« oder »Interviewer«. Die Aussagen der Patientinnen und Patienten sollten dagegen jedes Mal klar gekennzeichnet sein, zu Beginn durch den Gebrauch des vollständigen Namens und anschließend durch den Gebrauch der von ihnen bevorzugten Anrede, so wie sie aus den Interviews hervorgeht, zum Beispiel: »Frau Rosa Johnsten« und »Rosa«.

INTERVIEWER: Frau Johnsten, bevor wir zu sehr in das Interview einsteigen, können Sie mir noch sagen, wie Sie von mir angesprochen werden möchten?
FRAU ROSA JOHNSTEN: Ich weiß nicht genau, was Sie meinen.
INTERVIEWER: Nun, möchten Sie, dass ich Sie Frau Johnsten nenne, oder möchten Sie lieber Rosa genannt werden?
ROSA: Oh, jetzt weiß ich, was Sie sagen wollten. Jeder nennt mich Rosa, das fände ich sehr schön passend.
INTERVIEWER: So, Rosa, um zu beginnen, erzählen Sie mir doch ein wenig von sich und Ihrem Leben, insbesondere von den Dingen, die Sie am wichtigsten finden oder von denen Sie möchten, dass Ihre Familie sie wissen sollte.
ROSA: Meine Güte, das ist keine einfache Frage ... um ehrlich zu sein, ich weiß nicht genau, wo ich anfangen soll.
INTERVIEWER: Das ist absolut verständlich. Ich werde schauen, wie ich Ihnen dabei helfen kann. In Ordnung?

- *Ausstattung.* Die transkribierenden Personen müssen daran denken, dass die Patienten, deren Worte sie aufschreiben werden, praktisch alle äußerst krank sind. Die unterschiedlichen Belastungen der Erkrankung können das korrekte Verstehen der Worte der Patienten zu einer Herausforderung werden lassen. Es ist für die Transkribierenden nicht ungewöhnlich, einen bestimmten Abschnitt des Dialogs mehrmals hintereinander zu hören, um die Transkription richtig aufschreiben zu können.
  Entscheidend ist eine gute Qualität der Ausstattung zur Transkription. Zum Einsatz kommen können sowohl analoge als auch digitale Aufnahmegeräte, abhängig davon, womit der jeweilige Therapeut vertraut ist und was die gegebenen lokalen Anforderungen im Ablauf am besten unterstützt. Beispielsweise können digitale Aufnahmen ohne viel Aufwand elektronisch zwischen dem Therapeuten und der transkribierenden Person versandt werden. Dies allerdings über Netzwerke, die ausreichend Sicherheit gewährleisten, um die Privatsphäre der beteiligten Personen nicht zu gefährden.
- *Genauigkeit.* Die Transkribierenden sollten angewiesen werden, das Dokument so genau wie möglich zu transkribieren. Es ist nicht immer leicht, dieser klaren Anweisung nachzukommen. Wenn Patientinnen und Patienten sehr krank sind, ist es nicht ungewöhnlich, dass die Stimme brüchig ist und schwankt. Husten, Keuchen, Kurzatmigkeit sind nur einige der Erscheinungen fortschreitender Erkrankungen, die das genaue Transkribieren zusätzlich verkomplizieren können. Die transkribierende Person sollte im Vorhinein auf diese Herausforderung aufmerksam gemacht werden und Pausen einlegen, wenn ihre Konzentration nachlässt. Sie sollten sich außerdem bewusst sein, dass die Genauigkeit des Gesprächsprotokolls weniger von der Dokumentation der Worte des Interviewenden abhängt, dessen Äußerungen großzügig verändert oder umgestellt werden. Es sollte aber jede Anstrengung unternommen werden, die Worte der Patienten so genau wie möglich zu protokollieren. Wenn bestimmte Worte einer Aussage nicht verständlich sind, kann […] eingesetzt werden, um auf wiederkehrend Unverständliches oder Lücken hinzuweisen. Eine unvollständige Dokumentation des Gesagten ist besser, als nichts davon aufzuschreiben, und kann dem Therapeuten helfen, den Kern des beabsichtigten Gesagten der Patienten zu rekonstruieren. Zum Beispiel:

INTERVIEWER: Sie waren gerade dabei, etwas über Ihre Tochter zu sagen.
LYDIA: Ja […] so wunderschön.
INTERVIEWER: Wenn Sie, Lydia, Ihre Tochter als so wunderschön beschreiben, verbinden Sie dies mit einer bestimmten Erinnerung, die Sie mir beschreiben könnten?

LYDIA: Ja [...] ich dachte an ihren ersten Tag in der Schule und [...] hübsche neue Kleid, das sie trug.

Offensichtlich war es die Absicht der Patientin, auch wenn dies nicht vollständig von der Transkribierenden festgehalten wurde, die Erinnerung daran zu beschreiben, wie wunderschön ihre Tochter in ihrem hübschen neuen Kleid an ihrem ersten Tag in der Schule aussah. In der editierten Version wird dies in etwa wie folgt zu lesen sein:

LYDIA: Sie war so wunderschön. Ich dachte an ihren ersten Tag in der Schule und das hübsche neue Kleid, das sie trug.

Manchmal ist es nicht die Krankheit, sondern eher die Ergriffenheit durch die in der Würdezentrierten Therapie aufkommenden Gefühle, die eine deutliche Aussprache und eine entsprechende Transkription der Worte der Patientin oder des Patienten erschwert. In der Regel bitten wir die Transkribierenden nicht darum, den emotionalen Klang des Interviews festzuhalten. Sollte jedoch entweder Lachen oder Weinen eine bedeutende Unterbrechung des Interviews mit sich bringen, kann es hilfreich sein, dies zu protokollieren. Häufig wird sich der Therapeut während des Editierens an diese »Gefühle« erinnern. Sollte der nonverbale Ausdruck der Gefühle sehr auffällig sein, muss er nicht jedes Mal erneut dokumentiert werden, sondern eher selektiv, nach dem Ermessen des Transkribierenden, um den Therapeuten an den emotionalen Klang zu erinnern. Diese Erinnerungen an den Klang können helfen, den Prozess des Editierens zu inspirieren.

INTERVIEWERIN: Und was passierte in Ihrer Erinnerung als Nächstes?
FRANK: [...] (lacht) [...] das ist nur schwer zu beschreiben [...] das muss man einfach erlebt haben!

In diesem Fall erklärt das Einfügen des Klangs die beabsichtigte Bedeutung, wohingegen die Worte an sich eine Botschaft transportieren, die so oder so interpretiert werden könnte.
- *Textverarbeitung und Programmkompatibilität.* Es ist wichtig, dass die Transkribierenden dasselbe Textverarbeitungsprogramm benutzen wie die Editierenden/Therapeuten. Welches Programm auch immer gewählt wird, es ist sehr empfehlenswert, dass es die Funktion »Änderungen markieren« besitzt. Und zwar aus qualitätssichernden Gründen, da diese Funktion es erlaubt, alle Dokumente einer Würdezentrierten Therapie in drei Versionen zu betrachten:

das ursprüngliche, noch nicht bearbeitete Transkript, die editierte Version mit markierten Änderungen (die alle Ergänzungen, Streichungen und Randbemerkungen anzeigt, üblicherweise farbig gekennzeichnet) und die final editierte Version. Dies erlaubt es den Therapeuten, ihre Arbeit mit anderen Therapeutinnen und Therapeuten, Supervisoren oder Mentoren auszutauschen, und ermöglicht somit wertvolles Feedback sowohl zu ihren therapeutischen Stärken und Schwächen als auch zu ihren redaktionellen Fertigkeiten.
- *Elektronische Übermittlung des Transkripts.* Es ist unerlässlich, dass der Therapeut eine elektronische Version des Transkripts erhält. Dies ermöglicht die Fertigstellung des editierten Manuskripts unter Anwendung der Funktion »Änderungen markieren« im Textverarbeitungsprogramm. Aufgrund der hohen Vertraulichkeit der Angelegenheit muss die Übermittlung von Transkripten per E-Mail mit entsprechender Vorsicht und Sicherheitsvorkehrungen erfolgen (Gebrauch von Verschlüsselung oder anderen angemessenen Absicherungen); alternativ kann das Transkript auf einer CD oder einem USB-Stick gespeichert und übergeben werden.
- *Debriefing/Nachbesprechung.* Die Transkribierenden sollten regelmäßig nach ihren Erfahrungen bei der Ausführung dieser Tätigkeit gefragt werden. Wie bereits beschrieben, ist der Inhalt der Würdezentrierten Therapie oft emotional bewegend; und auch emotional neutraler Inhalt kann auf eine Art und Weise recht ergreifend sein, angesichts der Situation der Menschen, die an der Würdezentrierten Therapie teilnehmen. Den Antworten der Transkribierenden gut zuzuhören, kann bei der Beurteilung, ob diese Person für diese Aufgabe geeignet ist, wichtige Unterstützung sein. Es kann sehr vorteilhaft sein und ungemein aufschlussreich, die Transkribierenden hinsichtlich ihrer Erfahrungen und Gefühle in Bezug auf diese einzigartige Tätigkeit miteinander in gegenseitigen Austausch zu bringen.

Editieren des wortwörtlichen Transkripts

Sobald das Transkript geschrieben und elektronisch übermittelt worden ist, kann mit dem Editieren begonnen werden. Wie für jeden anderen Aspekt der Würdezentrierten Therapie ist auch hier ein Gefühl von Dringlichkeit und Respekt entscheidend. Die Botschaft, die mit dem Tempo und Stil der Durchführung vermittelt wird, muss klar und unmissverständlich sein: »Was Sie zu sagen haben, ist wertvoll, und der Prozess, Ihren Worten Ausdruck zu verleihen, ist zu wichtig, um Verzögerungen zuzulassen.« Auch wenn das Interview abgeschlossen wurde, heißt das nicht, dass das Vorhaben im weiteren Verlauf irgendwie vernachlässigt werden darf. Dies sollte den Patientinnen und Patienten deutlich vermittelt werden, indem am Ende der Interviewsitzung der Würdezentrierten Therapie besprochen wird, dass sofort mit der Transkription und dem Editieren begonnen werden wird und dieser Prozess nicht mehr als einige wenige Tage dauern sollte.

Der Aufgabe des Editierens sollte mit Gefühlen von Respekt und Verantwortung begegnet werden. Während der Durchführung dieser Aufgabe liegen die Worte und die Hinterlassenschaft eines Menschen, durchaus wortwörtlich gemeint, in den Händen der editierenden Person. Neben dieser überaus wichtigen Haltung tun die Editierenden gut daran, für sich selbst eine behagliche Umgebung zu schaffen, um diese besondere Arbeit zu erfüllen. Katherine Cullihall, eine leitende klinische Studienassistentin und erfahrene Therapeutin für Würdezentrierte Therapie innerhalb der Forschungsabteilung »Manitoba Palliative Care Research Unit«, sprach die Empfehlung für folgende Voraussetzungen aus: Man benötigt eine Tasse Tee oder Kaffee, einen Computer, einen Drucker, einen bequemen Stuhl und ein Zeitfenster ohne Unterbrechungen.

Die ideale Person zum Editieren der Würdezentrierten Therapie ist, zumindest aus unserer Erfahrung, die Person, die das Interview der Würdezentrierten Therapie geführt hat. Anders als jede andere Person, die diese Aufgabe übernehmen könnte, hat der Therapeut an dem Interviewprozess teilgenommen und aus erster Hand all das gehört, was die Patientin oder der Patient gesagt hat. Das bietet einige wertvolle Einsichten, entweder direkt oder eher durch feine Zwischentöne vermittelt. Der Therapeut, die Therapeutin wird sich vermutlich an Worte erinnern, die die transkribierende Person ausgelassen hat. Und noch wichtiger: Er oder sie wird sich daran erinnern, welche Aussage der Patient machen wollte, an die Dinge, die betont werden sollten, welche Themen mit emotionaler Intensität vermittelt wurden und welche Abschnitte schlicht weniger bedeutend waren. Die Weiterentwicklung der Fertigkeiten der Therapeuten hat neben den offensichtlichen Auswirkungen auf die Ressourcen den Effekt, dass das Editieren effizienter und weniger zeitaufwendig werden wird. Eine gelungene Würdezentrierte Therapie resultiert in einer leichteren Überarbeitung des Transkripts. In den Händen erfahrener Therapeutinnen und Therapeuten benötigt das Editieren für gewöhnlich zwei Mal so viel Zeit wie das Interview selbst; ein Interview von einer Stunde sollte also ungefähr zwei Stunden Zeit zum Editieren in Anspruch nehmen.

Die editierenden Personen sind gut damit beraten, zunächst Schriftart und Schriftgröße ihres Textverarbeitungsprogramms so einzustellen, dass sie selbst es als leicht lesbar empfinden (z. B. Garamond 14 mit einem Zeilenabstand von 1,5–2,0; die Seitenränder können links und rechts auf 1,5 cm eingestellt werden).

Dann schalten Sie den Änderungsmodus ein, um die Änderungen für sich selbst und andere nachvollziehbar zu machen. Dies ermöglicht eine optimale Qualitätssicherung sowie Gelegenheiten zur Weiterbildung. Beim Erhalt des Originaltranskripts fehlen möglicherweise Abschnitte des Gesprächs. Gelegentlich muss man während des Editierens die Tonaufnahme anhören. Das Interview selbst geführt zu haben, versetzt die Therapeutin, den Therapeuten in die bestmögliche Lage, die Dinge zu verstehen, die von der transkribierenden Person überhört worden sind.

Der eigentliche Editierprozess kann in vier primäre Aufgaben oder Stufen unterteilt werden. Die Reihenfolge dieser Aufgaben ist nicht entscheidend. Wesentlich ist, dass jede davon umgesetzt wird. Diese Aufgaben bestehen aus (1) dem Aufräumen des Transkripts, (2) der Prüfung der Verständlichkeit, (3) der Korrektur zeitlicher Abläufe und (4) dem Finden eines gelungenen Endes. Wenn Sie in der Überarbeitung des Transkripts geübter werden und an Erfahrung gewinnen, werden Sie Fertigkeiten entwickeln, die es Ihnen erlauben, mehrere dieser vier Aufgaben simultan zu bewältigen. Unabhängig von der Erfahrung ist es ratsam, ausreichend Stillarbeitszeit zur Verfügung zu haben, sodass Konzentration und Sorgfalt optimal gewährleistet sind. Katherine Cullihall beschreibt ihre Herangehensweise des Editierens wie folgt:

»Ich möchte sicherstellen, dass jedes fertige Manuskript so einzigartig wie der betreffende Mensch ist. Das ist nicht einfach ein schablonenhaftes Vorgehen. Ich muss sensibel für das sein, was ich herausnehme oder hinzufüge, immer den Worten und Wünschen des Patienten gerecht werdend. Editieren fühlt sich manchmal an wie das Zusammensetzen eines Puzzles. Man hat all die Puzzleteile und jetzt müssen sie nur noch so zusammengesetzt werden, dass sie die Geschichte des Patienten oder der Patientin so gut wie möglich abbilden. Es ist ein Privileg, diese Arbeit zu tun. Man bekommt Worte von jemandem mit, Worte, die die Personen vielleicht nie einem anderen Menschen mitgeteilt hätten, und dir wird vertraut, sicherzustellen, dass ihre Stimme und ihre Botschaft von den Menschen gehört wird, die sie lieben und um die sie sich am meisten sorgen.«

Aufräumen des Transkripts

Gesprochene Sprache unterscheidet sich von geschriebener Sprache. Die erste Aufgabe im Editierprozess besteht darin, das Manuskript so aufzuräumen, dass es sich mehr wie eine Erzählung statt wie ein aufgezeichnetes Gespräch liest. Als Beispiel dient Brenda, eine 42-jährige Frau mit fortgeschrittenem Krebsleiden im Endstadium. Sie und ihr Ehemann waren einige Jahre zuvor geschieden worden, sodass Brenda die gemeinsame Tochter Amanda allein großzog. Zu Beginn des Interviews wurde Brenda gebeten, darüber nachzudenken, welche Abschnitte ihres Lebens für sie am wichtigsten waren.

BRENDA: Nun, ich habe einige Erinnerungen an meine Mutter, aber das sind nur ein paar. Also ich denke, ähm, Abschnitte, in denen ich mich an meine Mutter erinnere. Als wichtige Dinge in meinem Leben; echte Freundschaften zu schließen. Viele wirklich gute Freunde. Arbeiten, wissen Sie, das war mir wichtig. Bis Amanda kam, war es weit wichtiger, aber ja ... ich liebte meine Arbeit und zu reisen und verschiedene Dinge zu sehen und ich wünschte, ich könnte sein, dass ich noch immer in diesem Feld bin.

Beachten Sie das Typische gesprochener Sprache. Es gibt unterbrochene Gedanken und Sätze, die wenig bis gar nichts zum Verständnis beitragen. Ebenfalls gibt es einige Startversuche und Füllwörter (z. B. »wissen Sie«). All dieser Kennzeichen gesprochener Sprache kann man sich im ersten Schritt leicht annehmen. Nach dem Editieren liest sich die vorangegangene Passage wie folgt:

»Ich habe einige Erinnerungen an meine Mutter, aber nur ein paar. Was die wichtigen Dinge in meinem Leben angeht: echte Freundschaften zu schließen, viele wirklich gute Freunde. Arbeiten war mir wichtig. Bis Amanda kam, war mir das weit wichtiger. Ich liebte meine Arbeit und zu reisen und verschiedene Dinge zu sehen. Ich wünschte, ich könnte noch immer in diesem Feld tätig sein.«

Achten Sie darauf, wie viel besser sich der Abschnitt jetzt lesen lässt. Im Zuge der vorgenommenen Änderungen wurde das Wort »nun« entfernt, da es zur gesprochenen Sprache gehört und weniger zur geschriebenen Erzählung. Der Satz »Also ich denke, ähm, Abschnitte, in denen ich mich an meine Mutter erinnere« kann gestrichen werden, ohne dass der Gedanke an die Erinnerungen an ihre Mutter verloren geht. Die Worte »wissen Sie« zu streichen, wandelt den Satz »Arbeiten, wissen Sie, das war mir wichtig« in »Arbeiten war mir wichtig«. Die Phrase »aber ja« wurde am Anfang des Satzes »aber ja ... ich liebte meine Arbeit« gestrichen, ohne die Bedeutung des Satzes zu verändern. Der letzte Satz, der ursprünglich den Ausdruck »ich wünschte, ich könnte sein, dass ich noch immer in diesem Feld bin« beinhaltete, wurde in zwei Sätze umformuliert und die Syntax so verändert, dass es nun heißt: »Ich wünschte, ich könnte noch immer in diesem Feld tätig sein.«

Das Konzept des Aufräumens ist besonders leicht auf die Stimme der interviewenden Person anzuwenden. Die Worte der Interviewenden sollten weitgehend korrigiert und, wo immer möglich, gelöscht werden. Dies hilft dabei, die Wahrscheinlichkeit zu verringern, dass sich das Transkript mehr wie eine Unterhaltung statt wie eine Erzählung lesen lässt. Demnach gilt allgemein, die Worte der Interviewenden nur insofern stehen zu lassen, als sie zur Klarheit beitragen. Zum Beispiel beschreibt Brenda an einem Punkt im Interview ihre Tochter Amanda wie folgt: »Amanda ist reizend und klug und lustig und großzügig. Ich kann immerzu wundervolle Eigenschaften an ihr sehen und sie scheinen alle so natürlich zu ihr zu gehören.« An diesem Punkt benötigte Brenda ein wenig Führung, was die Interviewerin dazu veranlasste, zu fragen: »Haben Sie ein Bild in Ihrem Kopf, während Sie von diesen Eigenschaften von Amanda erzählen? Ist es eine bestimmte Zeit, an die Sie hier denken?« Dies half Brenda, sich zu erinnern, wie Amanda in der Schule war, wie schnell sie Freundschaften schloss und wie andere Menschen über sie sprachen. In der endgültigen Version des Manuskripts wurden die Worte der Interviewerin gelöscht, sodass der folgende durchgehende Absatz entstand:

»Amanda ist reizend und klug und lustig und großzügig. Ich kann immerzu wundervolle Eigenschaften an ihr sehen und sie scheinen alle so natürlich zu ihr zu gehören. Amanda schließt schnell Freundschaften, integriert sich leicht in ihre Umgebung und passt sich an die Menschen an. Sie ist wirklich einfach liebenswert. ›Amanda, Amanda, Amanda‹ ist das, was sie in ihrer Klasse oder der Schule hören.«

Alles in einem Transkript kann editiert werden – von ganz dezenten bis zu sehr wesentlichen Änderungen. Worte, die Patienten später als peinlich erachten, Worte, von denen sie bereuen, sie gesagt zu haben, alles, was die geliebten Überlebenden verletzen könnte, dies alles kann während des Editierprozesses einfach und problemlos bearbeitet werden.

Ein älterer Bewohner eines Hospizes hatte das Gefühl, in seiner Therapie vielleicht zu viel preisgegeben zu haben. Insbesondere sorgte er sich, dass sein Sohn durch das Hören seiner Gefühle für seine Exfrau und seiner nach der Scheidung alles andere als perfekten Rolle als Vater verletzt werden könnte. Während der Besprechung des Transkripts mit ihm zeigte sich jedoch, dass er diese Themen sehr sensibel angesprochen hatte. Dieser Eindruck wurde von der Therapeutin geteilt. Infolgedessen fühlte er sich viel wohler und war beruhigt. Er wurde darum gebeten, das Transkript durchzusehen, und es wurde ihm versichert, dass das Dokument natürlich weiter überarbeitet werden könne und die ultimative Entscheidung bezüglich des Inhalts bei ihm liege.

Prüfen der Verständlichkeit

Bisweilen sagen Patientinnen und Patienten etwas, das ziemlich eindeutig erscheint, sich dann später aber weniger verständlich lesen lässt. Selbst die ersten Änderungen, die während des Aufräumens gemacht werden, können diese mehrdeutigen Stellen nicht klären. Beispielsweise fragte die Interviewerin Brenda zu Beginn ihrer Therapie, warum sie teilnehme. Gemäß dem Originaltranskript liest sich ihre Antwort so: »Mache das für Amanda, damit sie ein bisschen was über mich weiß.« Mit dem Ziel der Klärung wurde diese Aussage überarbeitet und liest sich nun wie folgt: »Ich mache das für Amanda, damit sie ein bisschen was über mich weiß.« Beachten Sie, dass der ursprüngliche Ausdruck der Patientin vollständig bewahrt bleibt, und auch wenn dem Transkript ein Wort (»Ich«) hinzugefügt wurde, geschah dies in Einklang mit dem Stil und der »Stimme« der Patientin. Das Wort »Ich« hinzuzufügen – »Ich mache das für Amanda« – unterscheidet sich deutlich von einer Veränderung der Worte in: »Mein Beweggrund zur Teilnahme bei dieser Erstellung eines Vermächtnisses für Amanda ...« Dies wäre gewiss viel zu förmlich und nicht im Einklang mit dem Erzählstil der Patientin.

Manchmal kann die Prüfung auf Verständlichkeit ein wenig mehr Arbeit bedeuten, insofern als vielleicht ein Satz mit einem anderen in Verbindung gebracht werden muss.

Als Beispiel dient Frank, ein 62-jähriger Mann mit einem aggressiven Kopf- und Nackentumor, dessen rasch nahender Tod sich abzeichnete. Er bezeichnete seine Frau und seine zwei Kinder als das Wichtigste in seinem Leben. Im Originaltranskript lässt sich dies so nachlesen:

INTERVIEWER: Und die erste Frage, die ich Ihnen stellen möchte, ist, was Sie als wichtig in Ihrem Leben erinnern, oder Zeiten, die Sie als wichtig in Erinnerung haben und warum.
FRANK: Nun, zum einen zu heiraten.
INTERVIEWER: Ja.
FRANK: Und meine Kinder zu haben.
INTERVIEWER: Ja.
FRANK: Und äh, nun so ist das Leben. Dies sind die zwei wichtigsten Dinge in meinem Leben.
INTERVIEWER: Genau. Können Sie mir etwas über Ihre Hochzeit erzählen? Können Sie mir erzählen, wann und wie Sie und Ihre Frau sich kennengelernt haben?
FRANK: Wir haben uns kennengelernt, als wir beide 16 Jahre alt waren.

INTERVIEWER: 16 ... und der Vorname Ihrer Frau? Nur für die Aufzeichnung ...
FRANK: Heather.
INTERVIEWER: Heather, ja. Sie waren 16.

Mit den editierten Änderungen liest sich der vorangegangene Abschnitt wie folgt:

INTERVIEWER: Frank, können Sie mir über Ihr Leben erzählen, besonders über die Abschnitte, an die Sie sich am besten erinnern oder die Sie als am wichtigsten erinnern?
FRANK: Nun, zum einen zu heiraten, und meine Kinder zu haben. Und ja, so ist das Leben. Dies sind die zwei wichtigsten Dinge in meinem Leben. Heather, meine Frau, und ich haben uns kennengelernt, als wir beide 16 Jahre alt waren.

Bemerkenswert ist, dass einzelne Sätze miteinander kombiniert wurden, um Klarheit zu schaffen: »Nun, zum einen zu heiraten« und »Und meine Kinder zu haben«. Darüber hinaus wurde der Name der Frau des Patienten, Heather, in den Satz integriert: »Heather, meine Frau, und ich haben uns kennengelernt, als wir beide 16 Jahre alt waren.«

Zuweilen kann es vorkommen, dass ein einzelnes Wort oder eine Aussage aus einem vorherigen Satz versetzt werden muss. In anderen Fällen müssen eventuell ganze Sätze oder Abschnitte verschoben werden, sollte dies Klarheit oder chronologische Kohärenz schaffen. Zum Beispiel hat Frank im Verlauf seines Interviews angedeutet, dass seine früheren Lebensjahre – vor dem Alter von 16 Jahren – schrecklich gewesen seien und eine Zeit in seinem Leben, über die er nicht sprechen möchte. Im Kern sagte er aus, dass sein Leben mit 16 begann, als er seine Frau Heather kennenlernte und sich in sie verliebte. An einer späteren Stelle im Interview mit Frank fand der folgende kurze Austausch statt:

INTERVIEWER: Und ich möchte nur ein klein wenig zurückgehen, ob ... und sehen, ob Sie dorthin gehen möchten oder nicht. Ähm, Sie sprachen über die Zeit, als Sie 16 waren und Heather kennenlernten. Wie sah Ihr Leben aus, bevor Sie 16 waren? Wollten Sie über wichtige Dinge aus dieser Zeit sprechen?
FRANK: Äh, vor 16?
INTERVIEWER: Hm.
FRANK: Nun, da gibt's nicht viel, über das ich sprechen möchte.
INTERVIEWER: Gut, das ist in Ordnung. Ich wollte das klären, weil ... das ist in Ordnung. Kein Problem. Also mit 16 begann Ihr Leben ...
FRANK: Ja.
INTERVIEWER: ... für Sie schön zu werden?

FRANK: Bis dahin, nun …
INTERVIEWER: Ja.
FRANK: War es nicht gut.
INTERVIEWER: Okay, wir lassen diesen Abschnitt.

Aus diesem Abschnitt des Transkripts kann der folgende Satz entwickelt und geschlussfolgert werden: »Bis dahin war das Leben nicht gut.« Dieser Satz kann dann an den vorherigen Teil des Dialogs angehängt werden, der Bezug nimmt auf das Kennenlernen seiner Frau im Alter von 16 Jahren. Im Ergebnis sieht das dann so aus: »Nun, zum einen zu heiraten und meine Kinder zu haben. Und ja, so ist das Leben. Dies sind die zwei wichtigsten Dinge in meinem Leben. Heather, meine Frau, und ich haben uns kennengelernt, als wir beide 16 Jahre alt waren. Bis dahin war das Leben nicht gut.«

Falls es mehr als einen Interviewtermin gibt, kommt es nicht selten vor, dass die folgende(n) Sitzung(en) noch Material zur Verfügung stellen, das in den Kontext des ersten Transkripts eingefügt werden kann. Gelegentlich werden Menschen auch genau da weitermachen, wo sie in der vorangegangenen Sitzung aufgehört haben. Weit häufiger werden sie jedoch weitere Ausführungen zu dem zuvor mitgeteilten Material machen. Beispielsweise hatte eine Patientin, die während des ersten Interviews sehr viel über ihre Tochter gesprochen hatte, das Gefühl, nicht genug über ihren Sohn berichtet zu haben. Die zweite Sitzung drehte sich daher größtenteils um Anekdoten, die sie aus seinem Leben erinnerte. Diese Ausführungen wurden später übergangslos dort in das erste Transkript eingefügt, wo sie chronologisch am besten passten.

Korrigieren zeitlicher Abläufe

Patientinnen und Patienten berichten nicht unbedingt in der zeitlichen Abfolge über die Dinge, in der diese geschehen sind, sondern eher in der Reihenfolge, in der sie erinnert werden. Dies ist überhaupt kein Problem. Im Gegenteil, die spontane Erinnerung wird häufig von einem idealen Maß an Schwung und innerem Engagement begleitet. Aber es kann problematisch sein, ein Generativitätsdokument zu lesen, das chronologisch nicht kohärent ist. Zeitlich Ungeordnetes kann das Dokument weniger zugänglich machen und erschweren, es nachzuvollziehen. Mit anderen Worten, die Reihenfolge, in der Dinge ausgesprochen werden, und die optimale Reihenfolge, in der sie im Generativitätsdokument abgebildet werden, ist nicht notwendigerweise dieselbe.

Sobald das Transkript im Rahmen der Editieraufgabe aufgeräumt und auf Verständlichkeit geprüft wurde, ist die Korrektur der zeitlichen Abfolge relativ einfach. Dies erfordert häufig nicht mehr, als entweder einen Satz oder auch einen kompletten Absatz an eine andere Stelle innerhalb des Dokuments zu verschieben. Dies derart zu gestalten, dass der chronologische Faden der Geschichte der Patienten nachvollzogen wird, sorgt für ein sehr viel besser lesbares und kohärentes Dokument. Dies unterstreicht nochmals die Wichtigkeit, Details bezüglich der Zeit und Abfolge von Ereignissen während der eigentlichen Würdezentrierten Therapiesitzung zu präzisieren.

Wie bei allen Editieraufgaben sollte der Leitgedanke beim Korrigieren zeitlicher Abfolgen sein, ob damit ein Zugewinn an Verständlichkeit und Qualität des Dokuments erlangt werden kann. In einer Sitzung beschrieb beispielsweise eine ältere Frau ihre Gefühle gegenüber ihrem Sohn mittleren Alters. Während des Erzählprozesses schilderte sie ihr Empfinden, dass er viele gute Eigenschaften ihres verstorbenen und überaus geliebten Vaters verkörpere. Ihrer Meinung nach waren beide Männer von einzigartiger kreativer Kraft und sanftem Gemüt. Obwohl dies ein liebevoller Vergleich war und sehr schön zu den Ausführungen über ihren Sohn passte, führte sie die Erwähnung ihres Vaters zu lebendigen Erinnerungen an ihre frühe Kindheit und an die Art und Weise, wie ihre Eltern ihre eigene Weltanschauung entscheidend beeinflusst hatten. Diese Abschnitte des Transkripts wurden einfach an frühere Stellen im Dokument platziert, einschließlich ihrer Zeit im Berufsleben, des Kennenlernens ihres Mannes und darauffolgenden Gründens einer Familie.

Ein gelungenes Ende finden

Ein Teil der Aufgabe der Bearbeitung des Transkripts ist es, zu entscheiden, was sich als gelungenes Ende für das Dokument der Würdezentrierten Therapie eignet. Wenn Patienten zum Ende ihrer Sitzung kommen, verschiebt sich die Unterhaltung in den meisten Fällen zu eher allgemeinen Themen, wie sich müde zu fühlen, pflegerische Hilfe zu benötigen oder dem Gefühl, dass es Zeit sei, das Aufnahmegerät auszuschalten. Seien Sie sich bewusst, dass Patientinnen und Patienten manchmal genau dann sehr ergreifende und wundervolle Dinge sagen, wenn sie wissen, dass die Möglichkeit zur Aufnahme ihrer Worte zum Ende kommt. Größtenteils sind aber die Dinge, die gegen Ende einer Sitzung gesagt werden, verglichen mit den oft tiefen, ergreifenden oder emotionalen Inhalten, die im Verlauf des Interviews hervorkommen, erstaunlich nichtssagend. Nur weil der letzte Satz, den jemand am Ende seiner Sitzung sprach, der war, dass er ins Badezimmer müsse, verpflichtet dies den Therapeuten in keiner Weise dazu, diesen Satz als abschließende Aussage des Manuskripts zu verwenden. Bei der Wichtigkeit des Dokuments würde dies ein Affront gegen den Prozess der Würdezentrierten Therapie sein und sicherlich nicht in Einklang mit der therapeutischen Verpflichtung stehen, dieses Dokument so gut wie nur möglich zu gestalten.

Mit diesen Gedanken im Hinterkopf ist es wichtig, während des Editierprozesses auf eine Aussage zu achten, die ein gelungenes Ende bilden könnte. Beispielsweise könnte ein Patient an irgendeinem Punkt gesagt haben: »Ich weiß nicht, ob ich immer die richtigen Entscheidungen getroffen habe, aber meine Familie und meine Freunde wissen, dass ich immer mein Bestes versucht habe.« Vielleicht hat ein Patient in einer früheren Antwort etwas Nachdenkliches und Resümierendes gesagt: »Es war ein gutes Leben« oder »Wenn du den Menschen, die du liebst, gesagt hast, dass du sie liebst, gibt es nicht viel mehr zu sagen«. Diese Aussagen, Abschlüsse aus tatsächlichen Manuskripten der Würdezentrierten Therapie, treffen einen Ton, der dem Prozess Respekt zollt, im Einklang mit dem gesamten Dokument steht und auch unter ästhetischen Gesichtspunkten ein stilvolles Ende für ein Generativitätsdokument darstellt.

Der Patient hat das letzte Wort

Sobald das Manuskript nach bestem Wissen des Therapeuten/der editierenden Person gestaltet und ausgearbeitet wurde, wird es dem Patienten zur abschließenden Freigabe vorgestellt. Dies ist ein wesentliches Element im Editierprozess und verlangt, dass die Therapeutin oder der Therapeut der Würdezentrierten Therapie dem Patienten das gesamte editierte Manuskript vorliest und jegliche letzte Korrekturwünsche erfüllt. (Alternativ, sofern dies gewünscht wird, können Patienten das Manuskript gegebenenfalls selbst lesen.) In vielen Fällen ist dies eine tief greifende Erfahrung für die Patienten. Eine Zusammenfassung ihrer eigenen Reminiszenzen, Gedanken, Gefühle und Wünsche zu hören, kann Patientinnen und Patienten tief berühren und ist meistens sehr erfüllend. Ich erinnere mich an einen Patienten, der zu Tränen gerührt war, als er sich selbst in einem Dokument wiedererkannte, von dem er sorgenvoll dachte, es würde nicht die Essenz dessen einfangen, wer er war und was er hinterlassen wollte. Änderungen können klein sein, wie die Korrektur eines Namens, Datums oder Ortes. Da während des Interviews nicht alles aufgegriffen werden kann, können Wörter oder Namen von Personen oder Orten manchmal auch während des Vorlesens mit den Patienten geprüft werden.

In anderen Fällen können die Änderungen groß sein. Zum Beispiel wünschte sich die Frau, der auffiel, wie wenig sie über ihren Sohn gesagt hatte, dieses Versehen zu korrigieren, indem sie einen zusätzlichen Absatz einfügte, um schließlich mit ihrem Dokument zufrieden sein zu können. Dieser Prozess zerstreut die Ängste auf beiden Seiten: Der Therapeut kann sich rückversichern, dass die editierte Version fehlerfrei und wahrheitsgetreu den Worten des Patienten entspricht; der Patient kann der editierten Version des Transkripts lauschen und sichergehen, dass es zu seiner Zufriedenheit gelungen ist. Im Endeffekt – und so sollte es sein – haben die Patientinnen und Patienten das letzte Wort.

In Kapitel 6 werden zwei vollständige unbearbeitete Transkripte sowie ihre editierten Pendants vorgestellt. Trotzdem bietet auch das nachfolgende Transkript bereits ein kurzes Beispiel für die Würdezentrierte Therapie und erleichtert es, nachzuvollziehen, wie redaktionelle Entscheidungen getroffen werden. Der Patient in diesem Beispiel war ein 71-jähriger Herr, dem Tod bereits sehr nahe. Obwohl die Würdezentrierte Therapie aufgrund seiner Erkrankung ungewöhnlich kurz ausfiel, waren seine Frau und seine vier Kinder trotz allem sehr dankbar für das finale Ergebnis.

INTERVIEWER: Georg, ich frage mich, ob Sie mir ein wenig aus Ihrem Leben erzählen könnten oder mir vielleicht ein paar Dinge mitteilen möchten, die für Sie besonders wichtig waren.

GEORG: Der Kauf meiner neuen Autos über die Jahre war immer eine aufregende Sache für mich, und so sind die mir mehr als wichtig im Kopf geblieben.

INTERVIEWER: Wissen Sie, was die so wichtig für Sie machte? Können Sie sich daran erinnern, was die so wichtig für Sie machte, die Autos?

GEORG: Ich weiß nicht genau. Ich weiß nur, dass es spannende Dinge waren, mit denen man sich beschäftigen konnte. Sie gaben mir ein gutes Gefühl. Wissen Sie, ganz allgemein, sie gaben mir einfach ein gutes Gefühl.

INTERVIEWER: Können Sie sich an ein ganz besonderes erinnern?

GEORG: Nun, ich glaube, wahrscheinlich der 49er-Mercury. Das ist immer noch ein Schlüsselerlebnis in meinem Leben, und der 51er-Mercury. Das waren die wichtigsten Käufe in meinem Leben.

INTERVIEWER: Haben Sie sich schon immer für Autos, und ich glaube auch Motorräder, interessiert?

GEORG: Ich bin dazu gekommen. Motorräder waren [...] Autos [...]. Ich bin die Leiter nach oben geklettert, aber natürlich Motorräder. Die letzten beiden neuen waren sehr sehr schöne Motorräder. Die haben mir wirklich Spaß gemacht.

INTERVIEWER: Können Sie sich erinnern, wie alt Sie waren, als die angefangen haben, Ihnen Spaß zu machen?

GEORG: Von diesen 98ern, die ich letztes Jahr gekauft habe, die 99er, die eine, die ich 1998 gekauft habe, habe beide 1998 gekauft, eine im Frühjahr und eine im [...], und das waren Anschaffungen. Ich glaube, natürlich war das Wichtigste in meinem Leben meine Hochzeit. Klar, das war die Nummer eins. Keine Frage.

INTERVIEWER: Sie sagen, Ihre Ehe war die Nummer eins in Ihrem Leben.
GEORG: Ja, das trifft es. Das wäre der Punkt Nummer eins. Das löste das größte Trauma aus, sozusagen. Ich machte mir Sorgen, ob ich diese ganze Verantwortung übernehmen soll. Das hat mich bestimmt mindestens ein Jahr lang gehindert. Wissen Sie, ob ich das könnte oder nicht. Ob ich mit der Verantwortung umgehen könnte.
INTERVIEWER: Das ist eine große Verantwortung, besonders wenn es so wichtig ist. Haben Sie und Shirley sich schon länger gekannt?
GEORG: Ein paar Jahre, was in der heutigen Zeit nicht lang ist, aber es war damals so. Ja, wir haben viel länger gebraucht, als wir das heute tun. Vorher, wissen Sie, sechs Monate, und man war durch.
INTERVIEWER: Gibt es andere Dinge, über die Sie sprechen möchten, die in Ihrem Leben wichtig waren oder die für Sie in Ihrer Erinnerung wichtig erscheinen?
GEORG: Na ja, das ist alles, was mir einfällt.
INTERVIEWER: Gibt es bestimmte Aufgabenbereiche, die Sie in Ihrem Leben gern eingenommen haben, Rollen bei Ihnen zu Hause oder in der Gemeinde oder auf der Arbeit? Finden Sie es schwer, sich auf die Fragen zu konzentrieren?
GEORG: Ja, ich bin müde, keine Frage. Wie weit sind wir gekommen?
INTERVIEWER: Wir müssen nur so weit gehen, wie Sie sich bereit fühlen zu gehen.
GEORG: Ich bin nicht sicher, ob ich mich jemals wieder so wach fühlen werde wie jetzt.
INTERVIEWER: Möchten Sie weitermachen?
GEORG: Ich glaube, ich möchte weitermachen, aber ich finde es schwierig.
INTERVIEWER: Ich überlege gerade, vielleicht werde ich noch ein paar andere Fragen stellen, aber wenn Sie aufhören möchten, sagen Sie mir bitte Bescheid. Gibt es Hoffnungen und Wünsche für Ihre Familie, für Ihre Kinder, Enkelkinder, Shirley?
GEORG: Ja, natürlich gibt es die. Als Erstes wünsche ich mir, dass sie all die Dinge schaffen, die sie machen möchten. Alles, was ich in der Vergangenheit hätte tun können, natürlich ist das vorbei, alles, was ich jetzt noch tun kann, was ihnen dabei helfen würde, das zu schaffen, das würde ich immer noch sehr gern tun. Klar, alles, was ich tun kann, ist finanziell, aber ich würde ihnen von Herzen gern mit allem helfen, das zu ergreifen, was die Erfahrungen im Leben oder was immer ihr Leben in der Zukunft besser macht.
INTERVIEWER: Gibt es Dinge, die Ihre Enkelkinder über ihren Großvater wissen sollen? Dinge, die Sie ihnen sagen möchten? ... Haben Sie das Gefühl, es ist genug?
GEORG: Ja, ich glaube schon.

Dieses Beispiel einer Würdezentrierten Therapie ist nicht ganz typisch. Der Patient ist nicht nur schwerstkrank, sondern hat auch zu wenig Kraft, um Details zu beschreiben, ausführliche Antworten zu geben, die gewöhnlich Teil der Würdezentrierten Therapie sind. Und dennoch waren sowohl er als auch seine Frau bestrebt, dass er diese Gelegenheit, wenn auch in geringerem Maße, für sich nutzen könne. Die finale editierte Version des Transkripts sah folgendermaßen aus:

INTERVIEWER: Georg, können Sie mir aus Ihrem Leben erzählen, besonders die Dinge, die für Sie besonders wichtig waren?

GEORG: Der Kauf meiner neuen Autos war über die Jahre immer eine aufregende Sache für mich. Es war spannend, sich mit Autos zu beschäftigen, und sie gaben mir einfach ein gutes Gefühl. Ich erinnere mich ganz besonders an eins, den 49er Mercury. Dieser und der 51er Mercury sind noch immer Schlüsselerlebnisse in meinem Leben. Das waren die wichtigsten Käufe in meinem Leben. Motorräder waren auch sehr wichtig. Die haben mir wirklich Spaß gemacht. Natürlich war das Wichtigste in meinem Leben meine Hochzeit mit Shirley. Klar, das war die Nummer eins. Keine Frage. Das wäre der Punkt Nummer eins. Gleichzeitig löste es das größte Trauma aus. Ich machte mir Sorgen, ob ich die mit einer Heirat verbundene Verantwortung übernehmen soll. Diese Angst hat mich bestimmt ein Jahr lang daran gehindert, zu heiraten. Könnte ich es oder nicht? Könnte ich mit der Verantwortung umgehen? Shirley und ich kannten uns damals schon ein paar Jahre, was in der heutigen Zeit nicht lang ist, es damals aber war.

INTERVIEWER: Gibt es Hoffnungen und Wünsche für Ihre Familie, für Ihre Kinder, Enkelkinder, Shirley?

GEORG: Ja, die gibt es. Ich wünsche ihnen, dass sie all die Dinge schaffen, die sie möchten. Ich kann ihnen nicht mehr so helfen, wie ich das in der Vergangenheit getan habe, aber ich möchte ihnen immer noch auf jede Art und Weise dabei helfen, ihre Ziele zu erreichen. Ich habe das Gefühl, alles, was ich tun kann, ist, sie finanziell zu unterstützen. Aber ich würde ihnen von Herzen gern mit allem helfen, die Chancen im Leben zu ergreifen, die ihr Leben in der Zukunft besser machen.

Die redaktionellen Änderungen sind leicht nachzuvollziehen. Beim ersten Aufräumen des Manuskripts wurden einzelne Sätze entweder gelöscht (z. B. »Motorräder waren […] Autos […]. Ich bin die Leiter nach oben geklettert, aber natürlich Motorräder«), oder es wurden kleinere Korrekturen zur Verbesserung der Syntax vorgenommen (aus »Ein paar Jahre, was in der heutigen Zeit nicht lang ist« wird »Shirley und ich kannten uns damals schon ein paar Jahre, was in der heutigen Zeit nicht lang ist«). Zudem ist es einfach, den Inhalt herauszunehmen, der eindeutig nicht für das endgültige Generativitätsdokument bestimmt war, wie: »Na ja, das ist alles, was mir einfällt.« Oder: »Ja, ich bin müde, keine Frage. Wie weit sind wir gekommen?« Die Äußerungen des Interviewers können in vielen Fällen auf ein Minimum reduziert werden; beachten Sie, dass dessen Kommentare (»Wissen Sie, was die so wichtig für Sie machte? Können Sie sich daran erinnern, was die so wichtig für Sie machte, die Autos?«, »Können Sie sich an ein ganz besonderes erinnern?«, »Haben Sie sich schon immer für Autos und ich glaube auch Motorräder, interessiert?«) alle aus dem finalen Dokument herausgenommen worden sind. Jedoch lesen sich die Antworten auf diese Fragen im finalen Dokument als ein kompakter Absatz: »Der Kauf meiner neuen Autos war über die Jahre immer eine aufregende Sache für mich. Es war spannend, sich mit Autos zu beschäftigen, und sie gaben mir einfach ein gutes Gefühl. Ich erinnere mich ganz besonders an eines, den 49er Mercury. Dieser und der 51er Mercury sind noch immer Schlüsselerlebnisse in meinem Leben. Das waren die wichtigsten Käufe in meinem Leben. Motorräder waren auch sehr wichtig. Die haben mir wirklich Spaß gemacht.«

Der Abschluss, den Georg in seinem tatsächlichen Interview formulierte, war eine Antwort auf die Frage, ob er das Gefühl habe, es sei genug: »Ja, ich glaube schon.« Selbstverständlich ist dies weder ein angemessenes noch ein gelungenes Ende für ein Dokument von solcher Bedeutung. Der editierende Therapeut wählte eine weitaus passendere Weise, um sein Generativitätsdokument abzuschließen: »Aber ich würde ihnen von Herzen gern mit allem helfen, die Chancen im Leben zu ergreifen, die ihr Leben in der Zukunft besser machen.« Auf diese Weise sind seine letzten Worte ein Ausdruck von Güte und Liebe für seine Familie und seinem Blick auf deren Zukunft.

Wenn dieses Beispiel auch nicht typisch für die Würdezentrierte Therapie sein mag, so war Georgs Familie von dem Ergebnis sehr berührt und dankbar. Obwohl er seinem Tod sehr nahe war, war es seiner Frau möglich, es ihm vorzulesen. Am Ende dieses Vorlesens sagte er: »Ich bin froh, in der Lage gewesen zu sein, das zu schaffen.« Seine Frau, die zwei Jahre nach ihm verstarb, sagte, sie habe das Dokument viele Male gelesen und Kopien an ihre vier Kinder und deren Familien verteilt. Seine Frau berichtete zudem, dass ihre Söhne meinten, das Transkript zeichne ihren Vater perfekt nach: Die Dinge, die ihm wichtig waren, umfassten Autos, Motorräder und seine Familie. Keiner von ihnen hatte ein Problem mit der Reihenfolge, in der er diese Inhalte vorgebracht hatte.

6 Vom Anfang bis zum Ende

Er, der von uns gegangen ist, sodass uns nur die Erinnerung an ihn bleibt,
weilt unter uns, stärker, ja deutlicher als der lebendige Mensch.
Antoine de Saint-Exupéry

Zu beschreiben, wie die Würdezentrierte Therapie – im Übrigen wahrscheinlich jede psychotherapeutische Intervention – durchgeführt wird, fühlt sich über kurz oder lang wie die Aufgabe an, den Geschmack von Eiscreme zu beschreiben; keine Fülle an Beschreibungen und keine noch so sorgfältig ausgewählte Sammlung an Adjektiven kann das Erlebnis des tatsächlichen Schmeckens ersetzen. So sehr ich mich darum bemüht habe, die Würdezentrierte Therapie in all ihrer Komplexität zu beschreiben, werden die Leserinnen und Leser verständlicherweise selbst eine »Kostprobe« bekommen wollen. Im Unterrichten der Würdezentrierten Therapie gibt es keinen besseren Weg, diese Kostprobe anzubieten, als ein Interview tatsächlich vorzuführen. Über die Jahre hinweg habe ich das Privileg gehabt, diese Therapiesitzungen zu Demonstrationszwecken in Versorgungseinrichtungen auf der ganzen Welt durchzuführen.

Ich erinnere mich daran, wie eine Patientin in China die Auswirkungen der Kulturrevolution auf sich und ihre Familie beschrieb. Ich werde mich immer an den australischen Patienten erinnern, der mich wenige Tage vor seinem Versterben lehrte, dass die Liebe und der Wunsch, für unsere Liebsten zu sorgen, bis in unsere letzten Tage währen. Ebenso gab es im Osten Kanadas eine Sitzung zu Lehrzwecken. Eine wunderschöne Patientin kam mit einem Rollstuhltransport aus dem örtlichen Hospiz zu ihrer Therapiestunde – während ihr Körper, wie sie es selbst beschrieb, »zerbrochen war«, war ihr Geist stark und unversehrt. Erinnerungen wie diese sind so zahlreich wie die vielen Gelegenheiten, zu denen ich die Würdezentrierte Therapie vor einer Gruppe von Gesundheitsversorgern demonstriert habe, die mit ihren eigenen Augen sehen wollten, wie sie genau durchgeführt wird.

In diesem Kapitel wird die Leserin, der Leser zwei Beispiele der Würdezentrierten Therapie finden, wortwörtlich, vom Anfang bis zum Ende. (Mit Blick auf die Anonymität wurden diese beiden Beispiele aus Interviews mit Simulationspatienten [professionelle Schauspieler] generiert.) Die Interviews fanden im Rahmen zweier Workshops zur Würdezentrierten Therapie live vor einem Publikum aus Gesundheitsversorgern statt. Die Interviews wurden, wie bei Patienten, weder zuvor geprobt noch wurde in irgendeiner Art und Weise etwas vorgegeben. Gemäß dem üblichen Ablauf erhielten beide Patienten den Fragenkatalog zur Würdezentrierten Therapie im Vorfeld des tatsächlichen Interviews. Dies gab ihnen die Möglichkeit, über die Fragen nachzudenken und zu überlegen, welche Inhalte sie in ihre Würdezentrierte Therapie einbringen wollten.

Vor dem Beginn der eigentlichen Sitzungen beantworteten beide Patienten einige Fragen, die den Rahmen ihrer Würdezentrierten Therapie bildeten (siehe Kapitel 3, S. 104). Die Leser seien daran erinnert, dass diese Kontextfragen gewöhnlich eher kurz sind und Informationen wie Alter der Patienten, Familienstand, momentane Lebensumstände, Kinder, ihre Erwerbssituation sowie das Grundverständnis ihrer aktuellen Erkrankung erfragen. Das erste Fallbeispiel fand 2008 auf einem Palliativfachkongress in Neuseeland statt. Der Patient stellte sich selbst als »Dave« vor, ein 57 Jahre alter verheirateter Mann und Vater von drei Kindern – zwei Töchtern, Amy, 18 Jahre, und Kate, 21 Jahre, und einem Sohn, Will, 24 Jahre. Dave deutete an, dass die Beziehung zu Will seit einiger Zeit nicht so einfach gewesen sei. Vor der Diagnose Dickdarmkrebs im fortgeschrittenen Stadium leitete Dave seinen eigenen Betrieb für Landschaftsbau.

Daves Würdezentrierte Therapie

DR. CHOCHINOV: Okay, Dave. Was wurde Ihnen über das, was Sie und ich heute hier zusammen machen möchten, bereits erklärt?
DAVE: Nun, mir wurde gesagt, dass wenn, wenn ich möchte und kann, dass Sie mir helfen würden, eine Art Dokument zu erstellen, wenn das das richtige Wort ist?
DR. C.: Genau.
DAVE: Ja.
DR. C.: Ja.
DAVE: Um es weiterzugeben an andere, wenn ich nicht mehr da bin.
DR. C.: Das ist richtig; für Sie, um etwas zu erstellen, das Aspekte von Ihnen festhält, die Sie anderen mitteilen möchten.
DAVE: Das ist richtig. Ja. Ich meine, ich, ich glaube, dass die meisten meiner Familie, Menschen, die mir nahe sind, die Sachen wahrscheinlich wissen, aber, vielleicht gibt's dabei Dinge, die, die sie nicht wissen.

DR. C.: Okay.

DAVE: Ja.

DR. C.: Und es scheint, als sei dieses Vorhaben etwas, das für Sie eine gewisse Bedeutung hat, weil Sie sich dafür entschieden haben, hierher zu kommen und mitzumachen.

DAVE: Ja. Ich, ich. Nein, ich bin wie eine Menge anderer Kiwi-Typen. Ich, ich finde es nicht leicht, wissen Sie, üb-über solche Sachen zu reden.

DR. C.: Na ja, ich bin nur ein Typ aus Kanada, also müssen Sie mir Bescheid geben, wenn ich Dinge frage, die für Sie gar nicht gehen, und wenn sie in Ordnung sind.

Dieser Kommentar diente dazu, Dave spüren zu lassen, dass unsere gemeinsame Zeit angenehm gestaltet werden solle und ein gewisses Maß an Zwanglosigkeit und Lässigkeit zuweilen völlig angemessen ist.

DAVE: Ja.

DR. C.: Okay.

DAVE: Ja.

DR. C.: Dave, ich weiß, dass Sie, wie jeder andere auch, der hieran teilnimmt, eine Liste mit Fragen bekommen haben, über die wir hier reden könnten. Aber ich möchte, dass Sie wissen, dass Sie sich frei fühlen können und diese Fragen genauso gut komplett ignorieren können. Wenn ich Sie also irgendetwas frage, das Sie nicht beantworten möchten, lassen Sie es mich einfach wissen, und wir gehen zu etwas anderem über.

DAVE: Einverstanden.

DR. C.: Ich gehe davon aus, dass wir ungefähr eine Stunde miteinander sprechen werden. Wenn Sie also irgendwann müde werden, geben Sie mir Bescheid. Wir haben hier Wasser für Sie. Lassen Sie mich wissen, ob es noch etwas gibt, was Sie brauchen.

DAVE: Ja, okay.

DR. C.: Wie geht es Ihnen jetzt damit?

DAVE: Ich bin ein bisschen nervös, über all das zu sprechen. Einiges davon. Wie gesagt, ich bin es nicht gewöhnt, über persönliche Dinge zu sprechen.

DR. C.: Ja, sie wirken ein bisschen nervös. Gibt es irgendetwas, das Ihnen helfen könnte, sich zu beruhigen?

DAVE: Oh nein, es ist nur. Sie machen das schon gut so. Ehrlich.

DR. C.: Ich hoffe es.

DAVE: Ich fange an, mich gut zu fühlen, wissen Sie. Ich meine, ich weiß, dass, ähm, es Dinge gibt, mit denen ich mich nicht, nicht wohlfühle, wissen Sie. Aber, d-die meisten Dinge in meinem Leben waren richtig, richtig gut. Wissen Sie. Also wenn es dann darum geht, wird es leicht für mich, denn es hat eine Menge guter Dinge gegeben.

DR. C.: Dave, manche Menschen haben bestimmte Ideen dazu, über was sie reden möchten. Haben Sie eine bestimmte Vorstellung darüber, wie Sie das hier machen möchten, oder ist es Ihnen, wie den meisten Menschen, lieber, dass ich Ihnen helfe, einen Anfang zu finden, und Ihnen im Verlauf weitere Fragen stelle?

DAVE: Ich, ich möchte lieber, dass Sie mir ein bisschen helfen. Wie Fragen stellen, wissen Sie.

DR. C.: Abgemacht. Bevor ich also das Aufnahmegerät einschalte, darf ich Sie daran erinnern, dass die erste Frage, die ich Ihnen stellen werde, nach den Erinnerungen in Ihrem Leben fragt, die Sie vielleicht weitergeben möchten.

DAVE: Okay.

Bis zu diesem Zeitpunkt bestand das Interview hauptsächlich darin, Dave zu beruhigen, um sicherzustellen, dass er den Ablauf wirklich versteht und weiß, dass er derjenige ist, der die absolute Kontrolle darüber hat, was er aufnehmen möchte und was er nicht aufnehmen möchte. Der Tonfall dieses einleitenden Teils sollte beruhigend sein und Sicherheit vermitteln. Auch wenn Dave zuvor eine Aufklärung über die Würdezentrierte Therapie erhalten hat, ist es unabdingbar, zu prüfen, ob etwas unklar ist, Missverständnisse auszuräumen und alle aufkommenden Fragen zu beantworten. Wenn dies gelingt, sollte es Dave helfen, sich auf das einzustellen, was während des Interviews passiert, und es ihm ermöglichen, sich leichter darauf einzulassen.

DR. C.: Womit ich starten möchte, Dave, ist, dass Sie mir erzählen, ob es wichtige Erinnerungen gibt, die Sie mitteilen möchten oder von denen Sie wollen, dass sie auch bestimmt in Erinnerung bleiben.

Kommunikative Fähigkeiten sind in der Medizin unerlässlich. Dies gilt umso mehr, wenn wir uns mit Themen beschäftigen, die Leben und Tod betreffen. Der Wortwahl der klinisch Praktizierenden muss darum besondere Aufmerksamkeit geschenkt werden. Worte sind ein Werkzeug, das entweder helfen oder verletzten kann, je nachdem wie die Worte gewählt und eingesetzt werden. Erinnern Sie sich daran, dass Dave, als er nach seinem Verständnis der Würdezentrierten Therapie gefragt wurde, deutlich darauf Bezug nahm, das Dokument weiterzugeben, *wenn er nicht mehr da ist*. Daves Fähigkeit, seine Situation auf diese direkte Art auszudrücken, beinhaltet die implizite Erlaubnis, ähnlich unmissverständliche Ausdrücke zu benutzen. »Von denen Sie wollen, dass sie auch bestimmt in Erinnerung bleiben« ist relativ explizit, da es beinhaltet, in absehbarer Zeit nicht mehr da zu sein. Hätte Dave eine weit euphemistischere Sprache benutzt oder einen Sprachstil, der Bezüge zu Tod und Sterben vermeidet (z. B. »die Würdezentrierte Therapie hilft mir, den Menschen, die ich liebe, Geschichten zu erzählen« oder »die Würdezentrierte Therapie soll mir dabei helfen, mit meiner Familie reinen Tisch zu machen«), müsste der Therapeut mit Bedacht einen Sprachstil wählen, der die hilfreichen Abwehrmechanismen vermutlich am wenigsten gefährdet. Wäre dies hier der Fall gewesen, wäre die Eröffnungsfrage wohl ungefähr so formuliert worden: »Der Punkt, an dem ich starten möchte, Dave, ist, dass Sie mir erzählen, ob es Phasen in Ihrem Leben gibt, von denen Sie gern möchten, dass andere sie kennen.« Wenngleich solche Unterschiede subtil erscheinen mögen, machen sie oft den Unterschied zwischen einer tröstlichen und schonenden Interaktion und einer Intervention aus, in der Patientinnen und Patienten die Fragen als konfrontativ, strapazierend oder sogar verletzend empfinden.

DAVE: Die, die gibt es, ja. Da gibt es eine, da gibt es eine Phase im Leben. Wie als Jean und ich gerade zusammen waren, wir waren nicht verheiratet, keine Kinder.
DR. C.: Ah, also Jean ist Ihre Frau?

Die Unterbrechung, um sich an dieser Stelle Klarheit zu verschaffen, ist wichtig. Solange das Generativitätsdokument keine persönlichen Details enthält, läuft es Gefahr, eher allgemein zu klingen. »Meine Frau« im Gegensatz zu »Jean« hilft dabei, sicherzustellen, dass Daves Dokument einzigartig und speziell zum Wohl der Menschen gestaltet wird, denen er es hinterlassen möchte.

DAVE: Meine Frau, ja.
DR. C.: Okay.
DAVE: Ja. Und wir waren nicht verheiratet, aber ich war immer draußen im Freien unterwegs, ja. Ich hatte, kann das. Ich war, ich war, könnte man so sagen, ein fahrender Hippie, ja.
DR. C.: Das klingt nach Spaß. (leises Lachen) Wie alt waren Sie zu dieser Zeit?

Erneut sorgt diese ergänzende Information nicht nur für mehr Verständlichkeit des Dokuments, sondern hilft darüber hinaus dem Interviewer oder der Interviewerin, sich innerhalb der Chronologie dieser besonderen Erzählung zu orientieren.

DAVE: Oh, Anfang zwanzig. Wir waren beide in unseren frühen, mittleren Zwanzigern.
DR. C.: Okay.
DAVE: Und wir waren beide im Südpazifik segeln. Hm.

DR. C.: Ich bekomme das Gefühl, so wie Sie mit dem Kopf nicken, dass es da noch mehr besondere Erinnerungen oder Bilder gibt, die Ihnen in den Kopf kommen.

DAVE: Ja.

DR. C.: Wenn es nicht zu anstrengend ist, könnten Sie einige dieser Bilder, die Sie vor Ihrem inneren Auge sehen, beschreiben?

In der Würdezentrierten Therapie ist die Metapher einer Fotografie oft sowohl hilfreich als auch bewegend. Dieser Zugang ermutigt die Patienten, in ihre eigenen Erinnerungen einzutauchen. Die Erinnerungen mit einer konkreten visuellen Vorstellung zu verbinden, macht es den Patientinnen und Patienten häufig leichter, diese Erinnerungen zu beschreiben. Die Therapeuten können diesen Prozess fördern, indem sie nach den in diesen Bildern enthaltenen Details fragen.

DAVE: Hm. Die, die Leute, die ich kennengelernt habe, waren, und auf den Inseln, und ganz besonders die Salomonen.

DR. C.: Gut.

DAVE: Und, das waren einfach wunderbare Menschen. Hm, und, und, ich glaube nicht, dass andere Menschen hier in Neuseeland, die mich kennen, äh, äh, verstehen, wie diese Phase in meinem Leben genau war.

DR. C.: Das könnte schwierig sein und mag ebenso schwer auszudrücken sein. Als Sie eben sprachen, fiel mir auf, dass Sie den Tränen nah waren. Gibt es da eine bestimmte Erinnerung, die Ihnen in diesem Moment in den Kopf kam? Wenn ja, wären Sie in der Lage, sie mir zu beschreiben; und könnten Sie sie mir in so vielen Einzelheiten wie möglich beschreiben?

Dies ist ein typischer Gebrauch der Fotometapher. Ähnlich wie die Klärung des Namens von Daves Ehefrau stellt die hervorgelockte detailreiche Beschreibung seiner Erinnerungen sicher, dass das Dokument wirklich einzigartig ist. Da auch andere die Salomonen besucht haben, garantiert das Einfügen dieser Details, dass nur Dave dieses spezielle Dokument angefertigt haben kann. Im Grunde vermittelt das Dokument in seiner Einzigartigkeit das einmalige Leben seines Erstellers.

DAVE: Hm, äh, die Erinnerung würde sein, äh, das Dorf und die Menschen. Äh, fast als würde man in einem Auckland-Museum eine Ausstellung zu Polynesien besuchen.

DR. C.: Hm.

DAVE: Wo sie, wörtlich genommen, sehr wenig anhaben, aber den traditionellen Rock aus Gras und [...] frisch von den Einbaumkanus, und sie, sie leben in

Häusern, die, nur Stroh, und, verstehen Sie, und es ist Dritte Welt, es ist ein Lebensstil für den Eigenbedarf, den sie leben, aber ihre Werte kommen mir gleichzeitig, äh, so fantastisch vor, und ich fühlte mich sehr geehrt, einfach ein Teil ihrer Gemeinschaft zu sein, und, das Foto von mir, ein Teil ihrer Gemeinschaft zu sein, äh, ich meine, es gibt wirklich viele Schnappschüsse von mir, als sie mir die Ehre erwiesen, ein Schwein für mich zu schlachten. Ich weiß, das klingt schrecklich, aber es ist ein echtes Privileg, ein Schwein zu schlachten, das ist eine große Sache. Äh, ich half ihnen dabei, ihren Wasserzulauf zu reparieren. Ich habe zumindest die Schächte angelegt. Nicht ich selbst, aber ich habe ihnen viele Ratschläge gegeben.

DR. C.: Schön. Schön.

DAVE: Um den Wasserzulauf, den sie hatten, zu reparieren, sonst tragen Frauen, wissen Sie, stundenlang am Tag Krüge mit Wasser. Ich entwarf einen Zapfhahn. Ja. Ähm, nur einen Zapfhahn. Äh, ich habe Schwimmbecken gebaut und diesen Zapfhahn. Der Hahn war viel nützlicher als ein Schwimmbecken.

DR. C.: Auf jeden Fall. Und wieder, Dave, habe ich bemerkt, dass Ihre Erzählung nach glücklichen Erinnerungen klingt, aber es scheinen dabei eine Menge Emotionen hochzukommen. Ist das etwas, worüber Sie sprechen möchten?

An dieser Stelle ist es Zeit für einen wichtigen Hinweis. Gefühlen nachzugehen ist für die meisten Psychotherapeuten eine übliche Technik. Sie wird häufig mit dem Ziel angewandt, Inneneinsichten zu fördern oder, allgemeiner, Patienten zu befähigen, sich an der »aufdeckenden« therapeutischen Arbeit zu beteiligen. Im Rahmen der Würdezentrierten Therapie ist das Verfolgen der Gefühle hingegen ein Weg, den Patientinnen und Patienten zu helfen, sich mit ihren Erinnerungen zu verbinden und somit anschauliche Beschreibungen hervorzurufen, die ihr Generativitätsdokument bereichern werden. Die veränderte Absicht beim Verfolgen der Gefühle kann für viele Psychotherapeuten eine Umstellung sein. Sie müssen ihren ursprünglichen Ansatz gegebenenfalls verändern, um die Würdezentrierte Therapie nicht entgleisen zu lassen, indem sie einem einsichtsorientierten Ansatz folgen.

DAVE: Ähm. Ich glaube, es ist emotional, einfach weil es so eine glückliche Zeit war.
DR. C.: Gut.
DAVE: Und unkompliziert, verstehen Sie, Zeit, die, äh, äh, ich wünschte, dass mehr in meinem Leben so gewesen wäre wie damals.
DR. C.: Hm.
DAVE: Mein Leben wurde irgendwie komplizierter, als ich mit dem Geschäft startete und anfing, Leute einzustellen.

An dieser Stelle war nicht klar, ob der Themenwechsel hin zu Daves geschäftlichen Angelegenheiten und den verschiedenen Komplikationen, die diese mit sich brachten, die Auswahl einer »Fotografie« war, über die er sprechen wollte, oder ob er mit diesem Wechsel einfach einer zeitlichen Logik folgte, die wenig mit einer bewussten Auswahl weiterer Inhalte für das Generativitätsdokument zu tun hatte. Um diesen Punkt abzuklären, wurde die Fotometapher angeboten, um es Dave zu ermöglichen, sich bewusst zu entscheiden, womit er als Nächstes fortfahren wollte.

DR. C.: Bevor wir zu diesem Kapitel Ihres Lebens übergehen, vielleicht noch eins: Teilnehmende der Würdezentrierten Therapie stellen sich oft vor, mit mir zusammen Bilder in einem Fotoalbum anzuschauen. Jetzt haben Sie mir das Bild der Salomonen gezeigt. Gibt es noch andere Bilder, die in Ihren Kopf kommen? Augenblicke, die Sie anderen über sich mitteilen wollen oder die Sie irgendwie weitergeben möchten?

DAVE: Ja. Die meisten Fotos hätten mit den Sachen draußen zu tun, weil das, denke ich, das ist, wo ich die besten Zeiten hatte. Aber im Sinne eines Fotos früherer Zeiten wäre ich gern, wäre ich gern wieder in der Outward Bound Association[2] aktiv. Weil ich da als Kind hingegangen bin.

DR. C.: Gut.

DAVE: Und ich bin Mitglied der Pfadfinder, und ja, ein, ein, ein Bild, na ja, eine Reihe von Bildern von mir, wo ich auf Berge klettere, und Wildwasserfahrten.

DR. C.: Und ist das wieder auf den Salomonen?

DAVE: Nein, das ist früher. Da war ich noch jünger.

DR. C.: Wie alt waren Sie wohl und wo wurde das Foto aufgenommen?

DAVE: 18. Hm. Ja. Unten, äh, Anakiwa, in den Marlborough Sounds und an der Spitze der südlichen Insel.

DR. C.: Ah ja.

DAVE: Ah, diese, diese Fotos, doch, die waren, die waren ein sehr prägender Teil meines Lebens.

DR. C.: Inwiefern?

DAVE: Interesse an der Natur. Ja. Ja. Wissen Sie, das Interesse an der Natur kam schon davor auf, auch mit meinem Vater. Mein Vater, ah, ich bin in einem ländlichen Ort groß geworden.

DR. C.: Und wo in etwa?

DAVE.: Landwirtschaft. Da was jetzt, das gehört fast zu Auckland.

DR. C.: Aha.

DAVE: Und, ich, hm, mein Vater war Landwirt.

---

2 Gemeinnütziger Verein für Erlebnispädagogik und Aktivitäten in der Natur

DR. C.: Gut.

DAVE: Hm hm. So. Gut, ich meine, Landwirtschaft und die Natur waren Teile meines Lebens.

Mit der Erwähnung seines Vaters, früheren prägenden Erlebnissen und dem Ort seiner Kindheit wird deutlich, dass Daves Erinnerungen nicht strikt chronologisch geordnet sind. Er begann seine Reminiszenzen mit einer Erinnerung aus seinen frühen Zwanzigern. Dann erwähnte er kurz seine Zugehörigkeit zur Outward Bound Association, beginnend im Alter von 18 Jahren. Um hier nicht den Anschluss an sein Heranwachsen zu verlieren, wird an diesem Punkt explizit nach frühen Kindheitserinnerungen gefragt.

DR. C.: Und gibt es eine Erinnerung an Ihre Kindheit, die vor Ihrem inneren Auge auftaucht, während Sie davon erzählen, oder ist das eher nur vage?

DAVE: Seltsamerweise ist das tatsächlich nicht auf dem Hof. Eher, auf den Golfplatz zu gehen. Eher, am Rand entlanglaufen, zu versuchen, um Papa herumzuwatscheln, hinter ihm her, denn, weil, er war ein begeisterter Golfer.

DR. C.: Ach, tatsächlich.

DAVE: Ja. Ja. Sehr, sehr, sehr, sehr naturverbunden.

DR. C.: Wie alt werden Sie in dieser besonderen Szene gewesen sein?

DAVE: Vier. Haha! Bei dem Versuch, ein Caddy zu sein.

DR. C.: Richtig. (leises Lachen)

DAVE: Ja. Ja. Vier. Das, das war wahrscheinlich ein, ein wirklich ausschlaggebender Teil für mein Interesse an der Natur. Es gab dort viele wunderschöne Pinienbäume, groß und alt. Seitdem liebe ich den Geruch von Pinienadeln.

DR. C.: Mmh.

DAVE: Ja.

DR. C.: Dem Faden Natur können wir in allen drei Bildern, über die Sie erzählt haben, folgen, vom Golfkurs über die Bergwanderungen bis zu den Salomonen.

Die Bemerkung an dieser Stelle ist nicht als Interpretation zu verstehen. Vielmehr soll sie zusammenfassen und ist dazu gedacht, Dave deutlich zu machen, dass ihm aufmerksam zugehört wird, dass seine Worte von Bedeutung sind und die volle Aufmerksamkeit des Therapeuten auf sich gezogen haben.

DAVE: Ja. Ja. Es ist alles draußen.

Neben der sanften Lenkung des Interviewflusses muss der Therapeut sorgfältig auf die Zeit achten. Aufgrund der fortgeschrittenen Erkrankung haben Patientinnen und Patienten selten die Kraft, eine Sitzung über eine Stunde hinaus zu verlängern. Grundsätzlich kann die erste halbe Stunde den persönlichen Erinnerungen und Reminiszenzen gewidmet werden. Im Interview mit Dave nun etwa bei zwanzig Minuten angekommen, ohne bisher über seine Frau gesprochen zu haben, schien dies eine günstige Gelegenheit zu sein, ihn in diese Richtung zu leiten.

DR. C.: So ist es. Sie erwähnten die Salomonen, wo Sie auch zusammen mit Jean waren.

DAVE: Ja. Wir, wir, wir waren, ähm, zusammen in Neuseeland. Wir sind zusammen fortgegangen. Wir waren beide; wir haben uns in einem Segelklub kennengelernt. Wir waren beide am Segeln interessiert. Und, ah, wir haben uns zusammengetan, haben zusammen ein Boot beschafft und sind im Pazifik gesegelt, drei Jahre, drei echt umwerfende Jahre. Drei Jahre lang haben wir das gemacht.

DR. C.: Ich kann mir nur annähernd vorstellen, wie das gewesen sein muss.

DAVE: Fantastischer Lebensstil. Hm.

DR. C.: Es ist wahrscheinlich nicht leicht, eine so reiche Erfahrung in Worte zu fassen. Sie haben es als fantastischen Lebensstil beschrieben, der fast drei Jahre Ihres Lebens ausmacht.

DAVE: Ja.

DR. C.: Gibt es da noch Geschichten, Erinnerungen oder Bilder, die Sie aussprechen möchten oder zu diesem Teil ergänzen möchten?

DAVE: Hm. Auf jeden Fall. Hm, die Zapfhahngeschichte ist überwältigend, und ich, den Wasserzulauf für die Dorfbewohner anzubringen. Andere Geschichten, hm, in einen schlimmen Sturm gekommen zu sein. Nicht lebensgefährlich, aber schlimm und sehr unsicher, denn es war in den Zeiten vor GPS. Ich navigierte noch mit dem Sextanten. Das ist eine verloren gegangene Kunst heutzutage.

DR. C.: Hm.

DAVE: Satellitengesteuerte Navigation, ähm, und ich war etwas unsicher. Ich habe versucht, die Koppelnavigation zu nutzen, rundherum gab es Strömungen und Riffe, und ich war mir absolut nicht sicher, wo wir waren und, ich meine, ich hatte Grundkenntnisse, aber ich habe befürchtet, dass wir vielleicht damit enden, auf ein Riff aufzulaufen. Wir haben einfach versucht, die Position zu halten und damit zu vermeiden, auf ein Riff aufzulaufen. Und dann war da ein Kanu. Ich meine, ich war auf einem fast elf Meter langen Boot. Ich meine also ein seetaugliches Boot. Und dann da dieses kleine, ich meine, einfach ein, es ist wie aus, eins aus dem Auckland-Museum, und das, das Segel war, verstehen Sie, war flach gewebt, und diese Leute zeigten uns den Weg. Sie, sie haben uns gesehen. Sie waren draußen fischen, und so: »Leute, was macht ihr hier draußen?«

DR. C.: (leises Lachen)

DAVE: Aber wie auch immer, sie – du weißt schon – hallo, hallo.

DR. C.: (leises Lachen)

DAVE: Wo sind wir? Ach, wissen Sie, so eine Art »Folgt mir!«. Na ja, tatsächlich kamen sie dann an Bord und haben ihr Boot an meinem festgemacht.

DR. C.: Wow.

DAVE: Und, und sie haben mir den Weg gezeigt, im Prinzip durch diese Passage, durch dieses Riff, wo ich, ich wusste, dass es da ein Riff gibt, und ich hatte davor Angst. Sie zeigten mir die Passage, sie kannten sie, sie waren Einheimische. Und wen haben sie gerettet – mich? Was für ein Ort.

DR. C.: Unglaublich.

DAVE: Und ich meine, wir, ich war, wir sind dahingetrieben für, na ja, nicht getrieben, aber wir waren zu dieser Zeit bereits mehrere Tage auf See unterwegs. Und ich war wirklich fertig, aber allein das Gefühl von, erschöpft, wissen Sie, salzverkrustet und so voller Angst. Und die Erleichterung. Diese Leute haben mich geleitet. Es war einfach unglaublich, großartiger Ankerplatz. 360 Grad Schutz. Das ist es, was man an Sicherheit haben möchte, genau 360 Grad Schutz, und der Sturm draußen.

DR. C.: (leises Lachen) Hm. Gehen wir weiter, Dave. Fast widerstrebt es einem, die 70er zu verlassen.

DAVE: Ja. Ja.

DR. C.: Es klingt spektakulär.

DAVE: Es war spektakulär.

DR. C.: (leises Lachen) Aber wenn wir weitergehen, gibt es dann andere Bilder, die auftauchen? Nochmals, wenn Sie und ich zusammen durch dieses Fotoalbum blättern, was sind die nächsten, die Sie mir zeigen wollen würden, die wichtige Momente oder Kapitel Ihres Lebens abbilden?

DAVE: Familie.

DR. C.: Erzählen Sie mir davon.

DAVE: Na ja, da gab es so viele Personen. Die meisten Menschen haben Familie. Hm, abgesehen von den wichtigsten Ereignissen ihres Lebens. So war das sicher auch bei mir.

DR. C.: Und wenn Sie Familie sagen, wer sind die Menschen, von denen Sie dann sprechen?

DAVE: Drei Kinder. Will, als Erster, wissen Sie, das, und das ist 24 Jahre her. Zuerst Will.

DR. C.: Genau.

DAVE: Kate, wenige Jahre später. Amy. Hm, ja, Kinder zu haben, war einfach, äh, sehr, überwältigende Erfahrung. Gerade bist du ein junger Teenager, der, ich meine, ich, ich, ich hatte Brüder und Schwestern und alles, also war mir diese ganze Familiensache vertraut.

DR. C.: Gut.

DAVE: Und hm, aber dann meine eigene Familie, das war fantastisch. Ja. Und auch, zu der Zeit war ich tatsächlich dabei, dafür zu sorgen, dass das, der Betrieb gut läuft. So ging es uns tatsächlich ganz gut, es war nicht zu anstrengend.

DR. C.: Hm. Das klingt, als ob Familie zu haben für Sie eine Erfahrung gewesen ist, die Ihr Denken verändert hat.

DAVE: Das war so.

DR. C.: Was hat Sie so überwältigt? Was machte es so übermäßig eindrucksvoll?

DAVE: Einen, einen kleinen Jungen zu haben. Er war, es war, super. Baby. Kind. Die Dinge wurden irgendwann schwieriger. Hm, als kleiner Bub war er wunderbar. Und als ein Baby, ein neugeborenes Baby, war er hinreißend. Das werde ich niemals vergessen. Das erste Baby, verstehen Sie? Ich meine, er war prächtig. Ein total blondes Kerlchen. Er hatte blondes Haar. Meine Güte! Er war, er war das Licht unseres Lebens, wissen Sie. Hm, ja, die anderen zwei, die anderen zwei, ich meine, es war genauso aufregend, Kate und Amy, sie zu halten, als sie auf die Welt gekommen sind. Das war, ja. Ich, ich habe es geliebt. Vater zu sein, war. Ja. Es, es war größer als Segeln.

DR. C.: (leises Lachen) Ich glaube, was beides miteinander verbindet, ist der Wert des sicheren Hafens.

DAVE: Ja. Genau. Und außerdem fordert es mehr heraus. Ja.

DR. C.: Jede Wette.

DAVE: Hm. Ich meine, die Mädchen sind spitze. Es waren gute Mädchen. Ich meine, Kate ist an der Universität. Und sie wird wahrscheinlich auch etwas mit Unterrichten machen, wie Mama. Jean ist Lehrerin, meine Frau.

DR. C.: Genau.

DAVE: Und sie wird's wahrscheinlich auch. Sie denkt darüber nach, zu erziehen, zu unterrichten.

DR. C.: Und Amy?

DAVE: Amy ist gut in der Schule. Aber sie ist gut in Naturwissenschaften. Sie denkt darüber nach, vielleicht Physiotherapeutin zu werden.

DR. C.: Und Sie haben angedeutet, dass die Dinge mit Will nicht ganz so glatt laufen. Hatten Sie darauf gehofft, das in diesem Dokument ansprechen zu können?

Die von Dave angedeuteten Spannungen zwischen ihm und seinem Sohn könnten etwas sein, was er in der Würdezentrierten Therapie ansprechen möchte – oder auch nicht. Ein wichtiges Familienthema wird nicht notwendigerweise Inhalt der Würdezentrierten Therapie. Letztendlich kann nur Dave allein bestimmen, welche Inhalte ihren Weg in seine Therapie finden sollen. Wenn man dies anspricht, muss man sorgfältig auf die sogenannten »hässlichen«

Geschichten achten und sie, wenn nötig, bewältigen – das sind Inhalte, die sich für den Empfänger des Generativitätsdokuments als verletzend herausstellen könnten.

DAVE: Ja. Ähm, das war das, das ich wahrscheinlich am meisten, ähm, mich herausforderte, als ich darüber nachgedacht habe, Sie wissen schon, über das Leben zu sprechen. Über persönliche Dinge zu sprechen. Das ist, über ihn zu sprechen. Ja. Ja, so in der Art. Ja. Es war, es war zuletzt nicht einfach. Hm. Aber ich glaube, ich muss sagen, ja, ich glaube, wahrscheinlich ist er noch nicht mal im Lande. Er ist immer noch in Paris. Dachte, er wäre inzwischen zurückgekommen.

DR. C.: Sie dachten, er wäre inzwischen zurückgekommen, angesichts der Tatsache, dass ...?

DAVE: Intuition. Ich meine, wir haben nur noch ein paar Monate, wissen Sie. Hm. Er kommt, glaube ich, er hinkt einfach wieder seinem Zeitplan hinterher, vermute ich. Ich habe gehofft, er wäre inzwischen zurückgekommen.

DR. C.: Wie lange sind die Dinge zwischen Ihnen und Will schon so schwierig?

DAVE: Mindestens schon ein paar Jahre. Seit der Universität. Er, er ging auf die Universität.

DR. C.: Okay.

DAVE: Aber er hat aufgehört.

Psychotherapeuten mit wenig Erfahrung in Würdezentrierter Therapie fühlen sich manchmal zwischen weitergehenden »aufdeckenden« Frageweisen und dem Verbleib bei dem Generativitätsvorhaben hin- und hergerissen. Im vorliegenden Interview ist dieser kritische Punkt ein perfektes Beispiel dafür, wie sich Anfänger der Würdezentrierten Therapie in eben dieser Zwickmühle wiederfinden können. In diesem Moment des Interviews werden Psychotherapeuten vielleicht dazu neigen, weiteren Einzelheiten zu den Ursprüngen dieses Konflikts nachzugehen und die heikle und wichtige interpersonelle Dynamik dieser Vater-Sohn-Beziehung zutage zu fördern. Andererseits ist der Therapeut für Würdezentrierte Therapie jederzeit achtsam gegenüber der Erzählung des Patienten und für seine Aufgabe, die Reflexionen am Lebensende zu unterstützen. Trotzdem wird man Letzterem niemals nachgehen wollen, wenn man dabei Gefahr läuft, gegenüber dem Ersteren gleichgültig zu wirken. Der qualifizierte Therapeut, die qualifizierte Therapeutin der Würdezentrierten Therapie muss einen Weg finden, den impliziten, wenn auch vage beschriebenen Schmerz anzuerkennen, und gleichzeitig die Gelegenheit aufzeigen, den für nachfolgende Generationen relevanten Inhalt mitzuteilen. Der Therapeut versuchte, dies folgendermaßen zu erreichen:

DR. C.: Gewöhnlich nutzen Menschen die Würdezentrierte Therapie nicht, um Dinge in Ordnung zu bringen, wo ihnen das Leben die Gelegenheit dazu verweigert hat. Oft nutzen die Menschen die Würdezentrierte Therapie dazu, zu sagen, was sie sagen möchten. Nicht, dass Sie nicht noch andere Gelegenheiten haben werden, mit Will zu sprechen – aber wenn dies eine Chance für Sie ist, Will die Dinge zu sagen, die Sie ihn wissen lassen möchten, was würden Sie sagen?

DAVE: Hm. Ich entschuldige mich dafür, ein Arschloch gewesen zu sein. Das war ich. Hin und wieder, ein Arsch. Ich war ein autoritärer Übervater. Uh, zu einer Zeit, als er das nicht gebrauchen konnte. Die ganze Halle hat er mich runtergeschleift, versucht, mich zu ködern, wissen Sie. Sagen wir mal so, ich war nicht bereit dazu, wissen Sie, für die Dinge aufzukommen, die er machen wollte. Ich war darauf eingestellt, seine Universität zu bezahlen, aber ich war nicht bereit dazu, etwas anderes zu bezahlen.

DR. C.: Hm.

DAVE: Von daher.

DR. C.: Von daher möchten Sie sagen, dass es Ihnen leidtut, wie Sie mit diesen Dingen umgegangen sind?

DAVE: Ja. Es ist wenige Jahre her. Vielleicht ein paar. Vielleicht. Es ging ihm ganz gut, wissen Sie, in der Universität und in, in vermutlich. Er ist ein. Er, er machte jede Menge draußen, weil er, aufgewachsen. Wir sind zu einem Skiklub gegangen. Er ist ein sehr guter Skifahrer.

DR. C.: Gut.

DAVE: Aber ist davon abgekommen. Segeln natürlich. Obwohl er keiner war. Ich fühlte mich immer, als würde ich ihn ein bisschen dazu drängen. War ein Fehler.

DR. C.: Hm.

DAVE: Natürlich liebte er Kajakfahren, solche Sachen. Aber er hat damit aufgehört. Er, äh, er wollte Straßenkünstler werden, Straßenmusikant, genau genommen. Clown. Das ist es, was er macht. Er ist, er ist an einem Ort in Paris namens Jacques Lecoq. Es ist eine Schule für Pantomime.

DR. C.: Hm.

DAVE: Und er bezahlt das selbst. Na ja. Ich zahle nichts.

DR. C.: Sie zahlen nichts, aber es klingt, als ob ein Teil von Ihnen denkt, Sie bezahlten dafür.

DAVE: Ich, ich habe gedacht, Landvermessung wäre eine gute Karrieremöglichkeit, wissen Sie. Er war gut in Mathe und dem Ganzen.

DR. C.: Ja. Aber Sie haben sich eben bereits einen Moment Zeit genommen, um zu sagen, dass es Ihnen leidtut, wie die Dinge gelaufen sind. Vielleicht leidtut, welche Entscheidungen Sie getroffen haben. Nochmals, das hier ist Ihre Gelegenheit, so viel zu sagen, wie Sie möchten. Gibt es da noch irgendetwas, von dem Sie möchten, dass Will es direkt von Ihnen hören kann?

Beachten Sie, dass diese Fragen nicht darauf ausgelegt sind, eine umfangreiche Enthüllung dessen, was zwischen Dave und seinem Sohn geschehen ist, zu eröffnen. Während Dave wahrscheinlich bereitwillig in eine detaillierte Beschreibung ihrer schmerzhaften Vergangenheit eingetaucht wäre, ist es unwahrscheinlich, dass dies im Hinblick auf seine Würdezentrierte Therapie hilfreich gewesen wäre. Ihn dagegen daran zu erinnern, dass dies eine einzigartige Gelegenheit ist, eine Aufnahme der Dinge zu machen, die gesagt werden müssen, bringt ihn sofort dazu, eine eher versöhnliche Haltung einzunehmen. Obwohl die Frage »Gibt es etwas, von dem Sie merken, dass es gegenüber Ihren Lieben noch ausgesprochen werden will, oder etwas, das Sie gern noch einmal sagen möchten?« erst ein wenig später im Fragenkatalog der Würdezentrierten Therapie auftaucht, sorgt ihr Einsatz an dieser Stelle für ein viel flüssigeres und weniger gestelztes Interview.

DAVE: Dass ich immer noch. Ja, ich liebe ihn immer noch. Auch wenn er Clown wird.
DR. C.: (leises Lachen) Die Welt braucht Clowns.
DAVE: Er, er ist ein geborener Komiker. Er ist natürlich, wissen Sie. Ich meine, Gott, er hat gelernt zu jonglieren, was auch immer, er kann all diesen Kram. Aber jetzt versucht er, er versucht, das zu seinem Beruf zu machen. Zur Hölle. Ich versuche es. Ja. Diese Karriere als Clown. Ich, ich konnte das nie ausstehen.
DR. C.: Ergibt es über die Zeit hinweg mehr Sinn für Sie, oder sind Sie einfach noch dabei, zu lernen, es zu akzeptieren?
DAVE: Um. Ich glaube, es ergibt für mich einen Sinn, weil, warum ich, eigentlich dachte ich eben an ihn, als ich an die, die Menschen dieser Inseln der Salomonen dachte. Da gibt es eine Verbindung.
DR. C.: Hm-hm.
DAVE: Äh, sie hätten sich keine Gedanken darüber gemacht, wenn einer ihrer Söhne Clown werden wollte. Obwohl sie natürlich immer noch essen müssten.
DR. C.: Genau.
DAVE: Äh, und er muss essen, ja. Aber sie, die, die Einfachheit, glaube ich, bei Entscheidungen, die diese Menschen haben, ist der Einfachheit der Entscheidung, die Will trifft, ähnlich. Und ich glaube, ich habe da etwas verstanden. Ich möchte einfach eine, ich würde gern sagen, ihm, dass ich seine Entscheidung verstehe.
DR. C.: Ich glaube, das haben Sie gerade getan.
DAVE: Ja.
DR. C.: Dave, ich möchte Sie nicht hetzen oder vorwärtsdrängen. Sie haben mir eine ganze Reihe wichtiger Bilder gezeigt. Bilder, die durchaus verschiedene

Perioden Ihres Lebens eingefangen haben. Bevor wir zu anderen Fragen übergehen, gibt es noch andere entscheidende Bilder, die Sie der Sammlung hinzufügen möchten?

DAVE: Ähm. Heiraten, Jean zu heiraten. Hm. Sie war wunderbar. Sie ist. Ich hätte niemals mit irgendwem anders verheiratet sein wollen. Hm, aber das habe ich ihr bereits gesagt, wissen Sie, und sie weiß das. Aber, äh, als Bild, ja, der Tag, an dem wir geheiratet haben, das, das ist wie eingebrannt.

DR. C.: Was sehen Sie?

Beachten Sie wiederum, mit welchem Effekt die Fotometapher Erinnerungen hervorruft. Die Veranschaulichung in einer Metapher ermöglicht es dem Therapeuten, eine konkrete Sprache zu verwenden – »Was sehen Sie?« –, um die Aufgabe, sich an etwas zu erinnern, für die Patienten viel greifbarer werden zu lassen.

DAVE: Äh. Hm, wieder die Natur. Wir, wir haben auf, auf einem Boot geheiratet.

DR. C.: Was für eine Überraschung. (Lachen)

DAVE: Ja. Ja, und unsere Flitterwochen waren, das Bild ist, ist auf, auf dem Boot.

DR. C.: Wie alt waren Sie beide damals?

DAVE: 26, hm, hm. Ja. Oh und, oh ja. Sie, sie war ein bisschen, 25 eigentlich.

DR. C.: Noch etwas? Bevor wir weitergehen?

DAVE: Noch ein prägendes Bild?

DR. C.: Nur wenn es da noch andere gibt, die Ihnen in den Kopf kommen, von denen Sie denken, sie sind wichtig, mitzuteilen.

DAVE: Hm. Da, da wären noch, hm, Bilder rund um den Bau unseres Zuhauses. Wissen Sie, das erste Haus. Äh, es herzurichten und dann weiterzuziehen, das zweite Haus. Dieses dann zu renovieren.

DR. C.: Hm-hm.

DAVE: Ja. Hm. Wir sind da jetzt rausgewachsen. Ich habe es satt, Häuser zu renovieren.

DR. C.: (leises Lachen)

DAVE: Wir haben ein paar durch. Aber es, das waren auch großartige Zeiten, wissen Sie.

DR. C.: Ja.

DAVE: Ja. Voll mit Farbe. Was auch immer. Voll mit Zement. Ja. Aber es zu renovieren, ein Heim zu schaffen. Und da gab es richtig wichtige Dinge, wissen Sie. Wie die, wie die Kinder auch mitgeholfen haben. Hm-hm.

DR. C.: Ich habe eine Ahnung davon, wie Sie gleich auf die nächste Frage antworten werden; aber gibt es bestimmte Rollen oder Leistungen, die Sie mit größtem Stolz erfüllen?

Dies ist das erste Mal, dass die Fragen des Interviews von rein biografischen Fragestellungen wegführen. Die ersten zwei Fragen des Fragenkatalogs der Würdezentrierten Therapie (siehe Kapitel 3, S. 103) befassen sich mit der Lebensgeschichte und den Erinnerungen, die den Familienangehörigen mitgeteilt werden sollen. Die nachfolgend gestellten Fragen decken wichtige Rollen, Leistungen und Dinge ab, auf die die Patientinnen und Patienten stolz sind. Dave hat bis zu einem gewissen Grad bereits viele dieser Themen angesprochen. Aufgrund der zeitlichen Grenzen und weil eine intensivere Vertiefung bei einigen von Daves letzten Erinnerungen noch nicht stattgefunden hat, wurde die Frage nach Rollen, Stolz und Leistungen gestellt, um ihm eine weitere Gelegenheit zu geben, die Themen weiter auszuführen, die er bisher nur kurz gestreift hatte. Nicht jede Frage des Fragenkatalogs muss den Patienten gestellt werden, da es häufig zu Überschneidungen kommt. Entscheidungen wie diese wird der Therapeut in Abhängigkeit davon, wie sich die jeweilige Sitzung in der Würdezentrierten Therapie entwickelt, von Fall zu Fall treffen müssen. Auch wenn man Gelegenheiten und Anregungen für detailreiche Antworten geben möchte, sollte dies gegenüber der Vermeidung von Redundanzen abgewogen werden, die als störend empfunden werden könnten.

DAVE: Äh, der, der Betrieb. Ja, es war wirklich wichtig, weil es, es ermöglichte uns unseren Lebensstil. Wir hatten ein gutes Leben und ich, ich habe jetzt einen Partner, Gott sei Dank, er kann, er kann das Geschäft übernehmen, wissen Sie, und es am Laufen halten, weil es ist wie. Ja, der Betrieb war etwas, worauf ich stolz bin, verstehen Sie. Es ist wirklich ein gut laufender Betrieb. Wir leisten gute Qualitätsarbeit. Ähm, in einer Branche mit hohen Risiken und, und Sie wissen schon. Wir bauen nicht irgendwas auf, das dann einstürzt. Alles, was wir bauen, hält. Ja, das ist etwas, auf das ich wirklich stolz bin, das kann ich Ihnen sagen. Ich kann durch diese Stadt fahren und ich sehe Gärten, die werden noch da sein und bestimmt für fünfzig, vielleicht hundert Jahre, wissen Sie. Hoffentlich.
DR. C.: Das heißt, Sie sind wirklich stolz auf die Qualität und Stabilität Ihrer Arbeit.
DAVE: Das bin ich. Ja. Ja. Ja. Verstehen Sie?
DR. C.: Hm.
DAVE: Und wie gut sie auch gestaltet sind, wissen Sie? Die Dinge passen in, mit, ähm, zu der, zur, zur, ähm, Umgebung. Nicht. Ich meine, keine großen hässlichen Flächen, die, die sich nicht einfügen in die, in die Gegend, in der sie sind. Ähm, ja. Ich bin wirklich kein »Öko«, aber ich glaube, auf eine gewisse Weise doch. Ja. Ja.
DR. C.: Gibt es noch weitere Rollen oder Leistungen, die Sie besonders mit Stolz erfüllen?
DAVE: Ich arbeite für die Outward Bound Association für junge Menschen. Sie müssen wissen, Out Bounders ist eine großartige Organisation. Jetzt bin ich da

engagiert und ich, Sie wissen schon, ich gehe zu Treffen des Komitees und helfe, Gelder einzuwerben. Es ist, es ist ein großartiger Verein für junge Menschen, weil heutzutage, sie sind immer öfter da, um anderen Menschen zu helfen, helfen Kindern dabei, klarzukommen, wissen Sie, Kinder, die benachteiligt sind, so in der Art.

DR. C.: Was macht das zu einer wichtigen Verbindung für Sie? Ich meine, warum genau dieser Verein?

Diese Frage wurde gestellt, um meine große Aufmerksamkeit und mein Interesse an seiner Entscheidung für Outward Bound zu zeigen. Ich fragte ebenfalls nach seinen persönlichen Motiven, um die Gründe für diese Verbundenheit zu individualisieren. Wie auch in den übrigen Bereichen der Würdezentrierten Therapie tragen Fragen, welche die Patientinnen und Patienten zu spezifischen, detailreichen und individuellen Antworten bewegen, zum guten Gelingen des Generativitätsdokuments bei.

DAVE: Weil ich dort hingegangen bin, als ich jung war, und ich helfe, die Sache am Laufen zu halten und die Finanzen am Laufen zu halten, Events zum Einwerben von Geldern und so weiter. Ah, und ich, und es ist erfolgreich, und ich hoffe, es wird weiter erfolgreich bleiben. Zu meiner Zeit war es nur, nun, die Art nicht die privilegierten Kinder, aber du musstest Kohle haben, um hingehen zu können, aber heutzutage gehen eine Menge, eine Menge Leute hin, wissen Sie. Ich habe darüber nachgedacht und es eröffnet den Menschen neue Wege. Ja.

DR. C.: Dave, neben diesen beruflichen und gemeinnützigen Aufgabenbereichen, von denen Sie berichtet haben, gibt es noch andere? Was ist zum Beispiel mit familiären Aufgaben?

Diese Frage wurde absichtlich gestellt, um Dave zu leiten, da er bisher ausführlich über seinen Sohn und einige ihrer problematischen Themen gesprochen hatte, während die Bemerkungen über seine Ehefrau und besonders über seine Töchter bisher eher kurz ausgefallen waren. Es ist die Aufgabe des Therapeuten, diese Dinge zu überblicken und zu versuchen, Gelegenheiten zu schaffen, die den Patienten zu einer wertvollen, ausgewogenen und insgesamt vollständigen Würdezentrierten Therapie leiten.

DAVE: Ich war ein guter Papa.

DR. C.: Könnten Sie mehr darüber erzählen?

DAVE: Nun ja, ich habe alle, ich habe es wirklich immer geliebt, dieses, ähm, Seitenlinien-Papa-Ding, ohne zu versuchen, ihnen zu viel zuzurufen, Sie wissen schon.

DR. C.: Gut.

DAVE: Aber, verstehen Sie, sie ermutigen, weiterzumachen, immer für sie da zu sein, versuchen, Zeit zu haben. Ja. Ich meine, weil es schwer ist, wenn man ein gut laufendes Geschäft hat, und es ist sehr verlockend zu sagen, oh, ich habe eine Besprechung, ich kann nicht zum Spiel kommen. Aber ich habe versucht, zu dem Spiel da zu sein und die Besprechung zu verschieben, und ich habe das oft getan.

DR. C.: Wenn Sie beschreiben, ein guter Papa zu sein, können Sie in Worte fassen, was das für Sie bedeutet?

Wie auch an anderen Stellen hat diese Art der Frage die Absicht, Dave von Generalisierungen oder Phrasen wegzulocken, ihn sanft dazu zu bringen, seine eigene Sichtweise oder Erfahrung zu beschreiben.

DAVE: Sich auf ihre, ihre Bedürfnisse einzulassen und ihnen Zeit, Zeit zu schenken, denke ich. Wenn man ihnen Zeit schenken kann, das ist die Sache, die ich am meisten sehe. Das, das sind meiner Meinung nach, machen Eltern oft den Fehler, ihren Kindern keine Zeit zu schenken. Nur weil sie denken, die Besprechung ist wichtiger. Verstehen Sie, die Zeit für die Besprechung ist wichtiger als die Zeit für, an der Seitenlinie zu stehen, zu rufen, Sie wissen schon, lauf, Amy, lauf, wissen Sie.

DR. C.: Genau.

DAVE: Ja.

DR. C.: Und ich vermute, Sie haben auch viele Erinnerungen daran, als sie riefen: »Lauf, Amy, lauf!«

DAVE: Ja. Ja. Sie ist eine gute Läuferin.

DR. C.: (leises Lachen)

DAVE: Ja. Ja. Ja. Diese Zeit gehabt zu haben, das ist es, worauf ich am meisten stolz bin, schätze ich.

DR. C.: Gut.

DAVE: Weil das nicht so einfach ist, wenn man viel zu tun hat.

DR. C.: Gibt es noch andere Erinnerungen an Ihre Vaterrolle, die Ihnen jetzt wieder in den Sinn kommen?

DAVE: Hm. Nun ja, natürlich die Geburtstage, gut, die guten Zeiten und die Urlaube. Weil, oh ja, die hatten wir, waren immer eine aktive Familie, wissen Sie. Ich, ich habe den Ski, Skiklub erwähnt. Wir alle, ich bin nicht besonders fantastisch, aber meine Kinder sind gut. Oh ja, wir sind alle Mitglieder im örtlichen Skiklub. Ich liebe es, runter zum Skiklub zu gehen. Ja. Oh ja. Es gibt eine Menge Erlebnisse. Die Urlaube mit deinen Kindern.

DR. C.: Hm-hm.

DAVE: Wissen Sie, es gibt so viele schöne Sachen, die wir unternommen haben.

Ich wünschte, ich könnte einige der schlechten Dinge, die ihnen manchmal ihr Leben schwermachten, zurücknehmen.

DR. C.: Das klingt danach, dass Sie, wenn Sie die Chance hätten, diese schlechten Dinge zurücknehmen oder wiedergutmachen möchten; und Sie haben mit einigen der Worte, die Sie mir hier heute mitgeteilt haben, damit angefangen.

Der Therapeut muss sich darüber im Klaren sein, dass die Würdezentrierte Therapie während der Erstellung eines Generativitätsdokuments gleichzeitig auch ein Erleben im »Hier und Jetzt« ist. Bemerkungen wie diese zeigen eine tief empathische Begegnung, die den Patienten gewahr werden lässt, dass er gehört wird und dass seine Bemühungen ebenso wie seine Ängste gewürdigt werden. Speziell diese Bemerkung bestätigt zudem, dass das, was der Patient in seiner Würdezentrierten Therapie vollbracht hat, eindrücklich und für die Menschen, die er liebt, vermutlich heilsam ist.

DAVE: Hm.

DR. C.: Was mich zu einer anderen Frage bringt. Gibt es etwas, von dem Sie merken, dass es gegenüber anderen noch ausgesprochen werden will? Oder etwas, für das Sie sich einen Moment Zeit nehmen möchten, um es besonderen Menschen in Ihrem Leben noch einmal zu sagen?

DAVE: Hm. Na ja, meine Eltern sind nicht mehr da, aber ich habe, ich, ich habe einen Bruder, der den Bauernhof weiter in Betrieb hat.

DR. C.: Hm.

DAVE: Ich habe mich niemals richtig bei ihm bedankt, weil, um ehrlich zu sein, der Hof hat mich subventioniert, in den ersten Jahren. Sehr.

DR. C.: Wie heißt Ihr Bruder?

DAVE: Bill.

DR. C.: Bill.

DAVE: Ja. Will und Bill.

DR. C.: Richtig.

DAVE: Will und Bill, ein kleiner Scherz.

DR. C.: Ich verstehe schon. (leises Lachen)

DAVE: Ein Dankeschön, weil er, irgendwie ist er; er ist ein älterer Bruder.

DR. C.: Ja.

DAVE: Und ich glaube nicht, dass er wirklich auf dem Hof bleiben wollte. Keiner von uns wollte das. Aber er stand loyal zu dem alten Herrn und blieb auf dem Hof, und ich glaube, dass ich ihm Dank schulde, weil er mich in meinen jungen Jahren sozusagen subventioniert hat.

DR. C.: Hm.

DAVE: Und. Ich, verstehen Sie, jetzt sollte ich es sein. Ich, ich habe mich in diesen Zeiten sozusagen aus dem Blickfeld geschlichen, diesen Hippie-Zeiten, wenn man so will. Während er den Hof am Laufen hielt.

DR. C.: Okay.

DAVE: Und ich glaube nicht, dass er, tief drinnen, wusste, ob er das wollte. Ich glaube, er war neidisch, nicht neidisch, er ist es ein bisschen, die Tatsache, dass ich weggegangen bin und er geblieben ist.

DR. C.: Und gibt es noch andere Menschen, denen Sie etwas ganz Bestimmtes mitteilen möchten, oder möchten Sie sich einen Moment Zeit nehmen, um etwas nochmals auszusprechen?

DAVE: Und ich habe auch noch zwei Schwestern. Ich, ich habe nie danke für ihre Unterstützung gesagt.

DR. C.: Und ihr Name?

DAVE: Ich muss mich bei Jean bedanken. Ich habe nie, ich habe nie, ich habe den Menschen nie wirklich genug gedankt, wissen Sie? Ebenso wie meinem Partner. Wayne ist großartig. Da gibt es so viele Menschen, denen ich nie danke gesagt habe, und ich war immer irgendwie, ich, ich war immer viel zu sehr damit beschäftigt, weiterzukommen.

DR. C.: Ich habe gerade gehört, dass Sie Wayne danken.

DAVE: Ja, er ist mein Partner. Weil er ein großartiger Geschäftspartner war.

DR. C.: Und Sie haben gerade damit begonnen, Ihren Schwestern etwas mitzuteilen.

DAVE: Ja. Ja. Linda, ja, sie ist auch eine ältere Schwester.

DR. C.: Ah.

DAVE: Sie, sie hat mir viel beigebracht. Meine Schwester. Über, ja, hm, ich glaube, man würde es wohl Respekt für andere nennen. Sie ist eine wirklich, wirklich gute Person. Eine wirklich gute Person. Sozialarbeiterin. Sie sorgt sich immer um andere Menschen. Und sie, äh, hat mir eine Menge beigebracht, weniger selbstsüchtig zu sein, als ich sonst vielleicht dazu neigen würde. Ja.

DR. C.: Und Ihre andere Schwester?

DAVE: Ja. Sie, ja, sie ist wunderbar. Jüngere Schwester, Nesthäkchen.

DR. C.: Und, Entschuldigung, wie ist gleich ihr Name?

DAVE: Oh, wir nennen sie Poochie.

DR. C.: Poochie.

DAVE: Ihr Name ist Patrizia. Pat.

DR. C.: Gut.

DAVE: Pooch.

DR. C.: (leises Lachen)

DAVE: Wie auch immer. Ja, sie ist wie die kleine, Sie wissen schon, die kleine Lieblingsschwester.

DR. C.: Genau.

DAVE: Ja. Ja. Sie, sie bringt mich immer zum Lachen. Sie ist. Vielleicht ist das, sie, sie war immer ein wenig theatralisch. Hm, vielleicht hat Will das daher. Vielleicht zieht es sich durch sie durch die Familie.

DR. C.: Was ist mit Ihren nächsten Familienangehörigen? Wir haben ein wenig über Jean gesprochen. Wir haben ein wenig über Ihre drei Kinder gesprochen; vermutlich haben Sie das Gefühl, vieles bereits gesagt zu haben. Und mit der jetzigen Gelegenheit, noch etwas zu sagen oder sich die Zeit zu nehmen, etwas auch nochmals zu sagen, was hoffen Sie, sollte jeder von ihnen hören?

DAVE: Hm. Dass ich immer. Äh. Dass ich immer, auf meine Art, ich, ich habe sie immer geliebt, auf meine komische Art und Weise, verstehen Sie. Dass ich vielleicht nicht fähig war, das zu sagen. Ich bin, ich bin, es ist, ich bin, es ist merkwürdig mit Jean. Es war mir immer möglich, ihr zu sagen, dass ich sie liebe, aber nicht dem Rest meiner Familie.

DR. C.: Hm.

DAVE: Es ist nicht etwas, was ich sagen konnte. Es war mir nie möglich, es meinem Bruder oder meinen Schwestern zu sagen. Oder, oder zu Will. Ich konnte, ich konnte es zu den Mädchen sagen, aber nicht zu Will.

DR. C.: Ich habe gehört, dass Sie das vorhin erwähnten, und ich habe Sie gerade eben sagen hören, dass Sie sie alle lieben.

DAVE: Ja.

DR. C.: Gibt es da noch etwas, das Sie dem hinzufügen wollen?

DAVE: Ich glaube, dass ich zu Will schon gesagt habe, dass, aber dass es mir, es mir leidtut. Dass ich, äh, wie ein herrischer Arsch gewesen bin, zu einer Zeit, als er das, glaube ich, nicht gebrauchen konnte. Er hätte mehr Verständnis von mir gebraucht.

DR. C.: Hm.

DAVE: Äh, als er ein anderes Ziel verfolgt hat. Verstehen sie? Nur weil er Clown werden wollte und ich wollte, dass er Landvermesser wird. Ich meine. Ja.

DR. C.: Dave. Keiner von uns weiß, wie viel Zeit uns bleibt. Keiner von uns kennt die Zahl seiner Tage. Aber bei dem Gedanken an die Zukunft und daran, Ihrer Familie zu helfen, sich auf eine Zukunft vorzubereiten, in der Sie nicht mehr da sind, gibt es da noch etwas, konkrete Empfehlungen, die Sie ihr hinterlassen möchten, um sie auf das vorzubereiten, was vor ihr liegt?

Die Frage nach den Hoffnungen, Wünschen und Träumen für die geliebten Menschen ist oftmals sehr ergreifend und ruft oft wundervolle und bedeutsame Antworten hervor. Jedoch wählte ich aufgrund der Tatsache, dass Dave gerade seinen tiefen Gefühlen der Liebe für seine Familie Ausdruck verliehen sowie seinen Sohn um Vergebung gebeten hatte, und wir uns dem Ende unserer gemeinsamen Zeit näherten, eine Frage nach letzten Empfehlungen oder Ratschlägen. Diese Frage stand in Einklang mit der vorherigen Frage nach dem, was nochmals gesagt werden wollte, und läutete einen sanften Übergang in Richtung des Abschlusses dieser therapeutischen Sitzung ein.

DAVE: Nehmt euch Zeit für andere Menschen. Äh. Und lebt jeden Tag, als wäre es euer letzter.

DR. C.: Hm.

DAVE: Äh. Ja, macht etwas aus jedem Tag. Wirklich, macht etwas daraus. Ja. Das sage ich besonders zu Will. Ja. Das Leben kann kurz sein. Ja. Und es ist ein, wie ein biblischer Spruch, schätze ich. Aber, wisst ihr, seid gut zueinander, behandelt die anderen so, wie ihr selbst behandelt werden möchtet.

DR. C.: Das klingt wie ein sehr nachdenklicher und weiser Rat.

DAVE: Äh. Es ist so, die, die Menschen auf den Salomonen. Es ist so, wie sie gelebt haben. Ja. Und sie hatten nichts. Hm.

DR. C.: Es klingt, als hätten Sie eine Menge ihrer Ratschläge verinnerlicht und vielleicht auch in Teilen Ihr Leben danach gelebt, geleitet von diesem besonderen Rat.

DAVE: Ja. Hm. Ja. Weil, ich habe nicht, ich meine, ich habe das nicht immer getan, wissen Sie.

DR. C.: Dave, gibt es noch irgendetwas, das Sie noch ergänzen möchten, bevor ich das Aufnahmegerät ausschalte?

DAVE: Nein, ich denke, ich habe getan, was ich hier tun wollte. Sie können es jetzt ausschalten.

Kapitel 5 beschreibt ausführlich, wie der Editierprozess eines Interviews im Rahmen der Würdezentrierten Therapie ausgeführt werden sollte. Dennoch kann es aufschlussreich sein und den Prozess veranschaulichen, ein vollständiges unbearbeitetes Transkript zu sehen, das in ein fertiges Generativitätsdokument umgearbeitet wurde. Vieles aus der Einleitung aus Daves Transkript wurde gelöscht, da sie größtenteils demografische Daten über seine Kinder enthielt, die leicht an späteren Stellen in das Dokument eingearbeitet werden konnten. Seine Aussage »Ich bin wie eine Menge anderer Kiwi-Typen ...« eröffnet das editierte Transkript, da dies genau der passende Start für Daves Generativitätsdokument zu sein scheint.

Daves Generativitätsdokument

DR. C.: Dave, können Sie mir aus Ihrem Leben erzählen, besonders von den Phasen, die Sie am besten in Erinnerung haben oder die für Sie am wichtigsten sind?

DAVE: Ich bin wie eine Menge anderer Kiwi-Typen; ich finde es nicht leicht, über *solche Sachen* zu reden. Da gibt es eine Phase in meinem Leben, wie als Jean, meine Frau, und ich gerade zusammen waren. Wir waren nicht verheiratet und hatten keine Kinder. Ich war, könnte man so sagen, ein *fahrender Hippie*. Wir waren zu dieser Zeit beide in unseren frühen, mittleren Zwanzigern. Wir haben uns in einem Segelklub in Neuseeland kennengelernt und sind zusammen fortgegangen. Wir waren beide am Segeln interessiert und haben uns zusammen ein Boot beschafft. Wir sind drei Jahre im Pazifik gesegelt. Fantastischer Lebensstil.

Kursiv- und Fettschrift können in dem geschriebenen Dokument sparsam eingesetzt werden, um der Leserin, dem Leser ein Gefühl dafür zu geben, wo der Patient einen Akzent gesetzt hat, wie zum Beispiel »solche Sachen« und »fahrender Hippie«. Kursivschrift bedeutet einen leichten Akzent, während Fettes großen Nachdruck markiert. Die Worte »wie als« würden in einem formaleren Sprachstil nicht benutzt werden, sie sind jedoch Teil des besonderen Stils von Dave und machen diese Aussagen eindeutig zu seinen.

Wir haben Menschen kennengelernt, besonders auf den Salomonen, die waren einfach wunderbar. Ich glaube nicht, dass andere Menschen hier in Neuseeland, die mich kennen, verstehen, wie gerade diese Phase in meinem Leben war. Eine Erinnerung, die mir aus dieser Zeit in den Kopf kommt, wäre das Dorf und die Menschen, die dort lebten. Es war fast, als würde man in einem Auckland-Museum eine Ausstellung zu Polynesien besuchen. Die Menschen hatten nur wenig mehr an als den traditionellen Rock aus Gras. Sie lebten in Häusern, die einfache Strohdächer hatten. Es war Dritte Welt, ein Lebensstil für den Eigenbedarf, aber ihre Werte kamen mir gleichzeitig so fantastisch vor. Ich fühlte mich sehr geehrt, einfach ein Teil ihrer Gemeinschaft zu sein. Sie haben mir die Ehre erwiesen, ein Schwein für mich zu schlachten. Ich weiß, das klingt schrecklich, aber es ist ein echtes Privileg, ein Schwein zu schlachten. Das ist eine große Sache. Ich habe Schächte für sie angelegt – nun, nicht ich selbst, aber ich habe ihnen viele Ratschläge gegeben. Ich half ihnen dabei, ihren Wasserzulauf zu reparieren, indem ich einen Zapfhahn entwarf, nur einen einfachen Zapfhahn, weil sonst die Frauen stundenlang am Tag Krüge mit Wasser tragen müssen. Ich habe Schwimmbecken gebaut, aber dieser Wasserhahn war weitaus nützlicher als ein Schwimmbecken. Die Zapfhahngeschichte und als ich dabei geholfen habe, den Wasserzulauf anzubringen, das ist überwältigend.

Einige der Worte im ursprünglichen Transkript sind möglicherweise nicht klar verständlich – beispielsweise waren die Salomonen im Original als Saltzmanen transkribiert worden; es ist wichtig, den richtigen Namen und die richtige Schreibweise aufzuzeichnen.

Über diese Zeiten zu sprechen ist für mich emotional, einfach weil es so eine glückliche und unkomplizierte Zeit war. Ich wünschte, dass mehr in meinem Leben so gewesen wäre wie damals. Mein Leben wurde komplizierter, als ich mit dem Betrieb für Landschaftsbau startete und Leute einstellte.

Ein anderes Bild, das mir zu diesen Zeiten in den Kopf kommt, ist, in einen schlimmen Sturm gekommen zu sein. Nicht lebensgefährlich, aber schlimm und sehr unsicher, denn es war in den Zeiten vor GPS. Ich navigierte noch mit dem Sextanten. Das ist eine verloren gegangene Kunst heutzutage. Ich wusste, rundherum gab es Strömungen und Riffe, und ich war mir absolut nicht sicher, wo wir waren, und ich war etwas unsicher. Was für ein Ort. Ich hatte Grundkenntnisse, aber ich habe befürchtet, dass wir vielleicht damit enden, auf ein Riff aufzulaufen. Wir haben einfach versucht, die Position zu halten und damit zu vermeiden, auf ein Riff aufzulaufen.

Wir waren zu dieser Zeit bereits mehrere Tage auf See unterwegs und ich war wirklich erschöpft, salzverkrustet und voller Angst. Da war ich, auf einem elf Meter langen seetauglichen Boot, und dann sah ich, draußen auf dem Meer, dieses kleine Boot, es hätte auch aus dem Auckland-Museum kommen können, mit einem flach gewebten Segel. Und diese zwei Leute waren draußen fischen, mit diesem kanuähnlichen Boot, und sie haben uns gesehen. Sie waren draußen fischen. Ich bin sicher, sie dachten sich: »Leute, was macht ihr hier draußen?« Als sie dann an Bord kamen, haben sie ihr Boot an meinem festgemacht und mir die Passage durch dieses Riff gezeigt. Sie waren beide Einheimische und wussten, wo diese Passage war. Diese Menschen haben mich gerettet! Diese Erleichterung! Diese Leute haben mich zu einem unglaublich großartigen Ankerplatz geleitet, mit 360 Grad Schutz. Das ist es, was man möchte – 360 Grad Schutz, und der Sturm bleibt draußen. Es war spektakulär.

Daves Erzählung von Seite 170 des ursprünglichen Transkripts wurde zu den Erlebnissen, über die er zu Anfang des Interviews berichtet hat, hinzugezogen; sie passen chronologisch zueinander, bereichern das Bild, das er beschreibt, und unterstützen die Lesbarkeit des Transkripts als Erzählung im Gegensatz zu einem Dialog. Die Unterhaltung der Seiten 170 und 171 wurde komprimiert, die Anmerkungen des Therapeuten wurden entfernt.

DR. C.: Gibt es noch andere besondere Momente, über die Sie sprechen möchten?
DAVE: Die meisten Erinnerungen hätten typischerweise mit den Sachen draußen zu tun, weil das, denke ich, das ist, wo ich die besten Zeiten hatte. In früheren Zeiten war ich in der Outward Bound Association aktiv. Ich bin dort als Kind hingegangen und bin noch immer Mitglied der Pfadfinder. Als ich jünger war, um die 18, bin ich auf Berge geklettert und habe Wildwasserfahrten gemacht. Diese Zeiten waren ein sehr prägender Teil meines Lebens, bezogen auf mein Interesse an der Natur. Das Interesse an der Natur kam schon davor auf, mit meinem Vater. Ich bin in einem ländlichen, von Landwirtschaft geprägten Ort groß geworden, der jetzt fast zu Auckland gehört. Mein Vater war Landwirt, daher waren die Landwirtschaft und die Natur Teile meines Lebens. Seltsamerweise spielt sich das, woran ich mich am meisten erinnere, tatsächlich nicht auf dem Hof ab. Es ist die Erinnerung, am Rand eines Golfplatzes entlangzulaufen, zu versuchen, hinter Papa herzuwatscheln, denn er war ein begeisterter Golfer. Ich war damals ungefähr vier Jahre alt bei dem Versuch, ein Caddy zu sein! Es gab dort auf diesem Golfplatz viele wunderschöne große und alte Pinienbäume. Seitdem liebe ich den Geruch von Piniennadeln. Das war wahrscheinlich ein weiterer ausschlaggebender Teil für mein Interesse an der Natur.
DR. C.: Gibt es noch weitere wichtige Erinnerungen, Dave?

Die Angaben zu Beginn des Interviews bezüglich Namen und Alter der Kinder wurden in die folgenden Abschnitte eingearbeitet, in denen Dave über seine Familie spricht.

DAVE: Ich habe drei Kinder. Amy ist 18, Kate ist 22 und Will ist 24. Kinder zu haben war einfach eine überwältigende Erfahrung. Gerade war ich ein junger Teenager und dann hatte ich meine eigene Familie! Ich hatte Brüder und Schwestern, also war mir diese ganze Familiensache vertraut, aber *meine eigene* Familie zu haben war fantastisch. Zu der Zeit, als Will geboren wurde, lief der Betrieb gut und es war nicht zu anstrengend. Also war es super, einen kleinen Jungen zu haben. Aber die Dinge mit ihm wurden irgendwann schwieriger. Als kleiner Bub war Will wunderbar und als neugeborenes Baby war er hinreißend. Das werde ich niemals vergessen – unser erstes Baby. Er war wunderbar und hatte blondes Haar. Er war das Licht unseres Lebens.

Im unbearbeiteten Transkript hat Dave gesagt: »Gerade bist du ein junger Teenager, der, ich meine, ich, ich, ich hatte Brüder und Schwestern und alles, also war mir diese ganze Familiensache vertraut. Und, mhm, aber dann meine eigene Familie, das war fantastisch.« Zur Vereinfachung der Lesbarkeit des Narrativs wurde der Satz schließlich folgendermaßen umgestellt: »Gerade war ich ein junger Teenager und dann hatte ich meine eigene Familie!«

Über Will zu sprechen war das, was mich wahrscheinlich am meisten herausforderte, als ich darüber nachgedacht habe, an diesem Interview teilzunehmen und über persönliche Dinge zu sprechen. Es war zuletzt nicht einfach. Er ist in Paris. Ich habe gehofft, er wäre inzwischen zurückgekommen. Die Dinge zwischen uns sind mindestens schon ein paar Jahre schwierig, seit er mit der Universität aufgehört hat.
DR. C.: Gibt es etwas Bestimmtes, das Sie Will mitteilen möchten?
DAVE: Ich entschuldige mich dafür, ein Arschloch gewesen zu sein, was ich hin und wieder war, ein Arsch. Ich war ein autoritärer Übervater, zu einer Zeit, als er das nicht gebrauchen konnte. Ich würde sagen, vor ein paar Jahren war ich nicht bereit, für die Dinge aufzukommen, die er machen wollte. Ich war darauf eingestellt, seine Universität zu bezahlen, aber ich war nicht bereit, für etwas anderes zu bezahlen.

Die Wörter »Arschloch« und »Arsch« mögen unangenehm berühren, dennoch sind es die Wörter, die Dave als für sich passend gewählt hat. Sobald Dave das redigierte Dokument in seiner Gesamtheit hört oder liest, wird er die Gelegenheit bekommen, diese Ausdrücke zu entfernen, sofern er sich dafür entscheidet. Sie sind nicht Teil einer »hässlichen Geschichte«, da sie nicht als verletzend gewertet werden, sondern vielmehr dabei helfen, die klare und ehrliche Entschuldigung auszusprechen.

Er machte jede Menge draußen, während er aufwuchs. Er ist ein sehr guter Skifahrer, aber er ist davon abgekommen. Ich fühlte mich immer, als würde ich ihn ein bisschen dazu drängen. War ein Fehler. Natürlich liebte er Kajakfahren und solche Sachen, aber er hat damit aufgehört. Er wollte Straßenkünstler werden, Straßenmusikant, genau genommen ein Clown. Das ist es, was er an der Jacques-Lecoq-Schule für Pantomime macht. Er bezahlt das selbst. Er war gut in Mathe und ich habe gedacht, Landvermessung wäre eine gute Karrieremöglichkeit. Ich liebe ihn immer noch, auch wenn er Clown wird. Er ist ein geborener Komiker, aber jetzt versucht er, das zu seinem Beruf zu machen. Hölle, ich versuche es! Eine Karriere als Clown! Ich werde das nie verstehen können. Aber ich glaube, es ergibt für mich jetzt mehr Sinn. Ich dachte eben an ihn, als ich über die Menschen auf den Salomonen gesprochen habe. Da gibt es eine Verbindung. Sie hätten sich keine Gedanken darüber gemacht, wenn einer ihrer Söhne Clown werden wollte, obwohl sie natürlich immer noch würden essen müssen. Aber die Einfachheit, glaube ich, mit der diese Menschen Entscheidungen treffen, ist der Einfachheit der Entscheidung, die

Will trifft, ähnlich. Ich glaube, ich habe das verstanden. Ich würde ihm gern sagen, dass ich seine Entscheidung verstehe.

Die Anmerkung über Will wurde aus den Erzählungen der Seiten 170–175 und der Seite 182 zusammengenommen. Der Dialog lautet: »Aber sie, die, die Einfachheit, glaube ich, bei Entscheidungen, die diese Menschen haben, ist der Einfachheit der Entscheidung, die Will trifft, ähnlich.« Eine kleine Veränderung macht diesen Satz deutlich besser lesbar und verständlicher. »Aber die Einfachheit, glaube ich, mit der diese Menschen Entscheidungen treffen, ist der Einfachheit der Entscheidung, die Will trifft, ähnlich.«

DR. C.: Können Sie etwas über die Erinnerungen an Ihre Töchter erzählen?
DAVE: Es war genauso aufregend, Kate und Amy im Arm zu halten, als sie auf die Welt gekommen sind. Ich habe es geliebt, Vater zu sein. Es war größer als Segeln! Auch wenn es einen mehr herausfordert. Die Mädchen sind spitze. Kate ist an der Universität. Und sie wird wahrscheinlich auch etwas mit Unterrichten machen und Lehrerin werden wie ihre Mama. Amy ist gut in der Schule und in Naturwissenschaften. Sie denkt darüber nach, Physiotherapeutin zu werden.
DR. C.: Gibt es noch andere wichtige Zeiten, die Sie der bisherigen Sammlung hinzufügen möchten?
DAVE: Jean zu heiraten. Sie war wunderbar. Ich hätte niemals mit irgendwem anderes verheiratet sein wollen. Ich habe ihr das bereits gesagt und sie weiß das. Das Bild dieses Tages, an dem wir geheiratet haben – das ist wie eingebrannt. Es war wieder in der Natur, auf einem Boot. Wenn ich an unsere Flitterwochen denke, stelle ich mir vor, auf dem Boot zu sein. Jean war 25 und ich war 26. Dann wäre da noch der Aufbau unseres Zuhauses. Das erste Haus herzurichten und dann weiterzuziehen in das zweite Haus und dieses zu renovieren. Ich habe es satt, Häuser zu renovieren! Wir sind da jetzt rausgewachsen. Aber das waren auch großartige Zeiten. Voll mit Farbe und Zement; ein Heim schaffen. Da gab es auch richtig wichtige Zeiten zusammen mit den Kindern.
DR. C.: Gibt es Dinge, die Sie in Ihrem Leben erreicht haben, die Ihnen wichtig sind, Dave?
DAVE: Der Betrieb ist etwas, worauf ich stolz bin. Er war wirklich wichtig, weil er uns unseren Lebensstil ermöglichte. Wir hatten ein gutes Leben, und ich habe einen großartigen Geschäftspartner, Wayne, Gott sei Dank. Er kann das Geschäft übernehmen und es am Laufen halten. Es ist wirklich ein gut laufender Betrieb, in einer Branche mit hohen Risiken. Wir leisten gute Qualitätsarbeit und wir bauen nicht irgendwas auf, das dann einstürzt. Alles, was wir bauen, hält. Das ist etwas, auf das ich wirklich stolz bin. Ich kann durch diese Stadt fahren und

Gärten sehen, die noch in fünfzig, vielleicht hundert Jahren da sein werden. Und sie sind gut gestaltet worden, damit sie zur Umgebung passen. Keine großen hässlichen Flächen, die sich nicht in die Gegend einfügen, in der sie sind. Ich bin wirklich kein »Öko«, aber ich glaube, auf eine gewisse Weise doch.

In dem unbearbeiteten Dialog bündelt der Interviewer dies in einem zusammenfassenden Kommentar: »Das heißt, Sie sind wirklich stolz auf die Qualität und Stabilität Ihrer Arbeit.« Auch wenn Dave nicht explizit sagt: »Der Betrieb ist etwas, auf das ich stolz bin«, bestätigt er die Aussage des Therapeuten auf verschiedene Weise: »Alles, was wir bauen, hält«; »Und sie sind gut gestaltet worden, damit sie zur Umgebung passen. Keine großen hässlichen Flächen, die sich nicht in die Gegend einfügen, in der sie sind«. Beides verdeutlicht seinen Stolz. Nicht häufig, aber bei entsprechender Gelegenheit kann eine Aussage des Interviewers eingesetzt werden, die eindeutig durch den Patienten bestätigt wurde, wenn dieses Vorgehen besonders wichtig erscheint und wenn die Aussage an keiner anderen Stelle mit den eigenen Worten des Patienten getroffen wurde.

Ich bin außerdem stolz auf meine Arbeit für die Outward Bound Association für junge Menschen. Es ist eine großartige Organisation für junge Menschen, weil sie dort heutzutage immer öfter benachteiligten Kindern helfen. Es ist ein wichtiger Ort für mich, weil ich dort hingegangen bin, als ich jung war. Zu meiner Zeit musstest du Kohle haben, um zu diesem Verein gehen zu können. Aber heutzutage gehen eine Menge Leute dorthin, die nicht viel Geld haben. Ich helfe dabei, die Sache am Laufen zu halten, mit Events zum Einwerben von Geldern und Treffen des Komitees. Momentan läuft der Verein erfolgreich und ich hoffe, er wird weiter erfolgreich bleiben, weil damit vielen Menschen in diesen Zeiten geholfen ist. Ich denke, es eröffnet den Menschen neue Wege.

Der Gebrauch von umgangssprachlichen Ausdrücken (hier »Kohle«) muss nicht immer gelöscht werden, denn sie können hilfreich sein, um die authentische und unverwechselbare Sprache des Erzählers einzufangen.

Ich war ein guter Papa. Ich habe es wirklich immer geliebt, dieses Seitenlinien-Papa-Ding, ohne zu versuchen, ihnen zu viel zuzurufen. Ich habe die Kinder ermutigt, weiterzumachen, und war immer für sie da, habe versucht, Zeit für sie zu haben. Das ist schwer, wenn man ein gut laufendes Geschäft hat, und es ist sehr verlockend, zu sagen: »Oh, ich habe eine Besprechung, ich kann nicht zum Spiel kommen.« Aber ich habe versucht, zu dem Spiel da zu sein und die Besprechung zu verschieben. Ich habe das oft getan. Ich glaube, ein guter Vater zu sein bedeutet, den Bedürfnissen der Kinder gerecht zu werden und ihnen Zeit zu schenken. Ich glaube, Eltern machen oft den Fehler, ihren Kindern keine Zeit zu schenken, nur weil sie denken, die Besprechung sei wichtiger als die Zeit, an der Seitenlinie zu stehen und zu rufen: »Lauf, Amy, lauf!« Nebenbei bemerkt, Amy ist eine gute Läuferin! Das, Zeit gehabt zu haben, das ist es, worauf ich am meisten stolz bin, weil das nicht so einfach ist, wenn man viel zu tun hat. Wir waren immer eine aktive Familie. Ich habe den Skiklub erwähnt. Ich bin kein fantastischer Skifahrer, aber meine Kinder sind gut. Diese Erlebnisse sind wichtig, wie die Urlaube und die Geburtstage mit meinen Kindern. Es gibt so viele schöne Sachen, die wir unternommen haben, und gute Zeiten, die wir hatten.

Auch wenn der Interviewer während des sich über drei Seiten ziehenden Dialogs einige Fragen zu Leistungen und wichtigen Zusammenhängen gestellt hat, ist es nicht notwendig, diese mit der Stimme des Interviewers abzubilden. Die einleitende Frage: »Gibt es Dinge, die Sie in Ihrem Leben erreicht haben, die Ihnen wichtig sind, Dave?« ermöglicht es, die Erzählung einfach fließen zu lassen – gerade wenn mehr als einem Gedanken nachgegangen wird.

Wenngleich manch einer den Einschub »Nebenbei bemerkt, Amy ist eine gute Läuferin!« weglassen würde, war hier die Überlegung des editierenden Therapeuten, dem Dokument einen fröhlichen und fast spielerischen Akzent zu geben.

DR. C.: Gibt es etwas, für das Sie sich einen Moment Zeit nehmen möchten, um es besonderen Menschen in Ihrem Leben zu sagen oder es nochmals zu sagen?

DAVE: Da gibt es so viele Menschen, denen ich nie danke gesagt habe. Ich war immer viel zu sehr damit beschäftigt, weiterzukommen. Ich habe den Menschen nie wirklich genug gedankt. Meine Eltern sind nicht mehr da, aber ich habe einen älteren Bruder, Bill, der den Hof weiter in Betrieb hat. Ich habe mich niemals richtig bei ihm bedankt, weil, um ehrlich zu sein, der Hof hat mich in den ersten Jahren sehr subventioniert. Ich glaube nicht, dass er wirklich auf dem Hof bleiben wollte. Ich glaube, dass ich ihm Dank schulde, weil er mich in meinen jungen Jahren subventionierte. Ich habe mich in diesen Zeiten sozusagen aus dem Blickfeld geschlichen, diesen Hippie-Zeiten, wenn man so will, während er den Hof am Laufen hielt. Ich glaube nicht, dass er tief drinnen wusste, ob er das wollte. Ich glaube, er war ein bisschen neidisch auf die Tatsache, dass ich weggegangen bin und er geblieben ist. Und ich habe auch noch zwei Schwestern. Ich habe mich nie für ihre Unterstützung bedankt. Linda, meine ältere Schwester, hat mir eine Menge über Respekt für andere beigebracht. Sie ist eine wirklich, wirklich gute Person. Linda ist Sozialarbeiterin und sorgt sich immer um andere Menschen. Sie hat mir beigebracht, weniger selbstsüchtig zu sein, als ich sonst vielleicht dazu neigen würde. Meine jüngere Schwester, Patrizia oder Pat, ist wunderbar. Wir nennen

sie »Poochie«. Sie ist die kleine Lieblingsschwester. Sie bringt mich immer zum Lachen. Poochie war immer ein wenig theatralisch, und vielleicht hat Will das daher. Vielleicht zieht es sich durch sie durch die Familie!
Ich habe meine Familie immer auf meine komische Kiwi-Art geliebt, aber ich war nicht immer fähig, das zu sagen. Es ist merkwürdig mit Jean. Es war mir immer möglich, ihr zu sagen, dass ich sie liebe, aber nicht dem Rest meiner Familie. Es war mir nie möglich, es meinem Bruder oder meinen Schwestern zu sagen. Irgendwie ging es mit den Mädchen einfacher, aber nicht mit Will.

Die Aussage des Interviewers: »Ich habe gehört, dass Sie das vorhin erwähnten, und ich habe Sie gerade eben sagen hören, dass Sie sie alle lieben« wird nicht gebraucht. Stattdessen ist die Aussage des Patienten »Ich habe sie immer auf meine eigene komische Art geliebt« viel authentischer als die von »Dave« zu erkennen.

DR. C.: Dave, gibt es Ratschläge oder konkrete Empfehlungen, die Sie Ihrer Familie hinterlassen möchten, um sie auf das vorzubereiten, was vor ihr liegt?
DAVE: Nehmt euch Zeit für andere Menschen. Lebt jeden Tag, als wäre es euer letzter. Macht etwas aus jedem Tag, wirklich, macht etwas daraus. Ich habe das nicht immer getan. Das Leben kann kurz sein. Die Menschen auf den Salomonen hatten nichts, und dabei haben sie ihr Leben genau so gelebt. Es ist wie ein biblischer Spruch, schätze ich, aber behandelt die anderen so, wie ihr selbst behandelt werden möchtet.

Dies ist zweifellos ein stimmiger und würdiger Abschluss. Passende Schlusssätze können an jedweder Stelle des Transkripts gefunden werden. Dennoch tauchen sie häufig gegen Ende des Interviews auf, wenn die Fragen nach den »Empfehlungen« und den »Wünschen und Hoffnungen« gestellt worden sind.
 Dave macht in seinem Interview die Aussage: »Wirklich, macht etwas daraus. Ja. Das sage ich besonders zu Will.« Der Therapeut hat speziell diesen Satz nicht integriert; dies kann später mit Dave besprochen werden, um zu sehen, ob er ihn tatsächlich eingefügt haben möchte oder ob er sich vorstellen kann, dass es Will verletzen könnte, diesen Satz zu lesen, ohne vielleicht den Kontext zu verstehen.
 Beachten Sie, dass Grammatik und Interpunktion im gesamten final editierten Dokument nicht unbedingt perfekt oder formell sind. Das Ziel des Editierprozesses sollte darin liegen, zu versuchen, die Art, in der ein Teilnehmer Sprache benutzt, zu erhalten. Beachten Sie ebenso, dass aus dem im Original 19 Seiten umfassenden Transkript schließlich ein siebenseitiges Dokument geworden ist. Und doch liest es sich jetzt viel verständlicher und flüssiger und ist insgesamt erkennbar und authentisch »Dave«.

Bills Würdezentrierte Therapie

Bill ist ein 69-jähriger Mann mit Krebs im Endstadium. Ihm wurde gesagt, und er scheint sich dessen bewusst zu sein, dass er nur noch wenige Monate zu leben hat. Er und seine Frau Janet sind seit 45 Jahren verheiratet und haben drei Kinder: Donna, 45 Jahre; Ed, 42 Jahre, und David im Alter von vierzig. Bill hat fünf Enkelkinder, zu denen der 18 Monate alte Cole und der fünf Jahre alte Jack gehören, Lindsay, die elf Jahre alt ist, Dorie, die 13 ist, und Samantha, die 18 Jahre alt ist. Bis er krank geworden ist, hat Bill als Buchhalter gearbeitet. (Dieses Interview fand im Frühjahr 2010 auf dem Ersten Internationalen Symposium zu Würdezentrierter Therapie in Winnipeg, Kanada, statt.)
(Aufnahmegerät ein)

DR. CHOCHINOV: Okay, Bill. Vielleicht beginnen wir damit, dass Sie mir ein wenig über Ihr Leben erzählen. Besonders über die Dinge, die Sie für wichtig halten oder von denen Sie möchten, dass Ihre Familie sie weiß.

BILL: Na ja, ich, ich, ich glaube, man blickt zurück auf sein Leben, wenn man mit all dem hier konfrontiert ist.

DR. C.: Hm.

BILL: Ähm, ich bin nicht sicher, was für eine Art aufregendes Leben ich hinter mir gelassen habe, gelebt habe, aber die, ich meine die, ich war für viele Jahre in der Buchhaltung und bin dann in eine, eine, Beratung, mit meinem eigenen Unternehmen, so diese Sachen. Und ...

Es schien bereits zu diesem frühen Zeitpunkt im Interview wichtig, die Chronologie von Bills Lebensgeschichte nachvollziehen zu können, daher wurde die folgende Frage gestellt:

DR. C.: Wie alt waren Sie in etwa, als Sie in der Buchhaltung begonnen haben?

BILL: Oh, das war ziemlich gleich nach der Schule, wissen Sie. Ja, äh, ich war, äh, um die zwanzig, schätze ich, als ich in die, in die Buchhaltung ging. Ja.

DR. C.: Also haben Sie im Alter von zwanzig Ihre Ausbildung zum Buchhalter abgeschlossen.

BILL: Ich habe die Ausbildung gemacht und äh, äh, ähm, äh, und dann machte ich, ich weiter, um Wirtschaftsprüfer zu werden, und äh, äh, zu der Zeit, als ich geheiratet, äh, habe, äh, war ich Buchhalter.

DR. C.: Und wie alt waren Sie bei Ihrer Hochzeit?

BILL: 24.

DR. C.: Das heißt, das war eine wirklich wichtige Zeit in Ihrem Leben, einen Beruf zu finden und zu heiraten.

BILL: Ja. Das war nichts, was wir geplant hatten. So viel ist sicher. Es ist einfach passiert, wissen Sie? Wenn du jung bist, denkst du nicht, da verschwendest du keinen Gedanken an die Zukunft. Es zählt nur, was du jetzt gerade machst.
DR. C.: Ich verstehe.
BILL: Und, äh, so, ja wir, als wir geheiratet haben, war das, ähm, äh, na ja, das Wichtigste, was mir zu diesem Zeitpunkt meines Lebens passiert ist. Der Rest wären die Kinder. Das wäre das nächste Ereignis.
DR. C.: Natürlich.
BILL: Äh, äh, äh, daraufhin, das hatte eine Art Bedeutung. Buchhaltung ist kein sehr aufregender Beruf. Man schiebt Papier von hier nach da.
DR. C.: Dafür war Janet aufregender.
BILL: Na ja, ich hatte ziemliches Glück mit ihr. Sie müssen wissen, weil sie, äh, sie hat mitgezogen, meine besonderen Träume und Ziele zu verfolgen.
DR. C.: Mh.
BILL: Und äh, das, ähm, äh, ich weiß nicht, stellen Sie sich vor, wir bekamen auch prompt Donna.

Die eher schwammigen und pauschalen Antworten, die Bill hier gibt, sind nicht untypisch für jemanden, der sich unwohl fühlt und nur begrenzte Energiereserven hat. Weite Teile der Geschichte werden so überaus knapp und ausdruckslos beschrieben. An diesem Punkt zielen die nächsten Fragen darauf ab, mehr Einzelheiten zu diesen wichtigen Themen hervorzulocken.

DR. C.: Vielleicht können wir für einen Augenblick verweilen. Sie sprachen gerade davon, Janet kennengelernt zu haben, und ich frage mich, ob Sie mir noch erzählen möchten, wie das gekommen ist?
BILL: Na ja, eigentlich, wir waren in der gleichen Kirchengemeinde. Das ist wie, das ist, wo wir uns getroffen haben, und es kam über verschiedene gemeinschaftliche Treffen in der Kirche, dass wir zusammen ausgegangen sind.
DR. C.: Gut.
BILL: Und, ähm, wir, äh, ähm, das erste Mal, als wir wirklich miteinander ausgegangen sind, lud ich, ich sie und ein anderes Mädchen gleichzeitig (leises Lachen) zu einer Party ein.
DR. C.: Das klingt aufregend.
BILL: Oh ja, das war aufregend, dass das, äh, dass das, äh, es endete damit, das andere Mädchen, ähm, war nicht so erfreut darüber, und so war Janet da (leises Lachen), und das ist eigentlich so, wie wir zusammenkamen.

Nachdem Bill gerade das Kennenlernen seiner Ehefrau erwähnte, war die Fotometapher ein Weg, um ihn zu ermutigen, einige weitere Details oder zusätzliche ähnliche Anekdoten zu erzählen.

DR. C.: Bill, wenn wir uns vorstellen, dass Sie und ich ein Fotoalbum Ihres Lebens betrachten, und Sie haben das Album gerade auf einer Seite aufgeschlagen, mit einem Foto mit der Überschrift »Janet kennengelernt«. Können Sie mir beschreiben, was auf diesem Foto zu sehen ist?
BILL: Ich erinnere mich daran, dass ich versuchen wollte, mit ihr zu knutschen. Das war eine, ja, das war, äh, das war schon irgendwie (leises Lachen) eine große Sache für mich.
DR. C.: Waren Sie nervös, waren Sie schüchtern?
BILL: Nein. Nein, nicht zu diesem Zeitpunkt. Ich wollte einfach knutschen. (leises Lachen) Ich musste darüber nachdenken, ob das, Sie wissen schon, das zum nächsten Schritt führen würde. Aber wir fingen an, miteinander zu gehen, als, äh, wir haben, äh, äh, als ich sie nach Hause gefahren habe, wir haben draußen vor ihrem Haus geparkt, natürlich haben wir da, wir haben ein bisschen geknutscht und, äh, bis ihre Mutter auf den Schalter drückte. Es war Zeit reinzukommen, wissen Sie, so, daran erinnere ich mich.
DR. C.: Es klingt, als hätte es zwischen Ihnen beiden eine Verbindung gegeben. Was hatte Janet, das bei Ihnen das Gefühl auslöste, »Glück zu haben«?
BILL: Ich schätze, es war, ähm, jemanden zu finden, den ich, ich nie zuvor in meinem Leben hatte, in meinem, äh, es war, es war einfach das Gefühl, jemanden zu finden, wissen Sie, der mir gefehlt hat.
DR. C.: Und haben Sie irgendwie gewusst, dass sie der fehlende Teil ist; dass sie jemand war, der diese Lücke füllen könnte?

Beachten Sie, wie der Therapeut die Sprache des Patienten übernimmt und somit zeigt, dass er ein aufmerksamer Zuhörer ist und mit Bills Geschichte mitgeht.

BILL: Zu der Zeit habe ich das nicht gewusst. Ich meine, wirklich, das, das, es war einfach die, äh, Sie wissen schon, die absolute Anziehung. Ich meine, ich habe das nicht so analysiert. Aber rückblickend, ich habe nicht gewusst, dass da in meinem Leben etwas fehlt, und, ähm, und sie hat diese, äh, diese Leere sicherlich gefüllt.
DR. C.: Und können Sie sich daran erinnern, wann Ihnen bewusst geworden ist, dass sie Ihre Partnerin fürs Leben sein wird?
BILL: Wissen Sie, das, es war nicht, äh, etwas, das klick gemacht hat und alles verändert hat.

DR. C.: Ja.

BILL: So war es nicht; es war einfach, irgendwie war es zusammen gehen, und auf einmal war es, na ja, lass uns heiraten.

DR. C.: Hm.

BILL: Wissen Sie, und, äh, äh, ähm, dann, dann, wissen Sie, wir haben über Kinder gesprochen und so was, aber es war, äh, es, es war nicht ein Licht, das einem aufgeht. Es war eher so, dass wir zusammengewachsen sind. Ähm und dann, und eigentlich ist es seitdem genauso.

DR. C.: Sie sind weiter zusammengewachsen.

BILL: Ja. Ja. Nicht, dass sie mir nicht hin und wieder einen Tritt in den Hintern geben wollte, aber wissen Sie, immer noch, war sie, äh. Das ist eigentlich das, was passiert ist. Ich, ich, ich, ich verstehe die Menschen nicht, wenn sie dann sagen, ähm, Sie wissen schon, Liebe auf den ersten Blick und so was. Äh, das war bei mir sicher nicht so. Ähm, aber es ist, als wäre ich niemals ohne sie gewesen.

DR. C.: Vielleicht habe ich Sie das schon gefragt, aber gab es etwas Besonderes an Janet, das Sie angezogen hat, vielleicht etwas an der Art, wie sie war?

Wieder bemüht sich der Therapeut darum, mehr Einzelheiten hinsichtlich Bills Erinnerungen an Janet und die Anfänge ihrer Beziehung hervorzurufen.

BILL: Wir sind Gegensätze, wissen Sie.

DR. C.: (leises Lachen) Die passen ab und an ganz gut zueinander.

BILL: Ihre, ihre Persönlichkeit, mal abgesehen von sehr, dem Wunsch, sehr organisiert zu sein und.

DR. C.: Gut.

BILL: Und sich um Sachen zu kümmern und, und diese Dinge. Aber ihre Persönlichkeit war eine voller ähm, äh, Lachen, und ich erinnere mich, dass, es, es war einfach, und, und ihre ganze Familie war genauso. Ihre ganze Familie. Sie war die älteste von acht Kindern und lebte in einem wirklich kleinen Haus, aber dieses Haus, es war eine Freude, dorthin zu gehen. Es war Spaß. Das war es immer, und sie, sie hatte das, dass sie das auch so hatte.

DR. C.: Gut.

BILL: Und das ist so die ... abgesehen von der Kochkunst ihrer Mutter, das ist das andere; das andere war ihre Persönlichkeit.

DR. C.: Genau. Als Sie über das kleine, von Lachen erfüllte Haus gesprochen haben, kann ich mir vorstellen, dass Ihre Gedanken Sie an diesen Ort zurückgetragen haben, dass Sie vielleicht sehen können, was dort in diesen fröhlichen Momenten vor sich ging.

BILL: Nun, ja, ich, äh, das, weil es so eine andere Familie war als meine eigene.

DR. C.: Wenn Sie also an diese Zeit zurückdenken, gibt es da ein ganz bestimmtes Bild oder Foto, das Sie gerade betrachten ... in Janets von Lachen erfülltem Zuhause?
BILL: Ich denke daran, in der Küche zu sein.
DR. C.: In der Küche.
BILL: Jawohl.
DR. C.: Was sehen Sie? Was passiert?
BILL: Alle haben sich dort versammelt.
DR. C.: Zu welchem Anlass?
BILL: Das war ganz egal. Jeder, jeder Anlass, es, je-jeder landete irgendwann in der Küche.
DR. C.: Gut.
BILL: Wissen Sie, wenn diese große Familie da zusammen in der Küche steht und lacht, wissen Sie, daran, daran erinnere ich mich.
DR. C.: Gut.
BILL: Ja.
DR. C.: Also gibt es keinen bestimmten Anlass; es gibt immer einen Anlass.
BILL: Ja. Ich erinnere mich an die Mittagessen sonntags. Wir gingen normalerweise immer sonntags zum Mittagessen rüber.
DR. C.: Und wie war das?
BILL: Wie gesagt, es war immer, es war, jeder drängte sich in diese Küche, lachte und hatte eine gute Zeit.
DR. C.: Und worüber ist gelacht worden?
BILL: Irgendwas. Irgendwas und alles. Irgendwas und alles. Und es war, äh, ... ihre Mutter starb, an Krebs, und ähm, ähm, äh, das, es war etwas, was ich auf der Beerdigung gesagt habe, ich erinnere mich immer an das Haus voller Lachen. Hm. Und das ist es, was ich immer noch tue, das Haus gibt es immer noch. Ihr Vater lebt noch immer in dem Haus, ich, das ist es, wie, wie das Haus in Erinnerung bleiben wird. Voller Lachen.
DR. C.: Es klingt nach einer Menge wundervoller Erinnerungen, die damit verbunden sind.
BILL: Mit diesem Haus, ja, das war es.

Vor dem Hintergrund, dass Bill seine Würdezentrierte Therapie damit begann, sich an Zeiten zu erinnern, die ihn in seine frühen Zwanziger zurückführen, versucht der Therapeut, an dieser Stelle zu explorieren, ob es noch frühere Erinnerungen gibt, die Bill ansprechen möchte.

DR. C.: Ja. Wenn wir in diesem Album ein paar Seiten zurückblättern: Sie haben erwähnt, dass sich Ihr Leben sehr von Janets Leben unterschieden hat. Gibt es frühere Erinnerungen oder Fotos, auf die Sie und ich einen Blick werfen könnten?

BILL: Na ja, äh, mein Elternhaus war nicht, nicht das glücklichste aller Elternhäuser, das heißt, die Erinnerungen, die ich habe, sind, ähm, sind kurz. Ähm, die beste, weil mit den anderen Erinnerungen möchte ich mich nicht, äh, beschäftigen, wissen Sie, sodass, die, äh, ich erinnere mich an Sachen wie den alten Wagen, um genau zu sein, ein Ford Modell T. Ich erinnere mich gut. Jetzt hat ihn mein Bruder.

DR. C.: (leises Lachen) Wie alt waren Sie in dieser Erinnerung?

BILL: Oh, ich war noch ein Kind, ich war zehn, zwölf Jahre alt.

DR. C.: Und an den Wagen erinnern Sie sich noch gut?

BILL: Ich erinnere mich an diesen Wagen. Ich erinnere mich an zwei Wagen.

Dies ist eine hervorragende Gelegenheit, Bill dazu zu bringen, sich auf eine Erinnerung einzulassen, indem er dazu eingeladen wird, so viele Details wie möglich zu erzählen.

DR. C.: Erzählen Sie mir davon. An was erinnern Sie sich?

BILL: Na ja, ich denke an meine Brüder. Äh, sie, sie gingen zusammen los und kauften, äh, den Wagen, das eine Auto. Neben unserem Haus hatten wir ein Feld, und sie haben das Auto auf diesem Feld geparkt, und jeder hat sich wie ein eitler Pfau daneben gestellt, wissen Sie, umherstolziert, weil sie ein Auto hatten.

DR. C.: (leises Lachen)

BILL: Aber sie, äh, äh, ich erinnere mich an sie. Ich kann sie geradezu vor mir sehen, wissen Sie, wie sie dastehen, meine großen Brüder. Ich war der jüngste von fünf Brüdern, fünf Jungs. Äh, und sie, äh, sie, na ja, einfach, äh, das sind Sachen wie diese, an die ich mich erinnere, das sind Sachen im Feld. Das ist, wo wir im Feld Fußball gespielt haben, solche Sachen. An solche Sachen erinnere ich mich. Und ich denke an meinen Hund.

DR. C.: Wie hieß Ihr Hund?

BILL: Skippy. Ja. Er war, äh, ein Cockerspaniel. Wissen Sie. Ich glaube nicht, dass der Hund der erste Hund war, war, der wirklich uns war. Er gehörte unseren Nachbarn, aber wir haben ihn übernommen.

DR. C.: Gut.

BILL: Wir haben ihn geklaut. (leises Lachen)

DR. C.: (leises Lachen)

BILL: Und äh, aber ich hatte einen anderen Hund, das war Prinz, das war eine, äh, äh, Mischung aus einem Irish Setter und einem schwarzen Labrador. Das war mein Kumpel. Wissen Sie. Und sie mussten, nachdem wir geheiratet haben, mussten sie, sie, den Hund einschläfern.

DR. C.: Hm.

BILL: Ja, das war für mich wie das Ende einer Ära und der Beginn einer neuen, wissen Sie.

Der Therapeut möchte Bills Kindheit nicht übergehen, indem sie komplett vermieden wird (angesichts Bills Aussage, dass diese Zeit in seinem Leben eine unglückliche war). Daher ist die nun folgende Bemerkung wichtig, da sie Bill die Wahl lässt, selbst darüber zu entscheiden, wie er fortfahren möchte.

DR. C.: Natürlich. Bill, Sie haben darauf hingewiesen, dass es viele Dinge in diesen frühen Jahren, eben auf diesen frühen Fotografien, gibt, die Sie nicht näher besprechen wollen. Und ich denke, ich habe Ihnen heute zu Beginn schon gesagt, dass das, was wir hier zusammen machen, Ihren Bedürfnissen gerecht werden soll. Das heißt, wenn es Dinge gibt, die Sie weiterhin nicht in den Blick nehmen möchten, dann müssen wir das nicht tun. Wenn es aber Dinge gibt, die Sie erzählen möchten oder die so wichtig sind, dass Sie sie mitteilen möchten, wäre nun der Zeitpunkt, dies zu tun.

BILL: Na ja, es ist nur, dass ich aus so einer ganz anderen Familie komme als, als wie Janet. Eine, eine absolut zerrüttete und in vielerlei Hinsicht nicht sehr glückliche Familie.

DR. C.: Hm.

BILL: Ähm, ich glaube, vielleicht war sogar der Wunsch zu heiraten Teil meiner Flucht aus alldem, auch wenn ich da 24 war und noch immer zu Hause gelebt habe, obwohl ich es nicht mochte, zu Hause zu leben.

DR. C.: Das heißt, Janet zu treffen, war für Sie wirklich ein Wendepunkt.

BILL: Vollkommen anders. Vollkommen. Vollkommen andere Welt. Und obwohl wir, äh, alle miteinander gelebt haben, wissen Sie, äh, jetzt weiß ich nicht, wo die Hälfte meiner Brüder ist und so was. Also es, es war das Auseinanderleben über die Jahre. Das geht zurück bis in die Zeit, als wir, als wir jung waren, wissen Sie.

DR. C.: Ja. Es scheint, als würden wir an der Oberfläche großen Schmerzes kratzen.

Eine Bemerkung wie diese würdigt Bills früheren Schmerz und stärkt zugleich die empathische therapeutische Beziehung. Während andere psychotherapeutische Ansätze die Ursprünge dieses Schmerzes und die damit verbundenen Folgen explorieren würden, erlaubt die Würdezentrierte Therapie es den Patientinnen und Patienten, nur solche Erinnerungen miteinzuschließen, die sie anderen mitteilen möchten. Das soll nicht heißen, dass der Psychotherapeut diese Themen zu einem späteren Zeitpunkt nicht wieder aufgreifen kann, aber dies zu tun ist nicht Teil der Agenda der Würdezentrierten Therapie.

BILL: Ja. Und, äh, es ist, es ist Unglück, das, das hat mein Leben in vielerlei Hinsicht bestimmt.

DR. C.: Hm.

BILL: Das, es, äh, es hat viel Zeit gebraucht, bis ich darüber, darüber hinweggekommen bin [...]. Es ist so, wenn du in einer Umgebung und so groß wirst und das, die, die, einige Dinge an dir kleben bleiben, und es ist schwer, sie loszuwerden.

DR. C.: Hm-hm.

BILL: Und es hat, es hat viel Zeit gebraucht, und, äh, es war die, wissen Sie, es war eine, jede Belastung für meine, jede Beziehung, wissen Sie.

DR. C.: Bis zu Ihrer Hochzeit – oder ging es weiter, andere Beziehungen zu belasten?

BILL: Ging weiter. Ging weiter. Ja. Ich musste über eine Menge verschiedener Dinge hinwegkommen. Ich musste mir erst mal darüber klar werden, sie erst mal, dass ich nicht über sie hinwegkommen konnte. Sie bestimmten mein Leben.

DR. C.: Bill, heute geht es um Ihre Bedürfnisse. Ich spüre, dass es schmerzvoll ist, diese Erinnerungen und Einzelheiten in den Blick zu nehmen. Aber können Sie in Worte fassen, was Janet und die Hochzeit Ihnen ermöglicht haben, zu erreichen?

Diese Bemerkung erlaubt es dem Therapeuten, erneut Bills Schmerz anzusprechen (und ihn nicht abzutun) und gleichzeitig auf Bills Gedanken über Janet und ihre Hochzeit und damit auf das Generativitätsvorhaben zurückzukommen.

BILL: Ich glaube, das Wesentliche, äh, bei, bei, äh, an der Hochzeit und den Kindern und allem anderen ist, ähm, äh, dass ich angefangen habe, zu lernen, wie man liebt. Und ich glaube, das war eine riesige Erkenntnis für mich, dass ich sogar das nicht wusste. Daran fehlte es mir, wissen Sie. Es ist leicht zu sagen, ich liebe dich, ähm, es ist etwas anders, es zu erleben.

DR. C.: Ja.

BILL: Und ich glaube, das ist das Größte daran.

DR. C.: Und Sie fingen an, es zu lernen, durch die Beziehung zu Ihrer Ehefrau, und kurz darauf kamen auch die Kinder dazu, zuerst Donna.

Durch die Einführung der Kinder versucht der Therapeut, das Interview chronologisch weiterzuführen und zugleich auf wichtige Inhalte mit Bezug auf den Generativitätsgedanken zu achten.

BILL: Hm-hm. Exakt. Ja.

DR. C.: Erzählen Sie mir doch einige der Erinnerungen. Erinnerungen an Ihre Vaterrolle und die Zeit als junger Ehemann und wie es war, lieben zu lernen.

BILL: Na ja, eh, eh, die Kinder betrachten dich nicht wirklich so, dass sie deine Fehler sehen. Sie sehen dich als einen, als den Papa, wie der, den, äh, wie den Retter, so in der Art, der, der, der, was nicht wirklich stimmt, aber ich meine, sie sehen dich an, zu dir auf, in einem anderen Licht. Deine Probleme sind ihnen egal. Es ist das, was du ihnen irgendwie auf eine ehrliche Weise sagen kannst, weil, wie sie sein können, ist einfach nur ehrlich.

DR. C.: Ja.

BILL: Bis zu einem gewissen Alter. Und äh, aber sie, äh, ähm, sie, sie sind einfach so, sie spielen keine Spielchen, wenn sie klein sind.

DR. C.: Ja.

BILL: Sie sind einfach offen und ehrlich und, ja, du kannst einfach nicht anders, als sie in den Arm nehmen, und das ist es, hier kommt die Liebe ins Spiel. Ich meine, du würdest für deine Kinder durchs Feuer gehen. Ich meine, das steht außer Frage.

DR. C.: Ja. ... zeigen Sie mir ein Bild.

BILL: Ähm, hm.

DR. C.: Nehmen Sie mich mit in ein paar Ihrer Erinnerungen, die gerade zurückkommen; verstehen Sie, Sie als junger Ehemann, neue Gefühle entdeckend, Ihr Leben mit Kindern. Nehmen Sie mich mit zu einem oder zwei Bildern.

BILL: Unser erstes Haus.

DR. C.: Was sehen Sie? Wo sind Sie? Wer ist auf der Fotografie zu sehen?

BILL: Ähm. (leises Lachen) Auf dem ersten Bild, wir beide kratzen uns am Kopf.

DR. C.: Sie und Janet?

BILL: Ja.

DR. C.: Okay. Sie beide kratzen sich am Kopf.

BILL: Ja, weil, wow, wir werden ein Haus kaufen. Es wird uns 13.000 Dollar kosten. Ah, äh, wow. Wie sollen wir das schaffen, wie werden wir das Geld dafür zusammenkratzen? Aber wir haben es getan. Ja, ähm.

DR. C.: Ich denke mal, Ihre buchhalterischen Kenntnisse haben dabei geholfen. (leises Lachen)

BILL: Na ja, vielleicht. (leises Lachen)

DR. C.: (leises Lachen)

BILL: Aber es war, äh, äh, ähm, kaufen, ein, das erste Haus kaufen und, und wieder, äh, ich, wissen Sie, es mag albern klingen, aber einige der besten Erlebnisse, die wir in diesem Haus hatten, waren unsere besten Partys, ja. Wir haben die Familien eingeladen, und alle rüber. Wir hatten einige wilde Mottopartys, ja. Ähm.

DR. C.: Lassen Sie von der wildesten hören.

BILL: Wir hatten eine, ähm, wie haben wir es genannt? Wir nannten es eine, eine, äh, eine Juli-Weihnachtsparty im Januar. Und jeder musste mitten im Winter kommen.

DR. C.: Gut.

BILL: Gekleidet in, ähm, ihren, äh, äh, Sommerkleidern. Und sie haben, wir, wir, ähm, haben ein Planschbecken für Kinder, ein Planschbecken geholt. Wir haben es in einem, im Hobbyraum aufgestellt. Wir haben Goldfische reingetan. Wir hatten Moskitos und Insekten und Fliegen herumhängen und äh, jeder musste mit einem Liegestuhl kommen, und sie kamen alle und haben das Haus bevölkert, und das ist, das war eine der besten Partys, die wir je hatten.

DR. C.: Waren die Kinder dabei?

BILL: Oh ja. Alle. Die Familien. Die gesamten Familien. Janets gesamte Familie und meine, meine, äh, meine Brüder kamen zu der Zeit, äh, bei uns vorbei. Jeder.

DR. C.: Und was war mit den Kindern, sind sie schon alle dabei? Wer war schon auf der Welt, und in welchem Alter waren sie?

BILL: Unsere Kinder und, ähm, Janets Brüder und Schwestern, ähm, ähm, sie sind alle im selben Alter, nur Monate auseinander.

DR. C.: Gut.

BILL: Daher kamen sie alle miteinander gut aus.

DR. C.: Alle Cousinen und Cousins.

BILL: Alle Cousinen und Cousins, und äh, äh, wissen Sie, die Neffen und, wissen Sie, meine, meine, äh, meine Kinder nannten sie Onkel, und wissen Sie, da sind zwischen einigen nur zwei Monate Unterschied. Also das, das ist die Art Familie, die sich entwickelt hatte.

DR. C.: Gut. Wenn Sie also an die Party denken, wird Donna, die jetzt 45 ist, wie alt gewesen sein?

BILL: Sie wird vielleicht, ähm, ungefähr zehn gewesen sein.

DR. C.: Okay.

BILL: Ja.

DR. C.: Also wird Ed um die sieben gewesen sein und, äh, und David um die fünf.

BILL: Ja.

DR. C.: Nur damit ich mir ein Bild davon machen kann, wer zu der Zeit schon dabei war.

BILL: Ja, ja. Sie waren, sie waren, äh, äh, einfach, äh, wir hatten viel Besuch und wir liebten es, andere zu bewirten, und Janet wurde eine exzellente Köchin, wie ihre Mutter.

DR. C.: Gut.

BILL: Und, ähm, es war einfach, und so ist es, so ist es, wenn, wenn es Anlässe gab, kam die Familie zusammen. Alle Familien. Hm. Außer meiner.

DR. C.: Das wollte ich gerade sagen. Es klingt paradox, denn Sie kamen aus einem Zuhause, das nicht viel mit einer derart glücklichen Familienbeziehung gemein hatte.

BILL: Hm.

DR. C.: Und doch haben Sie die meiste Zeit Ihres Erwachsenenlebens in dieser wundervollen Umgebung einer liebenden Familie und familiärer Bande zugebracht.

BILL: Ja und das, das ist es, warum ich sage, das ist, wo ich entdecken konnte, was Liebe bedeutet. Hm.

DR. C.: Das heißt, wenn Sie über Liebe sprechen und sich vorstellen, in Ihrem Fotoalbum weiter nach vorne zu blättern, wohin führt Sie dieser Gedanke als Nächstes? Welche anderen Erinnerungen kommen in Ihren Kopf oder Dinge, die Sie gern mitteilen möchten?

BILL: Ähm, abgesehen von, einfach dem Leben, ich meine, die Dinge waren nicht, äh, es war einfach die Tatsache, mit allen zusammen zu sein, mit der Familie, und das war, das war das Ding daran, die Hauptsache. Gleich danach kommt natürlich, äh, äh, Enkelkinder zu haben, mit Ausnahme der Jugendjahre. Die, die Kinder, wenn sie ihre Jugend durchleben, das ist, das ist ein, das ist ein Minenfeld, durch das man sich durcharbeiten muss.

Angesichts Bills Zurückhaltung gegenüber vielen detailreichen Erinnerungen kam der Therapeut an diesem Punkt zu der Einschätzung, dass Bill im Rahmen der Würdezentrierten Therapie wahrscheinlich mehr zu den eher reflektierenden und weniger zu biografischen Fragen sagen würde. Da Bill gerade noch davon gesprochen hatte, das Minenfeld der Erziehung Jugendlicher »durcharbeiten« zu müssen, schien dies ein geeigneter Zeitpunkt, um ihn nach den Dingen zu fragen, die er im Leben gelernt hat.

DR. C.: Gibt es etwas, das Sie in dieser Phase gelernt haben, oder etwas, das Sie herausgefunden haben, als Sie durch dieses Minenfeld gegangen sind, von dem Sie denken, es sei wert, in Worte gefasst zu werden?

BILL: Ich habe etwas gelernt, äh, über mich, das ich nicht, ich wusste nicht, dass ich diese Art von, ähm, Fähigkeit zum vernünftigen Miteinanderreden hatte. Wenn du, wenn du dich mit Jugendlichen auseinandersetzt, dann ist, ist es sehr schwierig, etwas zu machen, es, es gibt so viele Graubereiche. Es ist nicht einfach nur. Es ist sehr einfach, zu sagen: »Tu dies nicht« und »Tu das nicht«, aber es, das passt nicht, wenn sie sich außerhalb der Familie bewegen und tun, was sie wollen, ähm, mein einer Sohn, er war ein bisschen ein Rebell.

DR. C.: Hm.

BILL: Aber, ähm, äh, die eine Sache war, dass sie nie. Meine Frau konnte ihn sehr schnell wieder zurück auf die Spur bringen. Er war ein großer Junge, er hatte diese, äh. Er war ein sehr körperlicher Typ, aber, äh, sie kann ihn noch immer wieder zurück auf die Spur bringen. Aber mit, mit mir war es mehr. Ich wurde, ich habe gar nicht gemerkt, dass ich mich mit meinen, äh, Kindern angefreundet habe.
DR. C.: Hm.
BILL: Sie wissen schon.
DR. C.: Können Sie mehr darüber erzählen?
BILL: Na ja, ich, ich habe meine Vaterrolle ernst genommen und man, man, ich habe immer, äh, ich war kein, ich bin kein Freund für meine Kinder, ich bin ihr Vater. Sie können sich so viele Freunde zulegen, wie sie wollen.
DR. C.: Okay.
BILL: Aber sie haben nur einen Vater und ähm, ich habe das nicht realisiert, bis später, als sie älter waren, und dann haben sie mich auch schon mit anderen Augen gesehen.
DR. C.: Aha.
BILL: Dass wir über diese Zeit hinweg Freunde geworden sind, und es war, äh, na ja, Freundschaft bedeutet nicht, ist, das einfach zu sagen, du hältst sie fest und sagst: Ja, es ist so, wir wollen Freunde sein. Ich meine, äh, ich habe wenige gute Freunde. Ähm, aber heute sind meine Kinder meine Freunde.
DR. C.: Sie sagten zuvor, dass die Vaterrolle etwas war, was Sie sehr ernst genommen haben.
BILL: Hm-mh.
DR. C.: Ich vermute, es ist eine Rolle, auf die Sie stolz sind oder die Sie für Ihr Leben als sehr wichtig wahrnehmen.
BILL: Na ja, ähm, äh, ja weil, aus einem Umfeld kommend, das ich, das ich, ich bin aus einem Umfeld gekommen, äh, es war wichtig für mich, die Familie zu haben, die ich bekommen habe, nicht die ich hatte. Es war wichtig für mich.
DR. C.: Wie würden Sie sich selbst also als Vater beschreiben, oder wie glauben Sie, würden Ihre Kinder Sie als Vater beschreiben?

Die Leserinnen und Leser können an dieser Stelle beobachten, dass dieser Teil auf Fragen hinausläuft, die sich auf Rollen und Dinge beziehen, auf die die Patienten stolz sind.

BILL: Ähm, ich glaube, sie wussten, dass ich ein bisschen ein Softie war, und ich glaube, sie wussten, dass egal was, ich für sie da sein würde, und das war ich. Äh, es ist nicht, äh, wieder, sehen Sie, ich glaube wirklich, dass das Einzige, was du deinen Kindern geben kannst, Liebe und Disziplin ist, und, und äh, äh, ich habe ihnen beides gegeben. Äh, alles mit, ähm, mit Liebe.

DR. C.: Ja. Sie klingen wie ein Mann, der in seiner Rolle als Vater nichts oder nur wenig bereut. Es scheint, dass Sie das Gefühl haben, in dieser Hinsicht alles richtig gemacht zu haben.

Während dieser Kommentar nicht notwendigerweise dazu gedacht ist, den Dialog weiter voranzubringen, zeigt er doch erneut, dass der Therapeut aufmerksam zuhört, Bills wichtigste Werte versteht und seine Leistungen auf dem Gebiet der Vaterschaft anerkennt.

BILL: Es ist wahrscheinlich eine der wenigen Aufgaben, die ich richtig gemacht habe (leises Lachen), wissen Sie, und, äh, eh, nicht dass es, es war nicht einfach, aber es ist etwas, das, das ich wahrscheinlich richtig gemacht habe, weil, und das sage ich wegen meiner jetzigen Beziehung zu ihnen.

DR. C.: Ja.

BILL: Nicht, ähm, du denkst nicht darüber nach, während du mittendrin steckst. Ähm, aber wenn du darauf zurückblickst, es, äh, ja, es waren einige Sachen, die ich falsch gemacht habe, aber ich habe mehr richtig gemacht als falsch.

DR. C.: Da wir gerade von Ihrer Vaterrolle sprechen, vorhin sprachen Sie von sich als »Großvater«.

Das Thema Großvater wird angesichts der anzunehmenden Bedeutung für den Generativitätsgedanken angesprochen.

BILL: Ja.

DR. C.: Könnten Sie zu dieser Seite Ihres Albums vorblättern, um mir ein bisschen über diese Erfahrung zu erzählen? Wie war das?

BILL: Es war einfach unglaublich, das Geben von, äh, es ist, es ist Liebe auf einer anderen Ebene, und es ist in einer anderen Sphäre. Man weiß nicht, was, was. Ich habe nicht, äh, ich muss mir keine Gedanken darüber machen, sie zu erziehen, und sie wissen das. Sie, sie haben mich um den kleinen Finger gewickelt und, und das war mir ganz recht.

DR. C.: (leises Lachen)

BILL: Ja. Und es ist einfach so, dass es so viel Freude macht, mit ihnen zusammen zu sein. Ich muss mir keine Gedanken darüber machen, sie zu erziehen oder, Sie wissen schon, sie großzuziehen. Ich tue es auf, auf die großväterliche Art und Weise, aber ich meine, ich muss mir keine Gedanken machen, da liegt kein Druck auf mir, und ich kann einfach Spaß mit ihnen haben.

DR. C.: Wenn Sie über sie sprechen, Bill, führen Ihre Gedanken Sie zu einem Ort, an dem Sie sich selbst mit ihnen sehen können? Vielleicht während Sie gerade die Dinge mit ihnen unternehmen, die diese Art Freude bringen, von der Sie gerade gesprochen haben?

BILL: Na ja, als wir, als wir im Sommer immer eine Menge, äh, so Wochenenden miteinander verbracht haben und wiederum die Familie an verschiedenen Wochenenden zusammenkam, und das ist, eh, wieder die Freude, die ganze Familie da zu haben, zusammen. Und die, die Kinder dabei zu haben, äh, äh, ist einfach, sie geben dir neuen Schwung.

DR. C.: Ja.

BILL: Wissen Sie, es ist bedingungslose Liebe. Mehr, als man sich vorstellen kann, sogar mit deinen eigenen Kindern. Hm. Es ist einfach alles in allem auf einer anderen Stufe.

DR. C.: Bill, da Sie nicht aus einer Gemeinschaft kamen, in der Sie etwas über diese liebenden Beziehungen lernen konnten, wie, glauben Sie, haben Sie gelernt, der Vater und Großvater zu werden, der Sie sind?

Diese Anmerkung, die den Patienten dazu einlädt, über die Ursprünge bestimmter Persönlichkeitsmerkmale oder Eigenschaften zu reflektieren, funktioniert in der Würdezentrierten Therapie häufig deshalb, weil sie die Teilnehmenden mit prägenden Erlebnissen (Beziehungen, Orte, Ereignisse) verbindet, die sie zu der Person werden ließen, die sie sind.

BILL: Vielleicht weil, ähm, ich hatte in dem Sinne kein Vorbild, von daher glaube ich, ich, ich musste es im Laufe der Zeit lernen, wissen Sie, da gibt es keine Anleitung dafür, die Ihnen sagt: Schritt 1, Schritt 2, Schritt 3.

DR. C.: Das heißt, Sie haben es in all den Jahren einfach ausprobiert.

BILL: Ich habe es ausprobiert (leises Lachen) und äh, das kann man wohl sagen.

DR. C.: Ja.

BILL: Und äh, aber das ist, äh, nochmals, ist eine, das ist gar keine schlechte Sache.

DR. C.: Nein.

BILL: Wissen Sie. Also ich glaube, du schaust auf die Beziehung zu deinen Eltern zurück und die Beziehung mit meinen, die ich mit meinen Kindern habe, ich glaube, vielleicht ist da mehr Bedeutung, dass ich es gebraucht habe, die Bedeutung, Vater zu sein. Vielleicht das, vielleicht das, weil ich es selbst vorher nicht hatte. Ich, ich, ich, wollte es vielleicht schließlich jetzt so haben. Ja.

DR. C.: Bill, es wird sehr deutlich, dass Vater und Großvater zu sein sehr wichtig für Sie ist. Gibt es andere Aufgaben in Ihrem Leben, die für Sie wichtig oder bedeutsam waren oder auf die Sie stolz sind?

BILL: Hm. (längere Pause) Eigentlich, ich kann ansonsten nichts finden, das in meinem Leben tatsächlich so, ähm, berauschend ist, dass, dass es die gleiche Bedeutung hat wie, äh, wie die Familie und meine Kinder, eh, da gibt es, da gibt, ähm, da gibt es sonst nichts, das ich wirklich erreicht habe, das annähernd daran herankommt.

DR. C.: Seit wir über Ihre Familie sprechen, kommt es mir so vor, als wäre die andere wichtige Beziehung, die es wert ist, näher betrachtet zu werden, Ihre Beziehung zu Janet.

BILL: Ja. Aber ich musste das auch erst lernen. Ich musste, äh. Meine spezielle Vorgeschichte hat mir kein Stückchen Vertrauen in andere Leute mitgegeben, und das prägt wirklich die Kommunikation. Und das war immer, ähm, natürlich ein Problem mit mir.

DR. C.: Hm.

BILL: Wissen Sie.

DR. C.: Sie haben erwähnt, wie Sie beide sich gegenseitig geprägt haben. Wo, glauben Sie, stehen Sie beide jetzt?

BILL: Hm. Zufriedenheit.

DR. C.: Zufrieden miteinander.

BILL: Ja. Ich glaube, äh, ähm, das klingt vielleicht irgendwie kühl, aber so ist es nicht. Es ist so, es ist, ähm, ich weiß, wann ich sie nicht ansprechen sollte. Und sie weiß, wann sie mich ansprechen muss.

DR. C.: Ja.

BILL: Ja, wissen Sie. Das ist also, ähm, es ist, es ist nicht alles perfekt, aber wir sind, wir sind, wir sind zufrieden miteinander und wir kennen uns.

DR. C.: Bill, heute führen wir beide hier zusammen die Würdezentrierte Therapie durch. Sie haben die Gelegenheit, über die Dinge zu sprechen, über die Sie sprechen möchten; vielleicht auch Dinge zu sagen, von denen Sie glauben, dass sie gesagt werden müssten. Um also nochmals auf Janet zurückzukommen, gibt es etwas, das Ihrerseits noch ausgesprochen werden will, oder vielleicht etwas, das Sie nochmals sagen möchten?

Dieser Abschnitt bezieht sich auf ein Thema, das in Kapitel 4 aufgegriffen wurde: »Jetzt ist die Zeit!«. Während Bill andeutet, dass es zwischen ihm und Janet Dinge gibt, die unausgesprochen, implizit oder auch nur intuitiv verstanden sind, erinnert ihn der Therapeut daran, dass »jetzt der Zeitpunkt ist«, wo er einen anderen Weg einschlagen und die Dinge aussprechen kann, von denen er denkt, dass sie gesagt werden sollten. Es ist Teil der Aufgabe des Therapeuten, an die Seltenheit und Vergänglichkeit dieser Gelegenheit zu erinnern.

BILL: Ich bin nicht sicher, wie ich das beantworten soll. Ähm, abgesehen davon, Sie wissen schon, Liebe kennenzulernen, ähm, ist das, auf eine, eine, sie war immer diejenige, die sich um mich bemüht hat oder was auch immer, wissen Sie. Also sie hat sich immer Mühe gegeben, was ich nicht immer getan habe. Dinge für sich behalten, wissen Sie, Dinge zurückhalten, nichts zu nah an sich heranlassen.

DR. C.: Hm.

BILL: So wird man, wenn man sein Leben lang kämpft. Lass nichts zu nah ran.

DR. C.: Bis hin zu dem Thema Beziehung.

BILL: Von daher ist es ein großer Schritt, zu lieben, wissen Sie. Aber das, äh, äh, und ich habe gelernt, dass es gut ist, diesen Schritt zu gehen, wissen Sie.

DR. C.: Ja.

BILL: Zu, zu, zu, äh, zu vertrauen. Ja.

DR. C.: Als wir uns vor ein paar Tagen zum ersten Mal getroffen haben, haben Sie mir erzählt, dass Ihre Krankheit sehr ernst ist, dass die Ärzte und Sie sich darüber Sorgen machen, dass die Zeit, wie viel Zeit dies auch sein mag, begrenzt sein könnte.

BILL: Hm-hm.

DR. C: Ich möchte nochmals auf die Frage zurückkommen, ob es etwas gibt, von dem Sie glauben, dass es noch ausgesprochen werden sollte. Schauen Sie, niemand von uns weiß, wie viel Zeit wir haben, aber gibt es angesichts der begrenzten Zeit etwas, von dem Sie spüren, dass Sie sich Zeit nehmen wollen, um es in Worte zu fassen?

Dieser Abschnitt zeigt, wie konfrontativ ein Therapeut im Rahmen der Würdezentrierten Therapie arbeiten kann. In dem Wissen, dass Bill eine realistische Einschätzung seiner Prognose hat und er seine Gefühle normalerweise eher zurückhaltend verbalisiert, hielt der Therapeut dieses zugegebenermaßen konfrontative Vorgehen für angemessen. Wie in jeder therapeutischen Situation sollten klinische Erfahrung und Urteilskraft letztlich die Richtung vorgeben, wann und wie weiter vorzugehen ist.

BILL: Einfach nur, dass, ähm, Liebe ist mir ziemlich kostbar und ich zeige das nicht immer, äh, genug. Sicher zeige ich es meiner, meiner Familie, aber auch das ist nicht genug, wissen Sie. Liebe ist eine beängstigende Sache. Wissen Sie, sich darauf einzulassen und, und sein, diese Art von Verpflichtung einzugehen, spirituell verbunden zu sein. Es ist, äh, das ist für mich eine beängstigende Sache, war es immer. Äh, aber ich habe, ich habe, ich glaube, ich habe ein gutes Stück gemeistert, aber ich habe nicht. Ich werde mich niemals komplett, äh, davon frei machen können. Es ist möglich, sich voll und ganz seinen Kindern zu verpflichten. Das ist, das ist kein Problem. Das, ich meine, du würdest für sie sterben. Aber sich in jemanden zu verlieben und mit ihm zu leben und zu, äh, ähm, wollen, äh, mit ihm trotz seiner Fehler und meiner Fehler, wissen Sie, zusammen zu sein, das, das ist eine Entdeckung. Das ist eine lange Reise, und ich glaube nicht, dass sie bereits zu Ende ist. Dementsprechend kann ich sagen, dass ich meine Frau liebe und meine Kinder liebe und, äh, aber, äh, der nächste Tag, das ist wieder ein neuer Schritt.

DR. C.: Bill, ist es beängstigend, daran zu denken, dass die Zeit, um all diese Dinge auszusprechen, die Sie so schwer aussprechen können, vielleicht davonläuft?

BILL: Das ist es, total. Äh, Zeit, ich fürchte mich zu Tode, dass mir die Zeit davonläuft.

DR. C.: Da jetzt noch Zeit ist, was soll Ihre Frau von Ihnen hören; was sollen Ihre Kinder von Ihnen hören? Ist es möglich, dass Sie Ihre Ängste ein wenig beiseiteschieben und sagen, was Sie sagen möchten?

BILL: Ich kann sagen, dass ich sie liebe, aber, aber das sage ich sowieso. Und sie sagen es mir. Es ist nicht so sehr die Suche nach etwas, das ich ihnen noch nie zuvor gesagt habe. Ich glaube, das Härteste, das, das Ding ist, zu spüren, dass ich nicht mehr bei ihnen sein werd'.

DR. C.: Hm.

BILL: Dass ich nicht mehr da sein werd', um für sie zu sorgen. Das, ähm, es, es ist, eh, ich fühle mich, als würd' ich sie im Stich lassen. Ja. Und das ist, ähm, das ist etwas, mit dem ich, mit dem ich nicht zurechtkommen kann. Ich weiß nicht, wie, ich weiß nicht, wie ich damit zurechtkommen soll. Ich kann nicht. Ich, ich, ich, ich möchte, ich möchte sie beschützen, und das werd' ich nicht mehr tun können, egal, was passiert.

DR. C.: Eine Sache, die Sie heute tun, um sie zu beschützen oder ihnen zu helfen, ist, ihnen Ihre Worte mitzuteilen. Das ist das, was Sie und ich hier tun. Darum geht es.

Diese Bemerkung soll Bills Schmerz anerkennen und ihn daran erinnern, dass alles, was er im Rahmen der Würdezentrierten Therapie mitzuteilen in der Lage ist, seine Familie schützen und ihr, auch in der Zukunft, Trost spenden kann.

BILL: Hm.

DR. C.: Bill, gibt es vielleicht Hoffnungen, Wünsche oder Träume, die Sie Ihrer Familie mitgeben möchten? Vielleicht Rat oder Orientierung, die Sie hoffen, anbieten zu können?

BILL: Oh. Wenn ich meine Enkelkinder betrachte, denke ich mir, wissen Sie, macht euch nicht selber klein. Tut es einfach!

DR. C.: Es wäre gut, ihnen zu erklären, was Sie damit meinen. Stellen Sie sich einfach vor, Sie hörten Ihnen zu, denn eines Tages werden sie das hier lesen.

BILL: Sie sollen sich in ihrem Leben selbst treu bleiben. Das ist, und das ist es. Sie können nicht, sie können es nicht allen anderen recht machen, und wenn ich gesagt habe, macht euch nicht selber klein, tut es einfach, mit dem, was ihr hier drinnen habt. Ihr seid alle Persönlichkeiten, ihr seid, die, ihr habt Wärme und Leidenschaft. Ihr habt, äh, sie sind alles gute Menschen. Wissen Sie. Gehen mit dem Vertrauen, dass sie gute Menschen sind, und, sie müssen sich nicht vor irgendjemandem klein machen. Seid respektvoll, seid, seid, äh, ähm, seid zu jedem respektvoll, aber am meisten zu euch selbst, und damit werdet ihr eure eigene Liebe entdecken und eure eigene, ähm, Kraft zu leben. Äh, und meine, meine Kinder, es wäre, na ja, so.

DR. C.: Sind dies Worte, die Sie an all Ihre Kinder richten, oder möchten Sie jedem Ihrer Kinder speziell etwas sagen?

BILL: Nun, jedes Kind, jedes, ähm, jedes Enkelkind ist anders, Junge, sie sind total unterschiedliche Persönlichkeiten. Äh, unterschiedliche Eigenschaften, und sie haben unterschiedliche, ähm, Lebensansichten. Ich, ich, ich kann nur sagen, ich hoffe, dass sie die, ihre reinen Herzen, die sie haben, erhalten können, können, und diese im Leben eh, eh, bewahren können, weil, sie daran festhalten, damit, eh, es ist, es ist, ähm. Wenn sie ihre Persönlichkeit behalten können und ihre, ihre, Ehre.

DR. C.: Hm-hm.

BILL: Sie werden, sie werden, äh, man kann, man kann nicht jeden Einzelnen von ihnen betrachten und sagen.

DR. C.: Ja.

BILL: Sie wissen schon, Schritt 1, Schritt 2, äh, weil, äh, weil sie so unterschiedliche Persönlichkeiten sind. Ich meine, Lindsay ist eine Person, äh, ts, sie ist, sie ist, ähm, sie ist ein lustiges Kind, und ich hoffe, sie wird so bleiben, und ich hoffe, das, du, äh, äh, da, dass, dass der Eintritt in ihre Jugend, Jahre, die, die für die Kinder heutzutage so schwer sind, aber äh, es ist einfach, dass sie alle drei, glaube ich, es dauerte.

DR. C: Beziehen Sie sich hier auf Ihr ältestes Enkelkind?

BILL: Mein ältestes Enkelkind, Samantha ist das.

DR. C.: Genau.

BILL: Sie geht gerade zur Universität oder ist zur Universität gegangen. Sie ist auf einem, wissen Sie, auf einem anderen. Sie wendet sich den wichtigen Dingen des Lebens zu und, einfach sich selbst treu zu sein, und wissen Sie, das ist es, worauf, worauf es ankommt, ja, ja.

DR. C.: Wie sieht es mit Jack und dem kleinen Cole aus?

BILL: Jack und der kleine Cole, na ja, sie sind noch so klein.

DR. C.: (leises Lachen)

BILL: Das eh, es, es wäre das Gleiche, und äh, was auch immer, ich hoffe einfach, dass sie immer lachen können.

DR. C.: Hm.

BILL: Sie sind so lustig, sie sind so voller Leben und Lachen, und sie lieben es, zu lachen. Ich hoffe einfach, sie, sie lachen immer. Wissen Sie. Ah.

DR. C.: Und Ihre eigenen Kinder? Hoffnungen, Wünsche und Träume für jedes Ihrer Kinder?

BILL: Sie sind so weit gekommen, dass, sie haben längst ihre eigene Ebene erreicht. Sie.

DR. C.: Sie haben vorhin gesagt, dass Sie sich davor fürchten, nicht mehr für sie da sein zu können. Daher habe ich mich gefragt, ob Sie ihnen noch etwas Spezielles mitteilen wollen.

BILL: Nur nochmals, wir lieben uns so, es ist, ähm, ich glaube, wenn sie das Leben nicht so ernst nehmen würden, das Leben auf sich zukommen lassen, nehmt das Leben nicht so ernst. Wenn sie, manchmal tragen sie die Welt auf ihren Schultern und, ich weiß, ich war da. Sie müssen das nicht tun.

DR. C.: Hm.

BILL: Nur, ah, ähm, David ist ein witziger Kerl, großartige Persönlichkeit. Er kommt mit jedem gut aus, und er ist gut darin, loszugehen und Leute zu begeistern und, äh, für ein Projekt oder was auch immer. Und Donna hat ihr eigenes Geschäft. Sie ist eine, sie kann manchmal knallhart sein, aber sie ist so verletzlich. Ähm, und noch mal, sie muss es nicht mit der ganzen Welt aufnehmen, wenn sie es einfach etwas leichter nimmt.

DR. C.: Wird sie, wird sie verstehen, was Sie meinen?

BILL: Sie wird wissen, was ich meine.

DR. C.: (leises Lachen) Und Ed?

BILL: Und Ed. Das ist ein Mann, der seine Kinder so sehr liebt, und er ist, er ist manchmal so besorgt. Er, er fängt gerade an zu begreifen, wie sehr seine Kinder ihn lieben.

DR. C.: Hm.

BILL: Und.

DR. C.: Es klingt, als erinnere er Sie an sich selbst.

BILL: Ja. Ich glaube auch. Ich glaube, er, er ist, er hat sich so davor gefürchtet, eine Verpflichtung einzugehen, zu heiraten, und als er es dann schließlich getan hat, wollte er der Beste in dem sein, was er tat, und die Sache war, er war der Beste, er musste es nicht. Nein. Er. Befrei dich von deinen Ängsten. Er hatte einige Ängste, er hatte einige Kämpfe, einige.

DR. C.: Hm.

BILL: Ja, ja, ja. Ich glaube, seine Kinder werden gut durchs Leben kommen.

DR. C.: Das mag jetzt etwas weit hergeholt klingen, doch es kommt mir so vor, als ob Sie und Ed einen ähnlichen Weg gegangen sind. Falls dies der Fall ist, gibt es etwas, das Sie gelernt haben, was Sie auf diesem Weg weitergeben möchten?

BILL: Oh, das habe ich ihm schon gesagt. Wir haben, äh, wir haben ein paar Diskussionen gehabt.

DR. C.: Gut.

BILL: Und, ähm, er, äh, er ist einfach, ja. Er möchte es mit der ganzen Welt aufnehnehmen, dass er das nicht muss.

DR. C.: Okay.

BILL: Ja. Und er, er lernt ein bisschen, das, das, äh, äh, das nicht zu tun.

DR. C.: Und, Bill, schließlich noch Janet. Was sind Ihre Hoffnungen für sie?

BILL: Na ja, ich hoffe, sie kann eine Party veranstalten.

DR. C.: (leises Lachen)

BILL: Nachdem ich gegangen bin. Vielleicht eine, äh, noch eine Weihnacht. Juli-Weihnachten-im-Januar-Party.

DR. C.: Genau.

BILL: Und, ähm, jeder bei ihr vorbeikommt und, und dann weiß ich, sie wird das schaffen. Sie kann auf sich aufpassen. Sie wird, obwohl, ähm, sie sich mehr um mich gekümmert hat als ich mich um sie, wird sie, wird sie es trotzdem, wird sie es schaffen. Äh, verstehen sie. Äh, ich liebe sie und sie ist einfach eine wunderbare Frau geworden. Hm.

DR. C.: Und wenn Sie sagen, dass sie auf sich selbst aufpassen kann, möchten Sie ihr dazu noch etwas sagen, was ihr helfen wird, das zu bewältigen?

BILL: Wissen Sie, es ist, eh, einfach, dass sie weiß, dass ich sie liebe.

DR. C.: Hm-hm.

BILL: Ich weiß, dass sie mich liebt. Ich weiß, dass sie für sich selbst sorgen kann, und egal, was passiert, ich versuche, das zu sagen, es gibt nichts, ähm, nach all diesen Jahren, ist es einfach, wissen Sie, wenn man, ich hasse dieses, wir sind einfach zusammen, wissen Sie.

DR. C.: Hm-hm.

BILL: Wir sind miteinander verbunden, wissen Sie. Nichts anderes. Ich, äh, äh, ich, ich fühle mich schuldig, für Fehler, die ich, äh, ihr gegenüber gemacht habe. Aber ich weiß, sie macht, sie, sie, sie macht sie mir nicht zum Vorwurf.

DR. C.: Hm.

BILL: Und ich, ich werfe ihr keine Fehler vor. Wir haben.

DR. C.: Alles ist vergeben.

BILL: Ja, alles ist vergeben. Oh, zehn Mal mehr als vergeben. Es gibt nichts zu vergeben.

DR. C.: Irgendwelche Ideen dazu, was das Leben hoffentlich noch für Janet bereithalten könnte?

BILL: Na ja, ich gehe davon aus, dass ich angefressen wäre, aber wenn sie einen Kerl treffen sollte, dann jemand, der reich ist und überall dort mit ihr hinfährt, wo wir nie waren.

DR. C.: Ja.

BILL: Aber, äh, äh, ich hoffe, sie findet, eh, wissen Sie, ein Leben danach. Es ist nicht. Ich möchte nicht, dass es für sie vorbei ist. Sie hat ihr Leben zu leben, und ich möchte, dass sie, dass sie dieses Leben lebt. Das Leben gehört den Lebenden.

DR. C.: Gut. Bill, ich nehme an, dass Sie ein klein wenig müde werden. Äh, wir sind hier bereits gut eine Stunde zusammen. Ähm, wie geht es Ihnen?

Es ist mehrmals vorgekommen, dass sterbende Patientinnen und Patienten ihren Partnern während der Würdezentrierten Therapie explizit die Erlaubnis erteilt haben, neue Lebenspartner zu finden. Ein Patient drückte es in einem Abschnitt seiner Würdezentrierten Therapie so aus: »Unser gemeinsames Leben war nichts weiter als Glück; ich hoffe, sie wird verstehen, dass ich mir für sie wünschen würde, nachdem ich gegangen bin, jemanden zu finden, der sie weiterhin glücklich sein lässt.« Wenngleich Bill nicht so deutlich wird, ist es ihm doch auf seine eigene Art möglich, seiner Frau dieses Abschiedsgeschenk zu machen. Ein Geschenk, das Schuldgefühle, die bei dem Versuch, ihr Leben nach Bill zu gestalten, auftreten könnten, möglicherweise mildert.

Bills Generativitätsdokument

DR. CHOCHINOV: Bill, können Sie mir ein wenig über Ihr Leben erzählen, besonders über die Dinge, an die Sie sich am besten erinnern oder von denen Sie möchten, dass Ihre Familie sie weiß?

BILL: Na ja, ich glaube, man blickt zurück auf sein Leben, wenn man mit all dem hier konfrontiert ist. Ich bin nicht sicher, was für eine Art aufregendes Leben ich gelebt habe. Ich war um die zwanzig, als ich in die Buchhaltung ging, und blieb für viele Jahre in der Buchhaltung. Später bin ich dann mit meinem eigenen Unternehmen in die Beratung. Buchhaltung ist kein sehr aufregender Beruf – man schiebt Papier von hier nach da. Als ich 24 war, war ich Wirtschaftsprüfer, *und* ich habe geheiratet. Einen Beruf zu finden und zu heiraten war nichts, was wir geplant hatten. Es ist einfach passiert. Wenn du jung bist, verschwendest du keinen Gedanken an die Zukunft. Es zählt nur, was du jetzt gerade machst.

Innerhalb des vorangegangenen Absatzes wurden verschiedene Abschnitte der Unterhaltung miteinander verknüpft. Beispielsweise taucht »Buchhaltung ist kein sehr aufregender Beruf. Man schiebt Papier von hier nach da« im ursprünglichen Gespräch erst später auf und wurde verschoben, um ein fließendes, chronologisch zusammenhängendes Dokument zu schaffen.

Zu heiraten war das Wichtigste, was mir zu diesem Zeitpunkt meines Lebens passiert ist. Das nächste wichtige Ereignis, das eine Bedeutung hatte, wären die Kinder. Ich hatte ziemliches Glück mit Janet, meiner Frau, weil sie mitgezogen hat, mit mir meine besonderen Träume und Ziele zu verfolgen. Janet und ich waren in der gleichen Kirchengemeinde – da haben wir uns getroffen. Über verschiedene gemeinschaftliche Treffen in der Kirche kam es dann dazu, dass wir zusammen ausgegangen sind. Das erste Mal, als wir miteinander ausgegangen sind, lud ich sie und ein anderes Mädchen gleichzeitig zu einer Party ein. Das war aufregend, aber es endete damit, dass das andere Mädchen nicht so erfreut darüber war!

Ich erinnere mich daran, dass ich versuchen wollte, mit Janet zu knutschen. Das war eine große Sache für mich. Ich war nicht nervös oder schüchtern, nicht zu diesem Zeitpunkt. Ich wollte einfach knutschen! Ich musste darüber nachdenken, ob das zum nächsten Schritt führen würde. Ich habe sie nach Hause gefahren und wir haben draußen vor ihrem Haus geparkt. Natürlich haben wir da ein bisschen geknutscht, bis ihre Mutter auf den Lichtschalter drückte! Das bedeutete, es war Zeit, reinzukommen. Mittlerweile sind wir seit 45 Jahren verheiratet.

Zum besseren Verständnis wurde der Bezug auf den »Schalter« um das Wort »Licht« ergänzt. Der letzte Satz wurde einem Vorgespräch mit dem Therapeuten entnommen.

DR. C.: Was hatte Janet, das bei Ihnen das Gefühl auslöste, »Glück zu haben«?
BILL: Ich schätze, es war, jemanden zu finden, den ich nie zuvor in meinem Leben hatte, jemanden zu finden, der mir gefehlt hat. Zu der Zeit habe ich das nicht gewusst. Ich habe das nicht so analysiert. Es war einfach die absolute Anziehung. Rückblickend habe ich nicht gewusst, dass da in meinem Leben etwas fehlt, aber sie hat diese Leere sicherlich gefüllt.

Der Satz »Wissen Sie, das, es war nicht, äh, etwas, das klick gemacht hat und alles verändert hat« wurde nicht übernommen, da er weder etwas zur Verständlichkeit noch zum Inhalt beitragen kann.

Wir sind zusammen gegangen und auf einmal war es wie: ›Na ja, lass uns heiraten‹. Wir haben über Kinder gesprochen und so was, aber es war nicht wie ein Licht, das einem aufgeht. Es war eher so, dass wir zusammengewachsen sind, und genauso ist es seitdem immer gewesen. Nicht, dass sie mir nicht hin und wieder einen Tritt in den Hintern geben wollte! Ich verstehe die Menschen nicht, die dann sagen: Liebe auf den ersten Blick. Das war bei mir sicher nicht so, aber es ist, als wäre ich niemals ohne sie gewesen. Wir sind Gegensätze. Aufgrund ihrer Persönlichkeit möchte sie sehr organisiert sein und sich um Sachen kümmern. Aber ihre Persönlichkeit ist auch eine voller Lachen. Ich erinnere mich, dass ihre ganze Familie genauso war. Sie war die Älteste von acht Kindern. Sie lebten in einem wirklich kleinen Haus, und es war eine Freude, dorthin zu gehen. Es war immer Spaß. Sie brachte diese Freude und die Kochkünste ihrer Mutter mit in unsere Ehe.

Bill gebrauchte wiederholt das Wort »einfach«. Ähnlich wie die Floskel »wissen Sie« kann dies den Fluss einer Erzählung unterbrechen, andererseits aber auch Teil des Erzählstils des Patienten sein. Der Therapeut muss während des Editierens entscheiden, an welchen Stellen dieser Wortlaut stehen bleiben sollte, um den unverwechselbaren Ausdruck des Patienten zu erhalten, und wann er, mit Rücksicht auf Verständlichkeit und Erzählfluss, gestrichen werden sollte.

Der Satz des Patienten: »Ihre, ihre Persönlichkeit, mal abgesehen von sehr, dem Wunsch, sehr organisiert zu sein und sich um Sachen zu kümmern und, und diese Dinge« lässt sich in einer Erzählung nicht schön lesen. Er ist ein Beispiel für die Bedeutung des Schritts »Aufräumen des Transkripts«, um dessen Fluss zu ermöglichen. In der finalen Version findet sich folgender Wortlaut: »Aufgrund ihrer Persönlichkeit möchte sie sehr organisiert sein und sich um Sachen kümmern.«

Ihre Familie war so eine andere Familie als meine eigene. Wenn ich an diese Zeit zurückdenke, denke ich daran, in der Küche zu sein. Alle haben sich dort versammelt. Der Anlass war ganz egal. Zu jedem Anlass landete jeder irgendwann in der Küche. Diese große Familie stand zusammen in dieser Küche und lachte, daran erinnere ich mich. Ich erinnere mich, dass wir normalerweise immer sonntags zum Mittagessen rübergingen. Wie gesagt, jeder drängte sich in diese Küche, lachte und hatte eine gute Zeit. Wir haben über irgendwas und alles gelacht. Janets Mutter starb an Krebs und ich habe auf der Beerdigung gesagt: ›Ich werde mich immer an dieses Haus voller Lachen erinnern.‹ Ich tue es noch immer. Das Haus gibt es immer noch, und ihr Vater lebt noch immer in diesem Haus. Mit diesem Haus werden eine Menge wundervoller Erinnerungen verbunden bleiben.

Der vorherige Abschnitt ist ein Destillat aus zwei Seiten Originaldialog.

DR. C.: Gibt es frühere Erinnerungen, über die Sie gern sprechen möchten?

BILL: Mein Elternhaus war nicht das glücklichste aller Elternhäuser, das heißt, die Erinnerungen, die ich habe, sind kurz. Ich möchte mich nicht wirklich mit diesen Erinnerungen beschäftigen. Ich war der jüngste von fünf Brüdern. Ich erinnere mich an Sachen wie den alten Wagen, ein Ford Modell T. Ich war noch ein Kind, zehn oder zwölf Jahre alt, als meine Brüder zusammen losgingen und den Wagen gekauft haben. Neben unserem Haus hatten wir ein Feld, und sie haben das Auto auf diesem Feld geparkt, und jeder hat sich wie ein eitler Pfau daneben gestellt, und sie sind umherstolziert, weil sie ein Auto hatten! Ich kann sie geradezu vor mir sehen, wie sie dastehen. Jetzt hat mein Bruder den Wagen. Wir haben im Feld Fußball gespielt und solche Sachen. Ich denke an meinen Hund Skippy, einen Cockerspaniel. Ich glaube nicht, dass der Hund wirklich uns gehörte. Er gehörte unseren Nachbarn, aber wir haben ihn übernommen. Wir haben ihn geklaut! Und ich hatte einen anderen Hund, Prinz, eine Mischung aus einem Irish Setter und einem schwarzen Labrador. Das war mein Kumpel. Nachdem wir geheiratet haben, mussten sie Prinz einschläfern. Das war für mich wie das Ende einer Ära und der Beginn einer neuen.

Ich komme aus einer absolut zerrütteten und in vielerlei Hinsicht nicht sehr glücklichen Familie. Ich glaube, der Wunsch zu heiraten war Teil meiner Flucht aus alldem. Ich war damals 24 und habe noch immer zu Hause gelebt, obwohl ich es nicht mochte, zu Hause zu leben. Janet zu treffen brachte mich in eine vollkommen andere Welt. Obwohl wir alle miteinander gelebt haben, weiß ich jetzt nicht, wo die Hälfte meiner Brüder ist. Dieses Auseinanderleben geht bis in die Zeit zurück, als wir jung waren. Es ist ein Unglück, dass mein früheres Familienleben in vielerlei Hinsicht mein Leben bestimmt hat. Es hat viel Zeit gebraucht, bis ich darüber hinweggekommen bin. Wenn du in einer Umgebung groß wirst, bleiben einige Dinge an dir kleben, und es ist schwer, sie loszuwerden. Das war eine Belastung für jede Beziehung, und es ging belastend weiter. Ich musste über eine Menge verschiedener Dinge hinwegkommen. Ich musste mir erst mal darüber klar werden, dass ich nicht über sie hinwegkommen konnte. Sie bestimmten mein Leben.

Ich glaube, das Wesentliche an der Hochzeit und den Kindern war, dass ich angefangen habe, zu lernen, wie man liebt. Ich glaube, das war eine riesige Erkenntnis für mich, dass ich nicht wusste, wie man liebt. Es ist leicht zu sagen: ›Ich liebe dich‹, aber es ist etwas anderes, es zu erleben. Ich glaube, das ist das Größte. Zum Beispiel betrachten die Kinder dich nicht wirklich so, dass sie deine Fehler sehen. Sie sehen dich als den Papa, den Retter, was nicht wirklich stimmt, aber sie sehen zu dir auf und sehen dich in einem anderen Licht. Deine Probleme sind ihnen egal. Du sagst ihnen die Dinge auf eine ehrliche Weise, denn alles, was sie sein können, ist ehrlich, bis zu einem gewissen Alter. Und sie spielen keine Spielchen, wenn sie klein sind. Sie sind einfach offen und ehrlich. Du kannst nicht anders, als sie in den Arm zu nehmen, und hier kommt die Liebe ins Spiel. Ich meine, du würdest für deine Kinder durchs Feuer gehen. Das steht außer Frage.

DR. C.: Kommen Ihnen aus dieser Zeit einige Bilder in den Kopf?

BILL: Unser erstes Haus zu erwerben. Auf dem ersten Bild, das mir einfällt, sehe ich Janet und mich, wie wir uns beide am Kopf kratzen, weil wir dachten: »Wir werden ein Haus kaufen. Es wird uns 13.000 Dollar kosten. Wow! Wie werden wir das Geld dafür zusammenkratzen?« Aber wir haben es getan. Einige der besten Erlebnisse, die wir in diesem Haus hatten, waren unsere Partys. Wir haben Janets Brüder und Schwestern, meine Brüder und alle Kinder eingeladen. Sie haben das Haus bevölkert. Unsere Kinder waren alle im selben Alter, nur Monate auseinander, daher kamen sie alle miteinander gut aus. Wir hatten einige wilde Mottopartys. Eine nannten wir »eine Juli-Weihnachtsparty im Januar«. Jeder musste mitten im Winter in Sommerkleidern und mit einem Liegestuhl kommen. Wir haben ein Planschbecken geholt, im Hobbyraum aufgestellt und Goldfische reingetan. Wir hatten auch Moskitos, Insekten und Fliegen herumhängen. Das war eine der besten Partys, die wir je hatten.

Das ist die Art Familie, die sich entwickelt hatte. Wir hatten viel Besuch und wir liebten es, andere zu bewirten. Janet wurde eine exzellente Köchin, wie ihre Mutter. Wann immer es einen Anlass gab, kam die Familie zusammen. Darum sage ich, das ist es, wo ich entdecken konnte, was Liebe bedeutet. Im Sommer kam die Familie an verschiedenen Wochenenden zusammen. Und wieder war da die Freude, die ganze Familie zusammenzuhaben. Neben dem Leben an sich war es einfach die Tatsache, mit allen aus der Familie zusammen zu sein.

DR. C.: Gibt es etwas, das Sie in dieser Phase gelernt haben?

BILL: Ich habe etwas über mich gelernt. Ich wusste nicht, dass ich diese Fähigkeit zum vernünftigen Miteinanderreden hatte. Wenn du dich mit Jugendlichen auseinandersetzt, dann gibt es so viele Graubereiche. Es ist sehr einfach zu sagen: »Tu dies nicht und tu das nicht«, aber das passt nicht, wenn sie sich außerhalb der Familie bewegen und das tun, was sie wollen. Als die Kinder ihre Jugendjahre durchlebten – das war ein Minenfeld, durch das du dich durcharbeiten musstest. Mein einer Sohn war ein bisschen ein Rebell und ein sehr körperlicher Typ, aber meine Frau konnte ihn sehr schnell wieder zurück auf die Spur bringen. Sie kann ihn immer noch zurück auf die Spur bringen.

Vater zu sein war mir sehr wichtig. Aus dem Umfeld kommend, aus dem ich kam, war es wichtig für mich, die Familie zu haben, die ich *bekommen* habe, nicht die, die ich hatte. Ich glaube, sie wussten, dass ich ein bisschen ein Softie war. Und ich glaube, sie wussten, dass, egal was passierte, ich für sie da sein würde. Ich glaube wirklich, das Einzige, was du deinen Kindern geben kannst, ist Liebe und Disziplin. Und ich habe ihnen beides gegeben. Meine Vaterrolle ist wahrscheinlich eine der wenigen Aufgaben, die ich richtig gemacht habe – und es war nicht einfach. Ich sage das wegen meiner jetzigen Beziehung zu ihnen. Du denkst nicht darüber nach, während du mittendrin steckst, aber wenn du darauf zurückblickst, gibt es einige Sachen, die ich falsch gemacht habe – aber ich habe mehr richtig gemacht als falsch.

Das Wort »*bekommen*« ist kursiv gesetzt worden, um die entsprechende Betonung zu verdeutlichen.

Ich habe gar nicht mitbekommen, dass ich mich mit meinen Kindern angefreundet habe. Ich habe meine Vaterrolle ernst genommen und ich war für meine Kinder kein Freund. Ich bin ihr Vater. Sie können sich so viele Freunde zulegen, wie sie wollen, aber sie haben nur einen Vater. Bis später, als sie älter waren, habe ich nicht realisiert, dass sie mich auch schon mit anderen Augen gesehen haben. Freundschaft bedeutet nicht, Menschen festzuhalten und zu sagen: ›Ja, wir wollen Freunde sein!‹ Ich habe wenige gute Freunde, aber heute sind meine Kinder meine Freunde.

Großvater zu sein war Liebe auf einer anderen Ebene. In dieser Zeit deines Lebens trittst du in eine andere Sphäre ein. Ich muss mir keine Gedanken darüber machen, sie zu erziehen oder sie großzuziehen. Und sie wissen das. Ich tue es auf die großväterliche Art und Weise, aber da liegt kein Druck auf mir und ich kann einfach Spaß mit ihnen haben. Sie haben mich um den kleinen Finger gewickelt, und das ist mir ganz recht. Es macht einfach so viel Freude, mit ihnen zusammen zu sein. Die Enkelkinder geben dir neuen Schwung und bedingungslose Liebe – sogar mehr als deine eigenen Kinder. Es ist genau genommen eine andere Stufe. Ich hatte in dem Sinne kein Vorbild, ich musste es im Laufe der Zeit lernen. Es gibt keine Anleitung dafür, die sagt: »Schritt 1, Schritt 2, Schritt 3.« Ich habe es ausprobiert, und das ist keine schlechte Sache. (Wenn ich an die Beziehung mit meinen Eltern zurückdenke und die Beziehung, die ich mit meinen Kindern habe, glaube ich, dass ich die Bedeutung, Vater zu sein, gebraucht habe. Vielleicht wollte ich es schließlich jetzt so haben, weil ich es vorher selbst nicht hatte.)

Die letzten beiden Sätze sind etwas unklar. Ob sie im endgültigen Dokument verbleiben sollen, wird der Abklärung mit Bill bedürfen.

DR. C.: Gibt es noch andere Aufgaben in Ihrem Leben, auf die Sie stolz sind?
BILL: Eigentlich kann ich in meinem Leben ansonsten nichts so Berauschendes finden, das die gleiche Bedeutung hat wie die Familie und meine Kinder. Es

gibt sonst nichts, das ich erreicht habe, das annähernd daran herankommt. Ich musste lernen, meine Ehe das werden zu lassen, was sie jetzt ist. Meine spezielle Vorgeschichte hat mir kein Stückchen Vertrauen in andere Leute mitgegeben, und das prägt wirklich die Kommunikation. Das war immer ein Problem mit mir.

Zwischen dem zweiten und dem dritten Satz des Patienten hatte der Interviewer eine Frage gestellt: »... als wäre die andere wichtige Beziehung, die es wert ist, näher betrachtet zu werden, Ihre Beziehung zu Janet.« Um den Fluss der Erzählung zu erhalten und die Verständlichkeit zu gewährleisten, überarbeitete der Therapeut die ursprüngliche Aussage »Aber ich musste das auch erst lernen« zu »Ich musste lernen, meine Ehe das werden zu lassen, was sie jetzt ist«. Die Bedeutung wird durch diese Maßnahme nicht verändert, das Löschen der nun überflüssigen Worte des Therapeuten sorgt stattdessen für mehr Klarheit.

Jetzt sind Janet und ich zufrieden miteinander. Das mag irgendwie kühl klingen, aber so ist es nicht. Ich weiß, wann ich sie nicht ansprechen sollte, und sie weiß, wann sie mich ansprechen *muss*. Es ist nicht alles perfekt, aber wir sind zufrieden miteinander und wir kennen uns.

Erneut wurden die Worte des Therapeuten aus Gründen der besseren Verständlichkeit denen des Patienten hinzugefügt. Der Therapeut stellte die Frage: »Wo glauben Sie, stehen Sie beide jetzt?«, und Bill antwortete: »Zufriedenheit.« Der Therapeut erläuterte: »Zufrieden miteinander«, was Bill mit »Ja« bestätigt hat. Der daraus resultierende Satz lautet nun: »... wir sind zufrieden miteinander ...«

DR. C.: Gibt es etwas, das Sie Janet gern sagen oder nochmals sagen möchten?
BILL: Ich bin nicht sicher, wie ich das beantworten soll. Abgesehen davon, mir zu helfen, die Liebe kennenzulernen, war sie immer diejenige, die sich um mich bemüht hat. Sie hat sich immer Mühe gegeben, was ich nicht immer getan habe. Ich bin jemand, der die Dinge für sich behält, Dinge zurückhält und nichts zu nah an sich heranlässt. So wird man, wenn man sein Leben lang kämpft: »Lass nichts zu nah ran!« Von daher ist es ein großer Schritt, zu lieben, aber ich habe gelernt, dass es gut ist, diesen Schritt zu gehen – zu vertrauen.
Liebe ist mir ziemlich kostbar und ich zeige das nicht immer genug. Sicher zeige ich es meiner Familie, aber auch das ist nicht genug. Sich auf Liebe einzulassen ist eine beängstigende Sache, diese Art von Verpflichtung einzugehen und spirituell verbunden zu sein. Das ist für mich eine beängstigende Sache, war es schon immer, aber ich glaube, ich habe ein gutes Stück gemeistert. Ich werde mich niemals komplett davon frei machen können. Es ist möglich, sich voll und

ganz seinen Kindern zu verpflichten. Das ist kein Problem. Du würdest für sie sterben. Aber sich in jemanden zu verlieben und zusammenzuleben und zusammen sein zu wollen, trotz seiner Fehler, das ist eine Entdeckung. Das ist eine lange Reise, und ich glaube nicht, dass sie bereits zu Ende ist. Ich kann sagen, dass ich meine Frau liebe und dass ich meine Kinder liebe, aber der nächste Tag, das ist ein neuer Schritt. Ich fürchte mich zu Tode, dass mir die Zeit davonläuft.

DR. C.: Gibt es noch etwas, das Sie Ihren Kindern gern sagen möchten?

Ich kann sagen, dass ich sie liebe, aber das sage ich sowieso. Und sie sagen es mir. Es ist nicht so sehr die Suche nach etwas, das ich ihnen noch nie zuvor gesagt habe. Ich glaube, das Härteste ist, zu spüren, dass ich nicht mehr bei ihnen sein werde. Dass ich nicht mehr da sein werde, um für sie zu sorgen. Ich fühle mich, als würde ich sie im Stich lassen, und das ist etwas, mit dem ich nicht zurechtkommen kann. Ich weiß nicht, wie ich damit zurechtkommen soll. Ich möchte sie beschützen, und das werde ich nicht mehr tun können, egal, was passiert.

Das Wort »werd'« wurde hier ausgeschrieben zu »werde«. Nochmals: Die Veränderung einzelner Worte ist für den Therapeuten eine ernst zu nehmende Überlegung/Verpflichtung. In diesem Beispiel den umgangssprachlichen Ausdruck stehen zu lassen könnte dazu führen, die Tiefe dieses ergreifenden Moments zu übersehen.

DR. C.: Haben Sie Wünsche für Ihre Enkelkinder?

BILL: Wenn ich meine Enkelkinder betrachte, denke ich mir: »Macht euch nicht selber klein. Tut es einfach, mit dem, was ihr hier drinnen habt – euer Herz.« Sie sollen sich in ihrem Leben selbst treu bleiben. Das ist es. Sie können es nicht allen anderen recht machen. Sie haben alle Persönlichkeit, sie haben alle Wärme, und alle haben sie Leidenschaft. Sie sind allesamt gute Menschen und müssen sich nicht vor irgendjemandem klein machen. Zu jedem anderen respektvoll sein, aber am meisten zu sich selbst, und damit werden sie ihre eigene Liebe entdecken und ihre eigene Kraft zu leben.

Mit Blick auf die Verständlichkeit dieser Aussage wurden dem zweiten Satz die Worte »euer Herz« hinzugefügt. Während der Patient diese Worte ausgesprochen hat, beschrieb er mit der Hand eine Geste über seinem Herzen.

Während des gesamten ursprünglichen Transkripts benutzt der Patient in Bezug auf seine Familie sowohl die zweite Person, »ihr«, als auch die dritte Person, »sie«. Um einer einheitlichen Linie zu folgen, nimmt das editierte Dokument immer in der dritten Person mit »sie« Bezug auf die Familie.

Man kann nicht jeden Einzelnen von ihnen betrachten und sagen: »Schritt 1, Schritt 2«, weil sie so unterschiedliche Persönlichkeiten sind. Lindsay ist so eine Person. Sie ist ein lustiges Kind und ich hoffe, sie wird so bleiben über ihre Jugend hinweg, die gerade für sie anfängt. Das ist für die Kinder heutzutage so schwer. Dorie*.

Mein ältestes Enkelkind, Samantha, hat gerade mit der Universität begonnen. Sie wendet sich nun den wichtigen Dingen des Lebens zu und ich hoffe, sie kann sich selbst treu sein. Jack und der kleine Cole, na ja, sie sind noch so klein, aber es wäre der gleiche Wunsch für sie. Ich hoffe, dass sie immer lachen können. Sie sind so lustig, sie sind so voller Leben und Lachen und sie lieben es, zu lachen. Ich hoffe einfach, sie lachen immer.

DR. C: Was sind Ihre Hoffnungen und Wünsche für Ihre Kinder?

BILL: Sie sind so weit gekommen, sie haben längst ihre eigene Ebene erreicht. Wir lieben uns. Ich möchte ihnen sagen, dass sie das Leben auf sich zukommen lassen sollen, nehmt das Leben nicht so ernst. Manchmal tragen sie die ganze Welt auf ihren Schultern. Ich weiß das; ich war da. Sie müssen das nicht tun. Donna, unsere Älteste, ist 45 und hat ihr eigenes Geschäft. Sie kann manchmal knallhart sein, aber sie ist so verletzlich. Und noch mal, sie muss es nicht mit der ganzen Welt aufnehmen. Wenn sie es einfach etwas leichter nimmt – sie wird wissen, was ich meine. Ed ist 42 Jahre. Er ist der Mann, der seine Kinder so sehr liebt, und er ist manchmal so besorgt. Er fängt gerade an zu begreifen, wie sehr seine Kinder ihn lieben. Ich glaube, er hat sich so davor gefürchtet, eine Verpflichtung einzugehen, wie die zu heiraten. Als er es dann schließlich getan hat, wollte er der Beste in dem sein, was er da tat. Die Sache war die, er war der Beste und er musste das nicht versuchen. Er hatte einige Ängste, einige Kämpfe, aber ich glaube, seine Kinder werden gut durchs Leben kommen. Ich würde ihm gern raten, sich von seinen Ängsten zu befreien. Ich habe ihm das schon gesagt. Wir haben ein paar Diskussionen gehabt. Er möchte es mit der ganzen Welt aufnehmen und das muss er nicht. Er lernt noch, das nicht zu tun. David ist vierzig und ein witziger Kerl, großartige Persönlichkeit. Er kommt mit jedem gut aus und er ist gut darin, loszugehen und die Leute für ein Projekt zu begeistern.

Jedes Kind, jedes Enkelkind ist eine total unterschiedliche Persönlichkeit mit unterschiedlichen Eigenschaften und unterschiedlichen Lebensansichten. Ich

---

* Dories Name fiel in der ersten Unterhaltung zur Klärung des Umfelds des Patienten, jedoch findet sie in diesem Teil des Transkripts keine Erwähnung. Der Therapeut sollte den Patienten darauf aufmerksam machen und nachfragen, was er gerne zu Dorie ergänzen möchte. Namen, die richtige Schreibweise und ausgeglichene Aufmerksamkeitsanteile für diese Personen können für die Empfänger des Dokuments wesentlich sein.

hoffe, sie werden sich im Leben ihre reinen Herzen bewahren können. Ich hoffe, sie können an ihrer Persönlichkeit und ihrer Ehre festhalten.

DR. C.: Was sind Ihre Wünsche für Janet?

BILL: Na ja, ich hoffe, dass, nachdem ich gegangen bin, jeder zu einer Party bei ihr vorbeikommt. Vielleicht noch eine *Juli-Weihnachten-im Januar-Party*. Ich weiß, sie wird das schaffen. Sie kann auf sich aufpassen. Sie hat sich mehr um mich gekümmert als ich mich um sie, daher wird sie es schaffen. Sie ist einfach eine wunderbare Frau geworden. Ich liebe sie und ich weiß, dass sie mich liebt. Wir sind miteinander verbunden. Nichts anderes. Ich fühle mich schuldig für Fehler, die ich ihr gegenüber gemacht habe, aber ich weiß, sie macht sie mir nicht zum Vorwurf. Und ich werfe ihr nichts vor. Alles ist vergeben. Es gibt nichts zu vergeben.

Ich gehe davon aus, dass ich angefressen wäre, aber wenn sie einen Kerl treffen sollte, dann jemand, der reich ist und überall dort mit ihr hinfährt, wo wir nie waren. Ich hoffe, sie findet ein Leben danach. Ich möchte nicht, dass es für sie vorbei ist. Sie hat ihr Leben zu leben und ich möchte, dass sie dieses Leben lebt. Das Leben gehört den Lebenden.

Im Rahmen der Nachbesprechung reflektierte Bill – noch immer in seiner Rolle – seine Erfahrung wie folgt:

»Da das hier jetzt vorbei ist, fühle ich mich irgendwie matt und vielleicht auch zufrieden. Vermutlich sollte man zu einem bestimmten Zeitpunkt innehalten und auf das eigene Leben zurückblicken. Ich glaube, sobald man in eine gesundheitliche Krise kommt, wird man dazu gezwungen. Ich wusste nicht, wohin uns diese Reise führen wird. Ich bin überrascht, wo wir gelandet sind. Es gibt Orte, an denen wir nicht gewesen sind und die wir nicht besuchen werden. Der schwierigste Teil, den ich bewältigen musste, war etwas, das ich verdrängt hatte – meine Kindheit. Sie anzuschauen hilft mir, zu verstehen, wer ich bin, aber es löst keines der Probleme, die ich hatte oder die es auch noch gibt. Ich glaube, diese Geschichte benötigt noch etwas Zündstoff. Ich glaube, die größte Angst ist, dort hinzuschauen und nicht zu wissen, was du herausfinden wirst. Aber meine Familie ist das Wichtigste auf der Welt und das ist das, worüber wir am meisten gesprochen haben.«

Wie in den zwei vorgestellten Beispielen deutlich wurde, stellt das wortwörtliche Transkript das Rohmaterial für das bereit, was der editierende Therapeut in einen unverfälschten Erzählfluss verwandelt, das wir dann *Generativitätsdokument* nennen. Selbstverständlich wird jeder Therapeut nach bestem Wissen und Können andere Entscheidungen darüber treffen, wie das Dokument gestaltet wird. Sofern die grundlegenden Prinzipien des Editierens wie in Kapitel 5 beschrieben eingehalten werden, bleiben die Geschichte und der wesentliche Kern der Botschaft, die der Patient hinterlassen möchte, davon unberührt. Mit der Zeit und damit einhergehender Praxis und Erfahrung werden die Übergänge zwischen den vielen Facetten der Antworten der Patientinnen und Patienten nahtloser werden und die Herausforderung der Durchführung an sich wird sich insgesamt relativieren.

Es sollte auch deutlich geworden sein, wie sich das Lesen des ursprünglichen von dem des editierten Dokuments unterscheidet. Die Geschichte und der gesamte Inhalt, den sowohl das Original als auch das final editierte Dokument enthalten müssen, sind identisch, und doch ist das Lesen der Dokumente sehr verschieden. Im Allgemeinen verstärkt sich der Unterschied zwischen dem Original und dem finalen Dokument, je mehr der Patient und seine Fähigkeit, die Fragen mit Spontaneität, Dynamik und Tiefe zu beantworten, angesichts des sich verschlechternden Gesundheitszustands schwinden. Solange sich der editierende Therapeut dem therapeutischen Vertrag verpflichtet fühlt, das heißt, die Patientinnen und Patienten darin unterstützt, im Rahmen ihrer Würdezentrierten Therapie all das zu übermitteln, was sie hinterlassen möchten, wird das Editieren substanzieller Bestandteil beim Reichen einer maßgeblich helfenden Hand bleiben.

7 Es geht weiter

> *I know a little bit, about a lot of things, but I don't know enough about you.*
> *(Ich weiß etwas über viele Dinge, nur über dich weiß ich nicht genug.)*
> Peggy Lee, 1946

Die Würdezentrierte Therapie an sich ist eine Geschichte, die sich weiter entwickelt. Kolleginnen und Kollegen von nah und fern sind laufend mit mir über ihre Anwendung der Würdezentrierten Therapie in Kontakt. Einige bitten mich hinsichtlich der Frage um Rat, wie die Würdezentrierte Therapie in ein Forschungsvorhaben einbezogen werden kann, während andere mir schreiben, um mich wissen zu lassen, dass sie die Intervention regelmäßig anwenden, seit sie meinen Vortrag gehört haben oder an einem meiner Workshops teilgenommen haben. So trat ein Kollege aus Neuseeland, Dr. Peter Huggard (Faculty of Medicine and Health Science, Auckland), mit mir in Kontakt, um mich darüber zu informieren, dass das Thema würdebewahrende Versorgung seit meinem Besuch vor fast fünf Jahren fest in den dortigen Ausbildungskurs zu therapeutischer Kommunikation und in andere Lehrgänge für Behandelnde in der Patientenversorgung integriert worden ist. Ein Team aus in der Biografiearbeit Tätigen am Mercy-Hospiz in Auckland hat die Fragenstruktur der Würdezentrierten Therapie in die Arbeit mit Patientinnen und Patienten am Lebensende übernommen, wenn sie deren persönliche Geschichten aufschreiben, sowie für die Patienten, für die eine vollständige, mehrmalige Interviewreihe über die Lebensgeschichte nicht mehr möglich ist. In den letzten zwei Jahren hat das Hospiz San Diego Dr. Lori Montross als Therapeutin für Würdezentrierte Therapie in Vollzeit angestellt.

Ein weiterer Kollege, Yasunaga Komori, den ich bei meinem letzten Besuch in Japan kennengelernt habe, lud mich ein, gemeinsam mit ihm Ko-Autor eines Buchs zu werden, das auf Fallsammlungen seiner klinischen Erfahrungen mit der Anwendung der Würdezentrierten Therapie bei Patientinnen und Patienten am Lebensende beruht. Dieses Buch wurde bereits in Japan publiziert. Ebenso gibt es davon mittlerweile eine koreanische Übersetzung (Komori u. Chochinov, 2011a; Komori u. Chochinov, 2011b). Weitere Kollegen in Dänemark und Quebec stehen über die letzten Jahre hinweg regelmäßig mit mir in Kontakt, um mich über ihre Forschungsarbeiten und ihre Fortschritte zur Würdezentrierten Therapie zu informieren. In beiden Fällen wurden die Ergebnisse bereits publiziert und stützen die Wirksamkeit der Würdezentrierten Therapie (Houmann, Rydahl-Hansen, Chochinov, Kristjanson u. Groenvold, 2010; Gagnon et al., 2010). Eine weitere Publikation, die eine Übersicht zur Würdezentrierten Therapie bietet, ist in dem Buch »Handbook of Psychotherapy in Cancer Care« (Watson u. Kissane, 2011) erschienen.

Diese rasche Verbreitung wirft einige wichtige Fragen auf. Fragen, die berücksichtigt werden sollten, wenn Kliniker und Wissenschaftler in unterschiedlichen Einrichtungen darüber beraten, wie die Würdezentrierte Therapie weiter vorangebracht werden soll.

Wird der Einsatz der Würdezentrierten Therapie aktuell durch hinreichende Evidenz gestützt?

Wie bereits erwähnt, beginnen sich die Nachweise der Evidenz für die Würdezentrierte Therapie zu häufen. Studie für Studie weist darauf hin, dass die Patientinnen und Patienten die Würdezentrierte Therapie schätzen und damit zufrieden sind. Sie berichten über die Zunahme ihres Würdegefühls, die Zunahme eines Gefühls von Sinn und Bedeutung, von spirituellem Wohlbefinden sowie von Lebensqualität. Darüber hinaus gibt es Ergebnisse, die zeigen, dass die Familienangehörigen das Gefühl haben, die Würdezentrierte Therapie biete einen Nutzen, sowohl in Bezug darauf, wie die Therapie als hilfreich für ihre geliebten Verstorbenen wahrgenommen wurde, als auch hinsichtlich des Trostes, den ihnen die Würdezentrierte Therapie während ihrer Trauer bietet.

Kolleginnen und Kollegen in Kopenhagen, darunter Lise Jul Houmann, Morten Aagaard Petersen und Mogens Groenvold, haben eine Studie zur Würdezentrierten Therapie publiziert. Gemäß unserer eigenen Phase-I-Studie haben sie beobachten können, dass die meisten Patienten, die sich dem Ende ihres Lebens nähern, die Würdezentrierte Therapie als hilfreich erleben und glauben, dass sie auch ihren Angehörigen helfen wird (Houmann et al., 2010). Zudem berichten sie, dass es bei den Patienten zu einer Steigerung des Empfindens von Bedeutung und Würde sowie des Lebenswillens kam. Speziell diese Studie beinhaltete einen Monat nach der Übergabe des Dokuments eine Folgeuntersuchung. Obwohl sich der Gesundheitszustand der Patientinnen und Patienten über diesen Zeitraum hinweg verschlechtert hatte, wiesen einige Parameter für existenzielles Wohlbefinden – einschließlich Würde- und Sinnempfinden – eine Verbesserung auf (Houmann et al., 2010).

Eine Untersuchung zur Würdezentrierten Therapie wurde in der Stadt Quebec mit einer Kohorte französischsprachiger Palliativpatienten durchgeführt (Gagnon et al., 2010). Diese Studie unter der Leitung von Dr. Pierre Gagnon und Kollegen bietet weitere starke Belege für den Einsatz der Würdezentrierten Therapie als Intervention am Lebensende. Die Mehrheit der Patientinnen und Patienten beurteilte die Würdezentrierte Therapie als hilfreich und gab an, dass sie ihr Gefühl von Sinn und Bedeutung sowie ihr ganzheitliches Würdegefühl steigere. Bemerkenswerterweise lieferte diese Studie ebenfalls Hinweise auf die Wirksamkeit der Würdezentrierten Therapie als Intervention zur Trauerbewältigung. Die Mehrheit der Familien hatte das Gefühl, die Würdezentrierte Therapie war ein wichtiger Bestandteil der Palliativversorgung ihres geliebten Verstorbenen, und würde die Intervention anderen Patienten und Familien, die sich mit lebensbegrenzenden Krankheitssituationen auseinandersetzen müssen, weiterempfehlen. Ein Angehöriger drückte sich folgendermaßen aus: »Ich glaube, ohne sie [die Würdezentrierte Therapie] wäre ich nicht durch [die Trauer] gekommen. Sie hat mir enorm geholfen.«

Trotz dieser positiven Ergebnisse ist folgender einschränkender Hinweis erforderlich. Alle bisherigen Studien, einschließlich unserer eigenen (Chochinov et al., 2011), haben die Würdezentrierte Therapie für Populationen in der allgemeinen Palliativversorgung angeboten. Bisher hat keine Untersuchung den Versuch unternommen, die Würdezentrierte Therapie ausschließlich im Zusammenhang mit ausgeprägtem Disstress anzuwenden. Obwohl die bisherigen Studien nahezu allgemeingültig Zufriedenheit und eine Aufwertung der Erfahrung der letzten Lebensphase gezeigt haben – welche Aussagen können wir über Patientinnen und Patienten treffen, die unter starkem Disstress leiden oder bei denen sogar eine klinisch relevante Depression vorliegt? Ist die Würdezentrierte Therapie in diesen Fällen eine angemessene und bewährte Intervention? Zum jetzigen Zeitpunkt und bis weitere Daten erhoben worden sind, glaube ich, dass die Antwort darauf Nein ist. Das soll nicht heißen, dass die Würdezentrierte Therapie nicht in Verbindung mit anderen standardisierten Verfahren genutzt werden kann. Jedoch ginge es über die gegenwärtige Evidenz hinaus, die Würdezentrierte Therapie anstelle einer konventionellen Behandlung der Depression anzuwenden. Was ist mit Patienten, die um assistierten Suizid oder aktive Sterbehilfe bitten? Vor dem Hintergrund, dass diese Patienten häufig einen Verlust des Gefühls von Sinn und Bedeutung erleben, wäre diese Patientengruppe ebenfalls eine interessante Stichprobe für die

Würdezentrierte Therapie, allerdings muss deren Wirksamkeit unter diesen Gegebenheiten noch belegt werden. Ohne Zweifel werden zukünftige klinische Studien die Chancen und Grenzen dieses neuen psychotherapeutischen Verfahrens präzisieren.

Wie werde ich erfahren genug, um die Würdezentrierte Therapie implementieren zu können? Wie entwickle ich meine Kompetenzen, um die Würdezentrierte Therapie anbieten zu können?

Wie bei jeder neuen Intervention wird Sie weder ein Buch noch ein einzelnes Trainingsseminar absolut umfassend qualifizieren können. Es braucht seine Zeit, um neue Kompetenzen und Verfahren zu erlernen und sie in der Praxis umzusetzen, und umso mehr Zeit, um das Gefühl zu bekommen, sie zu beherrschen. Diejenigen von uns, die die Würdezentrierte Therapie bereits seit vielen Jahren anwenden, sind zu der Erkenntnis gekommen, dass die Erfahrung selbst ein großartiger Lehrmeister ist. Mit Demut und Bescheidenheit als unseren allgegenwärtigen Ko-Therapeuten hören wir nicht auf, von unseren Patientinnen und Patienten zu lernen, und haben Ehrfurcht vor dem, was sie ausdrücken und über die Würdezentrierte Therapie vollbringen können.

Wie bei allen psychotherapeutischen Interventionen ist jede Supervision eine wunderbare Möglichkeit, um sein Fachwissen zu vermehren und über die Qualität und die Wirksamkeit der eigenen Arbeit zu reflektieren. Jemanden mit mehr Erfahrung zu finden, als Sie selbst sie haben, kann angesichts dessen, dass die Würdezentrierte Therapie im Bereich der Palliativversorgung noch immer recht neu ist, möglicherweise schwierig werden. Dennoch gibt es Wege, Ihren Lernprozess zu beschleunigen. Zunächst werden Sie sich überlegen wollen, an einem Workshop zur Würdezentrierten Therapie teilzunehmen. Unsere Forschungsgruppe bietet in Winnipeg, Kanada, nunmehr jährlich intensive Kurse zur Würdezentrierten Therapie an. Es ist noch zu früh, um vorhersagen zu können, wie oft diese in der Zukunft angeboten werden. Das wird von der Nachfrage für dieses Ausbildungsangebot abhängen. Kollegiale Unterstützung ist ebenfalls ein hilfreicher Weg des Lernens. Damit bieten sich wertvolle Gelegenheiten, zu sehen, wie andere diese Tätigkeit ausüben, genauso wie andere sich umgekehrt darüber informieren können, wie sich die Durchführung der Würdezentrierten Therapie bei Ihnen weiterentwickelt.

Ein entschiedener Vorteil für die Weiterentwicklung der eigenen Kompetenzen bietet sich im Rahmen der Würdezentrierten Therapie dadurch, dass die

Sitzungen aufgezeichnet werden. Das bedeutet, dass es eine sehr genaue Aufzeichnung dessen gibt, wie Sie die Würdezentrierte Therapie anleiten. Sofern Sie während des Editierprozesses den Änderungsmodus verwenden, entsteht damit auf dem Papier ebenfalls ein sehr genauer Nachweis darüber, wie Sie als Editor der Würdezentrierten Therapie vorgehen. Es sei nochmals erwähnt, dass diese Dokumente der Ausbildung in Würdezentrierter Therapie dienen können. Alle drei Versionen des Transkripts (unbearbeitet, im Änderungsmodus und endgültig editiert) können mit Kollegen geteilt werden, entweder persönlich oder elektronisch. Letzteres bietet die Gelegenheit zu internationalen Supervisionen unter denjenigen, die die Würdezentrierte Therapie in ihre praktische Tätigkeit integriert haben. Konferenzen, Blogs, soziale Netzwerke sind Möglichkeiten, virtuelle Gemeinschaften zu gründen, die ein persönliches Interesse daran verbindet, die Würdezentrierte Therapie anzuwenden, zu diskutieren und sich selbst weiterzuentwickeln (die Leserinnen und Leser sind eingeladen, sich auf der Internetseite www.dignityincare.ca[3] über die Weiterbildungsangebote zu informieren).

Welche Kosten verursacht die Würdezentrierte Therapie und wie können finanzielle Fördermittel eingeworben werden?

Im Laufe der vergangenen Jahre trat die Frage nach den Kosten mehrfach auf. Die meisten Gesundheitssysteme sind durch den Druck, mit weniger auskommen zu müssen, belastet. Ohne Frage scheint der Gedanke, weitere Kosten entstehen zu lassen, für welche Zwecke auch immer, unhaltbar. Bevor wir dies voreilig annehmen, sollten wir zunächst die tatsächlichen Kosten für die Würdezentrierte Therapie betrachten. In Strukturen oder Institutionen, die bereits psychosoziale Versorgung anbieten, wird der Zeitaufwand der Therapeuten in den meisten Fällen gedeckt sein. Der Zeitaufwand schlüsselt sich folgendermaßen auf: etwa eine halbe Stunde für die Erklärung der Intervention, das Beantworten von Fragen, die Übergabe des Fragenkatalogs zur Würdezentrierten Therapie und die Vereinbarung eines Termins für das aufzuzeichnende Interview; eine Stunde für die tatsächlich aufgenommene Therapiesitzung plus eine zusätzliche halbe Stunde zur Vor- und Nachbereitung; eine weitere halbe Stunde bis Stunde wird im persönlichen Kontakt mit dem Patienten zur Durchsicht des editierten Dokuments erforderlich sein, um alle gewünschten Änderungen zu vermerken.

---

3   Für Deutschland finden Sie unter www.patientenwuerde.de weitere Informationen.

Falls der Zeitaufwand des Therapeuten oder der Therapeutin im Rahmen der bereits vorhandenen psychosozialen Versorgung abgedeckt ist, welche zusätzlichen oder administrativen Kosten fallen dann für die Einführung der Würdezentrierten Therapie an? Zunächst die Kosten für die Transkription. Diese werden selbstverständlich in Abhängigkeit von der Länge der Erzählung des Patienten und weiteren Faktoren, die das Tempo und die Verständlichkeit der Aufnahme beeinflussen können, variieren. Die nächste Aufgabe, die unserem Empfinden nach am besten von den Therapeutinnen und Therapeuten durchgeführt wird, ist der Prozess des Editierens. Ähnlich wie die gesamte Würdezentrierte Therapie ist das Editieren eine erworbene Fertigkeit. Mit zunehmender Praxis werden Sie darin besser und effektiver werden. Gleichwohl sollte man sich dafür ungefähr doppelt so viel Zeit einplanen, wie die Durchführung des eigentlichen Interviews in Anspruch genommen hat. Um die Auswirkungen auf die personellen Ressourcen nicht zu unterschätzen, sollten wir für das Editieren eines Transkripts der Würdezentrierten Therapie zwei bis drei Stunden Zeit voraussetzen. Zur Vervollständigung der Argumentationskette kalkulieren wir den Stundensatz des Therapeuten (dieser wird in Abhängigkeit von den tariflichen Bestimmungen und den finanziellen Bedingungen im Rahmen der Anstellungsverträge der Therapeuten variieren, z. B. Einzelleistungsvergütung, Projektförderung etc.). Damit lägen die administrativen Kosten für die Würdezentrierte Therapie inklusive der Kosten für die Transkription bei einigen hundert Euro.

Worin liegen die Herausforderungen bei der Suche nach den notwendigen finanziellen Ressourcen zur Unterstützung der Würdezentrierten Therapie? Zunächst ist es unabdingbar, die vorherrschende Tendenz, dass psychosoziale Interventionen, auch die wirkungsvollen, gar nichts kosten sollten, zu überwinden. Überlegen Sie für einen Moment, wie schnell eine Herausforderung von einigen hundert Euro überwunden wäre, wenn wir über die Einführung eines neuen Medikaments diskutieren würden, das Wohlbefinden, Stimmung und Lebensqualität steigern könnte. Wenn dies der Fall wäre, würden die Kosten als unbedeutend angesehen werden. In Relation zu den Kosten einer üblichen palliativen Chemotherapie oder Strahlentherapie sind die Kosten für die Würdezentrierte Therapie gewiss sehr günstig.

Mit Blick auf die Evidenz, die die Würdezentrierte Therapie stützt, finden sich überzeugende Argumente für ihre Inklusion in die moderne »State of the Art«-Palliativversorgung. Solange die Versorgungsangebote verpflichtend auf evidenzbasierten Ansätzen basieren müssen, wird es erforderlich sein, eine Finanzquelle für diese bescheidenen neuen Mittel ausfindig zu machen. Einige Krankenhäuser und Einrichtungen werden die Auslagen auffangen können, andere werden sich mit einem Unterstützungsgesuch an Gesundheits- oder Wohltätigkeitsverbände wenden. Eventuell können hospizliche Organisationen eine Rolle spielen, um den Arbeitsschritt der Transkription in der Würdezentrierten Therapie entweder durch Finanzierung oder Bereitstellung verfügbarer Ehrenamtlicher zu unterstützen. Wie auch immer das Modell zur Finanzierung aussehen wird, die Investition in eine günstige und effektive Intervention, die Patienten und Angehörigen Zufriedenheit geben kann und die das Potenzial hat, auf mehrere Generationen zu wirken, ist von außerordentlicher gesellschaftlicher und finanzpolitischer Bedeutung.

Was, wenn Familienangehörige oder Ehrenamtliche diese Arbeit übernehmen möchten? Ist das möglich?

Vor ungefähr einem Jahr hatte ich das große Glück, einen Kurs zur Würdezentrierten Therapie in Sydney, Australien, anbieten zu können. Am Beginn des Tages wurde ich von einer Teilnehmerin angesprochen, die sehr begeistert nach den Möglichkeiten fragte, die Würdezentrierte Therapie von Ehrenamtlichen durchführen zu lassen. Obwohl ich in diesem Moment nicht viel Zeit hatte, um auf diesen Vorschlag zu antworten, muss mich mein Tonfall verraten haben. Gegen Ende des Seminars, als wir wieder Gelegenheit hatten, miteinander zu sprechen, sagte sie: »Ich verstehe, warum Sie so zögerlich reagiert haben.« Und es stimmt, ich habe gewisse Vorbehalte, die Würdezentrierte Therapie als etwas anzusehen, das von Ehrenamtlichen oder Familien durchgeführt werden kann.

Ohne Zweifel spielen die Familien und Ehrenamtlichen innerhalb des Spektrums der Versorgung am Lebensende eine herausragende Rolle. Das Würdemodell enthält viele Elemente, die Aufschluss darüber geben, wie sie den psychischen, spirituellen und existenziellen Bedürfnissen einer Person, deren Erkrankung zum Tode führen wird, begegnen können. Von dem Modell wissen wir, dass Maßnahmen, die das Gefühl für die eigene Persönlichkeit eines Patienten wertschätzen und stärken, einen unerlässlichen Beitrag zur Qualität der Betreuung am Lebensende leisten. Den Menschen Fragen über sich, ihre Vergangenheit und für sie wichtige Dinge zu stellen – genau genommen viele der Fragen aus dem Fragenkatalog der Würdezentrierten Therapie –, ist eine wunderbare Möglichkeit, die Botschaft zu vermitteln, dass es wertvoll ist, wer sie sind, wer sie waren und was sie auch jetzt noch zu sagen haben. Dieser Wert wird auf eine sehr einfache und greifbare Weise vermittelt, indem der Zuhörer präsent, aufmerksam und verständnisvoll auf die ihm anvertrauten Eröffnungen reagiert.

Trotzdem sehe ich mehrere Hürden für die Durchführung der Würdezentrierten Therapie durch Ehrenamtliche und Familien. Der erste Faktor ist schlicht, dass die Würdezentrierte Therapie, wie auch andere Formen psychotherapeutischer oder psychologischer Interventionen, ein Reihe von Fähigkeiten voraussetzt, die über die Zeit hinweg sorgfältig und gewissenhaft aufgebaut werden müssen. Häufig wird angenommen, die Würdezentrierte Therapie bestünde einfach darin, eine Liste von Fragen vorzulesen (den Fragenkatalog der Würdezentrierten Therapie) und passiv die Antworten der Patienten aufzunehmen. Wenn es nur so einfach wäre. Die Leserinnen und Leser dieses Buches sollten nachvollziehen können, dass die Fragen zwar den Rahmen bilden, die Therapeuten jedoch hoch kompetent sein müssen, um Antworten hervorzurufen, wichtige Themen zu identifizieren, Patienten in den Prozess einzubeziehen, mögliche negative Auswirkungen abzufangen, mit den Enthüllungen der Patienten umzugehen und sie in ein kohärentes und bedeutungsvolles Generativitätsdokument zu verweben.

Das soll nicht bedeuten, dass man Psychiater, Psychologe oder ausgebildeter Psychotherapeut sein muss, um die Würdezentrierte Therapie anzubieten. Ich habe Sozialarbeiter und Palliativfachpflegekräfte zu sehr kompetenten Therapeutinnen und Therapeuten für Würdezentrierte Therapie ausgebildet. Familienangehörige stehen vor einer zusätzlichen Herausforderung, die es in meinen Augen besonders schwierig werden lässt, die Würdezentrierte Therapie mit den von ihnen geliebten Menschen durchzuführen. Jeder, der einen geliebten Menschen verloren hat, kennt das intensive, herzzerreißende Gefühl, diese nahestehende Person – vielleicht jemand, der für das eigene Leben wegweisend gewesen ist und die eigene Persönlichkeit mitgeformt hat – in ihrem Sterbeprozess zu begleiten. Diese Erfahrung setzt eine Kaskade an Gefühlen frei – Angst, Schmerz, Verzweiflung, Trauer –, aber was sie nicht mit sich bringt, ist Objektivität. Um die Würdezentrierte Therapie durchzuführen, ist ein gewisses Maß an Objektivität unerlässlich. Die Therapeuten müssen den übergeordneten Ablauf im Kopf haben. Sie müssen die Zeit im Auge behalten, sicherstellen, dass die Patientinnen und Patienten in der Lage sind, die Aufzeichnung innerhalb eines Zeitrahmens vervollständigen zu können, der ihre Kraftreserven und gegenwärtigen Fähigkeiten nicht überstrapaziert. Die Therapeuten müssen stets behutsam und zugleich vorbereitet sein, direktiv zu werden, beständig im Dienst der Patienten, um ihnen zu helfen, ihre im Rahmen der Würdezentrierten Therapie gesetzten Ziele zu erreichen.

Wenngleich möglicherweise nicht offensichtlich, vollzieht der Therapeut innerhalb der Würdezentrierten Therapie einen gekonnten Balanceakt, der wiederum weit über das hinausgeht, was vernünftigerweise von einem Familienangehörigen erwartet werden kann. Zum einen müssen die Therapeuten eine bestärkende Haltung im Hier und Jetzt sicherstellen, zum anderen müssen sie sich bewusst sein, dass die Gelegenheiten, Patientinnen und Patienten die verschiedenen Inhalte ansprechen zu lassen, die sie in ihr Generativitätsdokument einbringen möchten, begrenzt sind. Ein kompetenter Therapeut, eine kompetente Therapeutin ist in der Lage, diese Balance zu halten, ohne dabei jemals die Qualität der therapeutischen Interaktion aufzugeben. Die psychologische Fähigkeit, zu erkennen, weshalb es schwierig sein könnte, bestimmte Botschaften als Hinterlassenschaft zu enthüllen, ist ebenfalls sehr hilfreich. Diese sind oft in konflikthaften Beziehungen oder ungelösten intrapersonellen Themen verwurzelt. Zum Beispiel:

Ein 36 Jahre alter Mann, Peter, gab in seinem Interview sehr früh preis, dass seine Eltern emotional sehr zurückhaltend waren und ihre Gefühle gegenüber ihren Kindern und untereinander nicht zum Ausdruck gebracht haben. Diese Verschlossenheit hinsichtlich des Gefühlsausdrucks war eine Verhaltensweise, die auch er angenommen hatte. Jetzt, zum Ende seines Lebens, nutzte er die Würdezentrierte Therapie, um seine Erinnerungen, Hoffnungen und Träume für seine Ehefrau und seine zwei Töchter zu bewahren. Während er ohne große Mühe Anekdoten erzählen und seine Biografie darstellen konnte, enthielt seine Botschaft wenig emotionale Inhalte für seine Familie. Dessen gewahr bemerkte die Therapeutin: »Peter, es scheint mir, dass es Ihnen immer schwergefallen ist, Ihrer Familie zu sagen, was Sie genau für sie empfinden. Glauben Sie, dass es heute, im Rahmen Ihrer Würdezentrierten Therapie, für Sie möglich ist, es anders zu machen?« Diese Formulierung zu wählen, obwohl sie vorsichtig vorgebracht wurde, war ein eher provokantes therapeutisches Manöver. Jedoch kann eine erfahrene Therapeutin, ein erfahrener Therapeut so neue Möglichkeiten eröffnen und derweil dem Patienten im weiteren Verlauf die Federführung überlassen. In diesem Fall konnte Peter folgende Antwort formulieren: »Ich möchte, dass sie wissen, dass ich sie liebe, ich sie geliebt habe, dass ich mich bemüht habe und mein Bestes gegeben habe.«

Kann die Würdezentrierte Therapie von einem Therapeuten durchgeführt werden, der den Patienten gut kennt?

Diese Frage kam tatsächlich im Verlauf eines Workshops zur Würdezentrierten Therapie auf. Die an diesem Treffen teilnehmenden Therapeutinnen und Therapeuten stellten die Frage, ob das Kennen eines Patienten im Vergleich zu den Patienten, die unsere Arbeitsgruppe im Kontext der Forschungsarbeiten betreut hat, zu einer anderen Dynamik führen würde. Als Forschende haben wir keine Vorinformation darüber, wer unseren Studien zugeteilt wird, noch stehen wir in einer bereits vorhandenen oder weiter andauernden klinischen Verbindung zu den Patienten. Das heißt, verglichen mit einem Patienten, der im Rahmen der eigenen praktischen Tätigkeit für die Würdezentrierte Therapie in Betracht kommt, sind die Umstände sehr unterschiedlich. Die Frage ist jedoch, ob diese Unterschiede die Art der Durchführung der Würdezentrierten Therapie verändern, und wenn ja, wie.

Der erste augenscheinliche Unterschied ist, dass der teilnehmende Patient aus der eigenen Praxis sehr gut bekannt sein wird oder zumindest gut bekannt im Vergleich zu einer Person, die im Rahmen eines Forschungsprojekts daran teilnimmt. Die Leserinnen und Leser werden sich daran erinnern, dass es Teil der therapeutischen Aufgabe innerhalb der Würdezentrierten Therapie ist, »Punkte zu setzen«, was bedeutet, den Patienten die passenden Hinweise zu geben, die es ihnen erlauben, ihre Antworten innerhalb des Fragengerüsts mühelos zu entwickeln. Die Geschichte des Patienten im Vorfeld der tatsächlichen Durchführung der Würdezentrierten Therapie zu kennen, kann den Therapeuten eindeutige Vorteile bieten. Erinnern wir uns daran, dass die meisten Patientinnen und Patienten einen Teil ihrer Würdezentrierten Therapie nutzen, um Geschichten oder Erinnerungen, die für sie wichtig sind oder die ihre Familien kennen sollten, zu bewahren. Einige dieser Informationen im Vorfeld zu kennen, kann gewährleisten, dass die Therapeuten diese wichtigen Erinnerungen nicht übersehen. Anders als Forschende, die nicht wissen, was sie nicht wissen, kann der informierte Behandler berücksichtigen, was an Wesentlichem übersehen wurde, sodass sorgsam gewählte Punkte gesetzt werden können, die helfen, den Patienten in Richtung der bedeutsamen Mitteilungen zu lenken. Dieses Wissen ist ein denkbar zweischneidiges Schwert. Wenn der Therapeut vielleicht weiß, dass die Patientin oder der Patient eine schwierige Lebensgeschichte hatte, wird er oder sie womöglich abgeneigt sein, die Würdezentrierte Therapie anzubieten. Auch wenn wir dazu tendieren, das Erzählen der »guten« Geschichten zu ermöglichen, wäre dies insofern bedauerlich, als dass das Erzählen der »traurigen« Geschichten – Geschichten voller Bedauern, Betrug, Elend oder Konflikte – genauso wichtig sein kann, wenn auch schwieriger weiterzugeben.

Manche Therapeutinnen und Therapeuten fragen sich, ob das Kennen des Patienten und einiger seiner Themen die Intensität der Würdezentrierten Therapie verringern kann. Anders ausgedrückt: Wenn man bereits etwas über die Person weiß, über seine oder ihre zentralen Werte und wichtigen Botschaften, wird sich das erneute Erzählen redundant oder sogar gekünstelt anfühlen? Während die Zeit und die Erfahrung die Antwort auf diese Frage geben werden, ist meine Vermutung, dass dies kein wesentliches Problem sein wird. Wenngleich wir uns als Therapeuten der gesamten Geschichte eines Patienten bewusst sind, tendieren wir dazu, auf intrapsychische Themen und interpersonelle Konflikte zu fokussieren. Obwohl einige Elemente der Würdezentrierten Therapie ohne Zweifel dazu verleiten, etwas aus genau diesen Ursprüngen preiszugeben, ist es extrem unwahrscheinlich, dass ausschließlich diese Bereiche die Würdezentrierte Therapie prägen werden.

Es ist auch der Gedanke an das Erstellen einer fortlaufenden Tonaufnahme, der das gesamte Erleben der Würdezentrierten Therapie durchdringt. Das Wissen, dass die Gespräche aufgezeichnet werden und diese Aufnahmen als Grundlage der Generativitätsdokumente dienen, verändert die Art und Weise, in der die Patienten ihre Geschichten, Gefühle und Gedanken mitteilen. Das gesprochene Wort ist dazu gedacht, im Hier und Jetzt Bedeutsames zu vermitteln, und zieht nur diejenigen in Hörweite mit ins Vertrauen. Die Worte der Patientinnen und Patienten aufzunehmen verändert alles. Selbst wenn die Therapeutin oder der Therapeut einige dieser Erzählungen bereits zuvor gehört hat, bedeutet die Erzeugung von etwas Bleibendem, das Hier und Jetzt zu transzendieren, und die Möglichkeit eines großen und sogar mehrere Generationen umfassenden Publikums. Der Gedanke daran, dass »deine Worte über die Zeit hinaus, sogar über deinen Tod hinaus nachhallen können«, macht die Teilnahme an der Würdezentrierten Therapie sowohl zu einem einzigartigen als auch einem tief greifenden Erlebnis.

Eine weitere Frage ist, ob Therapeuten die Würdezentrierte Therapie durchführen können und dabei die Spannung zwischen interpretativen, aufdeckenden Methoden und einem Zugang, dessen primäre Bestandteile Generativität und Anerkennung sind, handhaben können. Obwohl eine Trennung dazwischen machbar zu sein scheint, erfolgt die Realitätsprüfung dieser Herausforderung in der Praxis. Stellen wir uns zum Beispiel vor, eine Patientin enthüllt während ihrer Sitzung im Rahmen der Würdezentrierten Therapie ein schwerwiegendes Lebenstrauma, beispielsweise in der Vergangenheit sexuell missbraucht worden zu sein. Die richtige therapeutische Reaktion, die einzig vertretbare therapeutische Reaktion, ist es, die Würdezentrierte Therapie auszusetzen und den Fokus der Aufmerksamkeit, ausgerichtet an den Wünschen und Fähigkeiten der Patientin, auf diese Enthüllung zu legen. Ein solch tief greifendes Trauma anzuerkennen, aber unverdrossen zu versuchen, mit der Würdezentrierten Therapie (oder, was das angeht, auch irgendeiner anderen Agenda) weiterzumachen, könnte von der Patientin als Verletzung und substanzieller Vertrauensbruch erlebt werden.

Andererseits sind weitaus subtilere Konstellationen, in denen zwischen traditionell therapeutischem Vorgehen und Würdezentrierter Therapie entschieden werden muss, gewöhnlich viel häufiger. In einem Fall eröffnete ein Patient im Rahmen der Würdezentrierten Therapie relativ zu Beginn seiner ersten Sitzung, dass er eine unglückliche Kindheit gehabt habe. Der Psychotherapeut mag versucht sein, dem weiter nachzugehen, indem weitere Details dieses Unglücklichseins exploriert würden und wie diese die psychosoziale Entwicklung des Mannes beeinflusst haben. Indes muss der Würdetherapeut im Bewusstsein der

Generativität und der Notwendigkeit, Affirmation zu vermitteln, eine Lösung dafür finden, wie er diese Eröffnung anerkennt und validiert, während er die Würdezentrierte Therapie fortsetzt. Ein wenig erfahrener Therapeut wird sich möglicherweise dafür entscheiden, dieses Thema komplett zu vermeiden, indem der Patient aufgefordert wird, ausschließlich die Erinnerungen mitzuteilen, die zeitlich gesehen nach der düsteren Kindheit auftauchen. Auch wenn dies offensichtlich ein möglicher Weg ist, sich »guten« Geschichten zu widmen, setzt er voraus, dass diese Richtung in Übereinstimmung mit den Wünschen des Patienten eingeschlagen wird. Der Therapeut wählte folgende, in diesem Fall erfolgreiche Annäherung: »In der Würdezentrierten Therapie sollte es um Sie gehen und sie sollte genau so sein, wie Sie es möchten. Wenn Sie nicht möchten, dass wir Ihre Kindheit betrachten, werden wir das nicht tun. Wenn es jedoch Episoden oder Erinnerungen aus Ihrer Jugend gibt, die Sie mitteilen möchten oder von denen Sie glauben, sie könnten ein wichtiger Teil Ihrer Würdezentrierten Therapie sein, wäre dies für uns jetzt der Zeitpunkt, um darüber zu sprechen.« An diesem Punkt schilderte der Patient einige schmerzliche Kindheitserinnerungen, wie er als Auszubildender in einem örtlichen Verein für seinen Vater gearbeitet hat.

Gibt es noch etwas, was zur Würdezentrierten Therapie beforscht werden sollte? Wenn ja, wie könnten Wissenschaftler mit dieser Aufgabe beginnen?

Wenngleich bereits einige Studien zur Würdezentrierten Therapie durchgeführt worden sind, gibt es noch viel mehr zu tun und herauszufinden. Zu den dringlichsten Fragen gehören diese: Wer hat den größten Nutzen von der Würdezentrierten Therapie? Welcher Natur sind die therapeutischen Effekte, die von der Würdezentrierten Therapie ausgehen? Wie können die Wirkungen und der Nutzen der Würdezentrierten Therapie gemessen werden?

Einige Kliniker haben bereits damit begonnen, die Würdezentrierte Therapie wesentlich breiter anzuwenden als nur bei Krebs im Endstadium. Dies impliziert, dass sich das Würdemodell über Krebs und möglicherweise über die Versorgung am Lebensende hinaus anwenden lässt. Die Leserinnen und Leser werden sich daran erinnern, dass die im Würdemodell enthaltenen Themen und Unterthemen sehr universell sind, einschließlich körperlicher Einflüsse (krankheitsbezogene Aspekte), des sozialen Umfelds (das Inventar sozialer Würde) und der Psyche der dem Tode nahen Patientinnen und Patienten (das würdebewahrende Repertoire). Auch wenn dies nicht heißen soll, dass das Modell unkritisch eingesetzt werden kann, scheint es hinsichtlich der Augenscheinvalidität durchaus in Einklang mit einem breiten Spektrum des menschlichen Erlebens zu stehen. Unsere eigene Forschungsgruppe hat bei einer Kohorte von gebrechlichen älteren Bewohnern eines Pflegeheims ein Pilotprojekt der Würdezentrierten Therapie durchgeführt. Dieses wurde aufgrund sich überschneidender existenzieller Themen, die bei Palliativpatienten und bei multimorbiden älteren Menschen relevant sind, initiiert. Während Erstere sterben, gehen Letztere weiter auf das Lebensende zu. Obwohl unsere Ergebnisse darauf hinweisen, dass es Unterschiede gibt, wie die Würdezentrierte Therapie im Einsatz bei multimorbiden älteren Menschen wirkt, scheint sie eine praktikable und stärkende Intervention für diese vulnerable Population zu sein (Chochinov et al., 2012).

Wir haben ebenfalls bereits Erfahrungen mit dem Einsatz der Würdezentrierten Therapie bei Patienten mit amyotropher Lateralsklerose (ALS). Wenngleich die Fähigkeit zu sprechen häufig ein wesentlicher und auch die Teilnehmerzahl einschränkender Faktor ist, können Geduld, Kreativität und Entgegenkommen – wie der variable Gebrauch unterstützter Kommunikation – den Patienten die Möglichkeit eröffnen, eine positive Erfahrung der Würdezentrierten Therapie zu machen. Im Fall eines Patienten mit ALS, der noch im Besitz seiner manuellen Fähigkeiten war, um tippen zu können, wurde ihm sein Transkript der Würdezentrierten Therapie elektronisch übergeben. Dies ermöglichte es ihm, die redaktionellen Änderungen direkt einzugeben und das Dokument anschließend nach seinen Vorgaben fertigzustellen. Kollegen in Australien untersuchen, gefördert durch die Motor Neurone Disease (MND) Association in Westaustralien, wie die Würdezentrierte Therapie bei an ALS leidenden Patienten eingesetzt werden kann. Und obwohl viele Menschen darauf hingewiesen haben, dass sie Einsatzmöglichkeiten sehen, oder die Würdezentrierte Therapie tatsächlich in weniger akuten palliativen Situationen einsetzen (beispielsweise Frauen mit Brustkrebs in Stadium III oder Stadium IV), ist mir keine geförderte klinische Studie bekannt, die die Rolle der Würdezentrierten Therapie speziell für diese Patientenpopulationen untersucht.

Eine der wesentlichen Herausforderungen, der sich Wissenschaftler in ihrem Bemühen, die Würdezentrierte Therapie weiter zu untersuchen, gegenübersehen, ist der gesamte Bereich Studiendesign und Auswahl der Zielgrößen. In unserer randomisierten Kontrollstudie haben wir verschiedene Methoden genutzt, um Unterschiede zwischen den Studienarmen feststellen zu können. Trotzdem ist es quer durch das breite Spektrum an psychometrischen Messinstrumenten schwierig, signifikante Veränderungen aufzuzeigen, wenn die untersuchten Patienten initial niedrige Werte für Disstress aufweisen. Mit anderen Worten, solange die Studienprotokolle darauf basieren, Veränderungen bei verschiedenen Dimensionen der existenziellen Erfahrung des Lebensendes vor versus nach der Intervention aufzuzeigen, könnte die Möglichkeit eines Wirksamkeitsnachweises davon abhängen, wie viel Disstress in der Studienkohorte initial zu beobachten ist. Um einen medizinischen Vergleich heranzuziehen, so ist die Beweisführung der Eignung eines Wirkstoffs, um Fieber zu senken oder die Knochenheilung zu fördern, in erster Linie von dem Vorhandensein des Fiebers beziehungsweise eines verletzten Knochens abhängig.

Es gibt Fälle, wie bei begleitender klinischer Depression, Delir oder Angststörungen, in denen in der Tat etwas *verletzt* ist und Behandlung und Wiederherstellung notwendig werden. Diese Komplikationen bieten sich gut für klinische Untersuchungen an, die sich, konventionellen Ansätzen folgend, an klinische Studien, validierte Messinstrumente und standardisierte statistische Methoden halten. Allerdings gibt es angesichts sterbender Patientinnen und Patienten Herausforderungen, die metaphorisch gesprochen nicht einfach mit etwas zu vergleichen sind, das *verletzt* ist. Ein schweres Herz, eine bekümmerte Seele, Angst im Angesicht des Verlusts – sind dies wirklich Komplikationen auf dem Weg des Sterbens oder Ausdruck unserer Menschlichkeit und unserer unausweichlichen Verletzbarkeit? Statt Probleme zu lösen oder Komplikationen zu behandeln, sollten unsere therapeutischen Antworten vielleicht Begriffe wie Bezeugen, Bestärken und Heilen umfassen.

Auch wenn diese Überlegungen im Wesentlichen philosophisch sein mögen, sind die damit verbundenen Implikationen für Wissenschaftler weitgehend pragmatisch. Einige Teilnehmende der Würdezentrierten Therapie haben berichtet, dass dieser Prozess ihnen geholfen habe, ein Gefühl des inneren Friedens zu erlangen, während sie sich dem Tode näherten. Andere haben ihren Ehepartnern die Erlaubnis erteilt, nach ihrem Versterben neue Lebenspartner zu finden. Eine Patientin bat ihre Tochter dafür um Vergebung, ihr die Identität ihres Vaters nicht verraten zu haben, bis es schließlich zu spät war. Eine andere Tochter erzählte uns, dass ihr Vater ihr nur ein einziges Mal gesagt habe, dass er sie liebe und stolz auf sie sei, nämlich in seinem Dokument der Würdezentrierten Therapie. Diese Ergebnisse sind schwer zu quantifizieren, insbesondere mit den uns zur Verfügung stehenden psychometrischen Messinstrumenten. Trotzdem sind diese Ergebnisse fundiert und real. Wissenschaftler sollten bei ihren Untersuchungen zur Würdezentrierten Therapie danach streben, diese Art der Daten zu erfassen, auch wenn dies innerhalb eines ausschließlich quantitativen Paradigmas nicht einfach zu erreichen sein wird. Qualitative Verfahren und Messungen, die versuchen, Begriffe wie Selbstwert, Gefühle von Frieden oder Ruhe, Würde, Bedeutung, spirituelles Wohlbefinden oder existenzielle Angst zu erfassen, sind allesamt wichtige Herangehensweisen für ein Studienprotokoll.

Was ist mit anderen Formen der Hinterlassenschaft?

Die Würdezentrierte Therapie ist keinesfalls dazu gedacht, andere Formen der Hinterlassenschaft, die den Patientinnen und Patienten und ihren Familien geeignet scheinen, zu verdrängen. Wie bei vielen Dingen im Leben ist es wichtig, wie gut das Verfahren und die Nutzer dieses Verfahrens zueinander passen. Videoaufnahmen oder Tonaufnahmen zu erstellen oder bei Patienten, die dazu geneigt sind, Tagebuch zu führen oder eine Reihe von Briefen an ihre Partner, Kinder und Freunde zu schreiben – dies sind alles Wege, um zu versuchen, die Erinnerung an den sterbenden Menschen zu bewahren. Texte sind nicht die einzige Art von Generativität. Ich erinnere mich an den Piloten einer Fluggesellschaft, der an einem Multiplen Myelom verstarb. Anstelle von Worten waren Holzschnitzereien sein Versuch, etwas von sich selbst zurückzulassen. Eine andere Patientin setzte sich angesichts des nahenden Todes mit der Vielzahl der Gemälde, die sie angefertigt hatte, auseinander und überlegte, welches davon sie jedem einzelnen ihrer geliebten Familienangehörigen passenderweise hinterlassen könnte. Zudem ist es wichtig, anzumerken, dass das Bedürfnis nach Generativität von Person zu Person variiert. Einige Menschen sehen vielleicht in ihrer Familie, in ihrem Lebenswerk und jedweder Leistung, die sie auch immer erreicht haben mögen, ob groß oder klein, die Befriedigung ihres Bedürfnisses nach Generativität. Die Wichtigkeit von und das Bedürfnis nach einem Ausdruck von Generativität müssen von Fall zu Fall bestimmt werden.

Was ist mit sterbenden Kindern?
Kann die Würdezentrierte Therapie hier eine Rolle spielen?

Auch wenn mir diese Frage schon viele Male gestellt wurde, ist es keine Frage, die ich aus der Erfahrung heraus beantworten kann. Unsere eigene Forschung sowie die der Kollegen weltweit hat die Würdezentrierte Therapie ausschließlich Patienten über 18 Jahren angeboten. In Anbetracht unserer Neigung, empirischem Material zu folgen, reflektiert die Begrenzung auf erwachsene Patienten die Tatsache, dass das Würdemodell selbst auf den Daten älterer Patientinnen und Patienten mit Krebs im Endstadium basiert. Demzufolge kann nicht davon ausgegangen werden, dass das Modell über diese spezifische Zielgruppe hinaus ebenso zutreffend ist.

Unsere bisherigen Erfahrungen mit der Würdezentrierten Therapie geben einige Anhaltspunkte zu der Frage, ob die Intervention bei jüngeren sterbenden Patienten zur Anwendung kommen kann. Existenzielle Erkenntnis und die Sehnsucht nach Generativität sind wesentliche Motive für die Mehrheit der Teilnehmenden der Würdezentrierten Therapie. Meist wird die Würdezentrierte Therapie ohne diese Motive nicht als bedeutsame Bestrebung wahrgenommen. Bevor also ein erweiterter Einsatz der Würdezentrierten Therapie empfohlen werden kann, muss man existenzielle Vorstellungen und das Bedürfnis nach Generativität sowie deren Ausdrucksformen in jüngeren Kohorten sterbender Patienten verstehen. Diese Konstrukte sind, wie das Bewusstsein für die eigene Sterblichkeit, entwicklungsbedingt und reifen und entfalten sich mit zunehmendem Alter. Weitere klinische Praxis und sorgfältige Untersuchungen werden darüber Aufschluss geben können, ob die Würdezentrierte Therapie eine Rolle spielen kann und welche konzeptionellen Änderungen notwendig sind, um sie altersentsprechend passend zu gestalten (z. B. Fotografien verwenden, Bilder, Mitwirkung der Eltern; mögliche ergänzende Rollen für Geschwister und andere nahe Verwandte und Freunde).

Gibt es Erkenntnisse zu kulturellen Aspekten und Würdezentrierter Therapie?

Wie bereits an anderer Stelle beschrieben, wurde die Würdezentrierte Therapie in vielen Ländern der Welt eingesetzt und/oder untersucht. In Kanada und den USA fanden an verschiedenen Orten Workshops statt. Die Würdezentrierte Therapie wurde darüber hinaus in China, Japan, Taiwan, Singapur, Australien, Neuseeland, Israel, Kuba, Brasilien, Argentinien und vielen Orten in ganz Europa vorgestellt (Schweiz, Portugal, Spanien, Italien, Schweden, Österreich, Schottland, England, Dänemark, Deutschland, den Niederlanden und Norwegen).

Hinsichtlich transkultureller Überlegungen sind die Erfahrungen aus zwei Ländern, zu denen wissenschaftliche Untersuchungen durchgeführt wurden, einer besonderen Erwähnung wert. Unsere Kollegen in Dänemark nutzen und untersuchen die Würdezentrierte Therapie seit dem Jahr 2003. Sie stellten fest, dass die Intervention bei dänischen Patientinnen und Patienten, die auf das Lebensende zugehen, gut eingesetzt werden kann. Allerdings stießen sie darauf, dass es für die Vorstellung, *stolz auf sich* oder seine Leistungen zu sein, keine gute oder akzeptierte kulturelle Entsprechung gibt. Für Dänen hat Stolz Ähnlichkeit mit Überheblichkeit oder Arroganz. Ein Gefühl von Stolz wird, nach dänischem Empfinden, als unhöflich und unbescheiden angesehen. Die Implikationen für die Würdezentrierte Therapie sind dennoch minimal. Die dänischen Therapeuten verstanden sich mithilfe feiner sprachlicher Justierungen darauf, die Patienten nach ihren Leistungen zu fragen, indem sie diese in Bezug zu dem setzten, was die Patienten als wichtig oder bedeutsam beurteilten, statt sie in Bezug zu persönlichem Stolz zu setzen.

Kollegen in Hongkong, unter anderem Dr. Ceci Chan, Dr. Pamela Leung, Andy Ho, Dr. Rainbow Ho und Dr. Xiaolu Wang, haben auf eine andere interessante kulturelle Nuance hingewiesen, die Auswirkungen auf die Würdezentrierte Therapie hat. Im Zuge der Untersuchungen des Würdemodells haben diese Wissenschaftler der Universität in Hongkong das chinesische Konzept von *Gesicht* untersucht und was dies im Kontext des nahenden Lebensendes bedeutet. *Gesicht* bezieht sich darauf, wie die Chinesen bestrebt sind, ihren Selbstwert und ihr Selbstbild zu erhalten. Konzeptionell gibt es dabei eine enge Verbindung zu sozialen Beziehungen und Netzwerken, ähnlich der östlichen Vorstellung von kollektiver Autonomie. Während die Kolleginnen und Kollegen dieses Modell noch weiter untersuchen, ist bereits davon auszugehen, dass diese tief verwurzelten kulturellen Ansichten während der Teilnahme an der Würdezentrierten Therapie irgendwie Ausdruck finden werden – vielleicht in der Auswahl des Inhalts oder der Art und Weise, wie die geliebten Menschen angesprochen werden.

Ungeachtet dieser interessanten Beobachtungen kann die Würdezentrierte Therapie in vielen unterschiedlichen Kulturen offenbar unkompliziert und sinnvoll zur Anwendung gebracht werden. Es ist daran zu denken, dass die Intention hinter dem Fragenkatalog eine flexible und der Situation angemessene Handhabung ist, die den Patienten zu einer ihn zufriedenstellenden Würdezentrierten Therapie geleitet. Möglicherweise ist das der Grund, weshalb der konzeptionelle Ablauf niemals zur Bürde wird, da die Würdezentrierte Therapie immer an die Hintergründe des Patienten, sein Anliegen oder seine kulturelle Herkunft angepasst werden kann, exakt auf dem basierend, was der Patient oder die Patientin möchte und braucht.

Wie sollte der Einsatz der Würdezentrierten Therapie evaluiert werden?

Die Antwort auf diese Frage hängt stark von dem Hintergrund ab, vor dem die Evaluation stattfinden soll. Ich habe diese Frage bereits für diejenigen aufgegriffen, die vorhaben, weitere Untersuchungen zur Würdezentrierten Therapie durchzuführen. Wie verhält es sich nun für klinisch Tätige, die vorhaben, die Würdezentrierte Therapie in ihre praktische Tätigkeit einzubeziehen? Obwohl sie keiner derartigen Verpflichtung unterliegen, ist es ratsam, eine Kontrollmethode zu nutzen, welche die Häufigkeit der Anwendung der Würdezentrierten

Therapie, die Umstände der teilnehmenden Patientinnen und Patienten, deren Reaktionen sowie die der Angehörigen festhält. Ein solches Dokumentationsverfahren kann vor Ort zum Zweck der Qualitätssicherung wertvolle Informationen liefern. Abhängig von der Gewichtung dieser Nachweise kann eine solche Dokumentation auch die Rechtfertigung für Finanzierungsmodelle zur Unterstützung der Würdezentrierten Therapie liefern.

Praktisch tätige Behandelnde, die die Würdezentrierte Therapie anwenden, sind eingeladen, die Webseite www.dignityincare.ca[4] zu besuchen. Nur wenn wir unsere kollektiven Erfahrungen sammeln und untereinander austauschen, werden wir auf diesem Gebiet weiter vorankommen. Dies wird uns helfen, weiteres Verständnis für die Vorteile und Grenzen dieses neuartigen therapeutischen Verfahrens zu erlangen.

Abschließende Gedanken

An früher Stelle dieses Buches habe ich versprochen, den ersten Patienten zu beschreiben, der je die Würdezentrierte Therapie abgeschlossen hat. Damit hier zu enden erscheint insofern passend, als die Würdezentrierte Therapie leicht Reminiszenzen hervorruft, die den Kreis des Lebens von der Geburt bis zum Tod umspannen. Nun ist es an der Zeit, den Kreis der bemerkenswerten Geschichte dieses besonderen Herrn zu schließen.

Bei unserem ersten Kennenlernen in Kapitel 1 wurde er als Herr G. vorgestellt, ein 68 Jahre alter Herr mit einem gastrointestinalen Tumor im Endstadium. Er hat versucht, sich selbst zu Tode zu hungern, angesichts der Tatsache, dass sein Körper nicht mehr länger bei den Dingen mitmachte, nach denen Herr G. sich immer noch sehnte. Die Leserinnen und Leser werden sich daran erinnern, wie er mich bei meiner ersten psychiatrischen Konsultation mit den folgenden Worten begrüßt hat: »Wenn wir in einem bestimmten europäischen Land leben würden und ich genau jetzt den Knopf drücken könnte, würde ich das tun!« Wir wussten beide sehr genau, über welchen Knopf er sprach.

Da ich nicht feststellen konnte, dass Herr G. an irgendeiner psychiatrischen Erkrankung litt, bot ich ihm die Würdezentrierte Therapie an. Nachdem ich ihm vorsichtig den Ablauf erklärt hatte (tatsächlich zum ersten Mal einem Patienten), entstand eine lange Pause, bevor er sagte, es klinge »interessant« und dass er teilnehmen wolle. Die Leserinnen und Leser werden sich ebenfalls noch daran

---

4 Für Deutschland: www.patientenwuerde.de

erinnern, dass ich, bevor ich mich verabschiedet habe und wir die Verabredung für die Aufnahme am nächsten Tag getroffen haben, Herrn G. gefragt habe, ob er immer noch »jetzt den Knopf drücken« wolle. Seine Antwort prägte unauslöschlich die nächsten sieben Jahre meines Forschungsprogramms innerhalb der Palliativversorgung. »Nein«, sagte er, »ich würde gern zuerst das hier machen.«

Am nächsten Tag betrat ich um die Mittagszeit sein Zimmer, das Aufnahmegerät in der Hand. Er hatte offensichtlich keinen besonders guten Tag und er bestätigte dies. Er schien sich unwohler zu fühlen als am Vortag und wirkte weniger ausgeglichen. Ich schlug vor, die Sitzung auf einen anderen Zeitpunkt zu verschieben, da es mir wichtig war, dass er von einem guten Startpunkt aus zu dieser gemeinsamen Unternehmung aufbrechen könnte. Während ich mich anschickte zu gehen, fiel sein Blick auf das Aufnahmegerät. Er schlug vor: »Versuchen wir es.« Sobald die Tonaufnahme begann, saß Herr G. für die nächste Stunde aufrecht in seinem Bett und offenbarte – sanft gelenkt durch meine Fragen – seine Lebenserinnerungen, die ein reiches, komplexes und sehr erfülltes Leben beschrieben. Er erzählte die Geschichte seiner Herkunftsfamilie in Russland an der Schwelle zum zwanzigsten Jahrhundert, teilte Erinnerungen an seine geliebten, längst verstorbenen Eltern und an das Trauma unfassbarer Gewalt und der Revolution. Er fuhr damit fort, den mühsamen Prozess seiner Immigration nach Kanada zu beschreiben, seine Hochzeit, seine Vaterrolle und das Wachsen seiner eigenen Familie. Wie bei den meisten Menschen gab es auch in seinem Leben beides, die großen Tragödien und die wundervollen Errungenschaften. Als er sich dem Ende seiner Würdezentrierten Therapie näherte, gab er jedem seiner Kinder einen individuellen Segenswunsch und brachte seine Liebe und seine Wünsche für seine bald verwitwete Ehefrau zum Ausdruck.

Gemäß dem Prozessablauf, den wir von Beginn dieser Arbeit an aufgestellt haben – und dem damit verbundenen Dringlichkeitsethos –, wurde sein Interview vollständig transkribiert, und ich trat innerhalb von nicht mehr als zwei Tagen mit dem fertiggestellten Dokument an sein Bett. Zu dieser Zeit hatte sich sein Zustand weiter verschlechtert und er war nicht mehr in der Lage, irgendeine verbale Reaktion zu zeigen. Allerdings war seine Frau, die über die Studie informiert war, bei ihm. Sie saß auf dem Rand seines Bettes. Als sie das Generativitätsdokument von mir entgegennahm, sagte sie mit Tränen in den Augen und einem Zittern in ihrer Stimme: »Das wird ein Segen für unsere Familie sein.«

Ich habe es immer als ein Privileg und einen Segen empfunden, nach den unheilbar kranken Patienten und ihren Familien schauen zu dürfen. In den Zeiten vor der Würdezentrierten Therapie wäre es mir absolut unvorstellbar vorgekommen, dass eine kurze psychotherapeutische Intervention bei einem Patienten das Gefühl von Bedeutung, Sinnhaftigkeit und Würde stärken könnte, den

Zurückbleibenden Trost spenden sowie das Potenzial besitzen würde, für mehrere Generationen Bedeutung zu haben. Und doch haben unsere Forschungsgruppe sowie Forscher weltweit gezeigt, dass die Würdezentrierte Therapie fähig ist, genau diese Dinge zu erwirken. Die therapeutischen Zugänge, die sich eröffnen, und die Möglichkeiten, Trost zu spenden, Leid zu mindern und Heilung zu fördern, sind einzigartig und wirkungsvoll.

Während das Sterben selbst unvermeidbar ist, sollte schlechtes Sterben vermeidbar sein. Innerhalb der Tradition der modernen Hospizbewegung repräsentiert die Würdezentrierte Therapie für Behandelnde noch einen anderen Weg, die Lebensqualität der dem Tode nahen Patientinnen und Patienten zu erhöhen. Die Würdezentrierte Therapie ist keineswegs ein Allheilmittel und nicht jeder wird diese die Patienten stärkende und Sinn erhöhende Methode wollen oder brauchen. Wenn Patienten und Familien sich jedoch darauf einlassen, so habe ich keinen Zweifel daran, dass Sie davon tief beeindruckt sein werden, was sie mithilfe der Würdezentrierten Therapie erreichen können. Ihre Patientinnen und Patienten, von ihnen geliebte Hinterbliebene und möglicherweise nachfolgende Generationen werden für immer dankbar sein.

Literatur

Bauby, J. D. (1997). The diving bell and the butterfly: a memoir of life in death. London: Fourth Estate. C Dt.: Schmetterling und Taucherglocke. Aus dem Französischen von Uli Aumüller. Frankfurt a. M. u. Wien: Zsolnay, 1997.

Bruera, E., Kuehn, N., Miller, M. J., Selmser, P., Macmillan, K. (1991). The Edmonton Symptom Assessment System (ESAS): a simple method for the assessment of palliative care patients. Journal of Palliative Care, 7 (2), 6–9.

Buckley, J., Herth, K. (2004). Fostering hope in terminally ill patients. Nursing Standards, 19, 33–41.

Chochinov, H. M. (2002). Dignity-conserving care – a new model for palliative care: helping the patient feel valued. Journal of the American Medical Association, 287 (17), 2253–2260.

Chochinov, H. M. (2004). Dignity and the eye of the beholder. Journal of Clinical Oncology, 22 (7), 1336–1340.

Chochinov, H. M. (2006). Dying, dignity, and new horizons in palliative end-of-life care. A Cancer Journal for Clinicians, 56 (2), 84–103.

Chochinov, H. M. (2007). Dignity and the essence of medicine: the A, B, C & D of Dignity-Conserving Care. British Medical Journal, 335, 184–187.

Chochinov, H. M., Cann, B., Cullihall, K., Kristjanson, K., Harlos, M., McClement, S. E., Hack, T., Hassard, H. (2012). Dignity therapy: a feasibility study of elders in long-term care. Journal of Palliative and Supportive Care, 10, 1, 3–15.

Chochinov, H. M., Hack, T., Hassard, T., Kristjanson, L. J., McClement, S., Harlos, M. (2002a). Dignity in the terminally ill: a cross-sectional cohort study. The Lancet, 360 (9350), 2026–2030.

Chochinov, H. M., Hack, T., Hassard, T., Kristjanson, L. J., McClement, S., Harlos, M. (2004). Dignity and psychotherapeutic considerations in end-of-life care. Journal of Palliative Care, 20 (3), 134–142.

Chochinov, H. M., Hack, T., Hassard, T., Kristjanson, L. J., McClement, S., Harlos, M. (2005). Dignity therapy: a novel psychotherapeutic intervention for patients near the end of life. Journal of Clinical Oncology, 23 (24), 5520–5525.

Chochinov, H. M., Hack, T., McClement, S., Kristjanson, L., Harlos, M. (2002b). Dignity in the terminally ill: a developing empirical model. Social Science & Medicine, 54 (3), 433–443.

Chochinov, H. M., Hassard, T., McClement, S. E., Hack, T., Kristjanson, L. J., Harlos, M., Sinclair, S., Murray, A. (2008). The Patient Dignity Inventory: a novel way of measuring dignity-related distress in palliative care. Journal of Pain and Symptom Management, 36, 559–571.

Chochinov, H. M., Hassard, T., McClement, S., Hack, T., Kristjanson, L. J., Harlos, M., Sinclair, S., Murray, A. (2009). The landscape of distress in the terminally ill. Journal of Pain and Symptom Management, 38, 641–649.

Chochinov, H. M., Kristjanson, L. J., Breitbart, W., McClement, S., Hack, T. F., Hassard, T., Harlos, M. (2011). Effect of dignity therapy on distress and end-of-life experience in terminally ill patients: a randomized controlled trial. The Lancet Oncology, 12, 8, 753–762.

Chochinov, H. M., Kristjanson, L. J., Hack, T. F., Hassard, T., McClement, S., Harlos, M. (2006). Dignity in the terminally ill: revisited. Journal of Palliative Medicine, 666–672.

Chochinov, H. M., Kristjanson, L. J., Hack, T. F., Hassard, T., McClement, S., Harlos, M. (2007). Burden to others and the terminally ill. Journal of Pain and Symptom Management, 34 (5), 463–471.

Chochinov, H. M., Tataryn, D. J., Wilson, K. G., Ennis, M., Lander, S. (2000). Prognostic awareness and the terminally ill. Psychosomatics, 41, 500–504.

Chochinov, H. M., Wilson, K. G., Enns, M., Lander, S. (1998). Depression, hopelessness, and suicidal ideation in the terminally ill. Psychosomatics, 39, 366–370.

Chochinov, H. M., Wilson, K. G., Enns, M., Mowchun, N., Lander, S., Levitt, M., Clinch, J. J. (1995). Desire for death in the terminally ill. The American Journal of Psychiatry, 152, 1185–1191.

Eliott, J. A., Olver, I. N. (2009). Hope, life, and death: a qualitative analysis of dying cancer patients' talk about hope. Death Studies, 33, 609–638.

Erikson, E. H. (1950). Childhood and society. New York: Norton.

Ferrell, B. (2005). Dignity therapy: advancing the science of spiritual care in terminal illness. Journal of Clinical Oncology, 23, 5427–5428.

Gagnon, P., Chochinov, H. M., Cochrane, J., Le Moignan Moreau, J., Fontaine, R., Croteau, L. (2010). Psychothérapie de la Dignité: une intervention pour réduire la détresse psychologique chez les personnes en soins palliatifs. Psycho-Oncologie, 4, 169–175.

Ganzini, L., Beer, T. M., Brouns, M., Mori, M., Hsieh, Y.-C. (2006). Interest in physician-assisted suicide among Oregon cancer patients. Journal of Clinical Ethics, 17, 27–28.

Grumann, M. M., Spiegel, D. (2003). Living in the face of death: interviews with 12 terminally ill women on home hospice care. Palliative and Supportive Care, 1, 23–32.

Hack, T. F., Chochinov, H. M., Hassard, T., Kristjanson, L. J., McClement, S., Harlos, M. (2004). Defining dignity in terminally ill cancer patients: a factor-analytic approach. Psycho-Oncology, 13, 700–708.

Houmann, L. J., Rydahl-Hansen, S., Chochinov, H. M., Kristjanson, L. J., Groenvold, M. (2010). Testing the feasibility of the Dignity Therapy interview: adaptation for the Danish culture. BMC Palliative Care, 9, 21.

Komori, Y., Chochinov, H. M. (2011a). Introduction to Dignity Therapy. Kongo Shuppan (Japan).

Komori, Y., Chochinov, H. M. (2011b). Introduction to Dignity Therapy. Hakjisa Publisher (Korea; ISBN: 978-89-6330-682-7).

McClement, S. E., Chochinov, H. M., Hack, T. F., Hassard, T., Kristjanson, L. J., Harlos, M. (2007). Dignity therapy: family member perspectives. Journal of Palliative Medicine, 10, 5, 1076–1082.

McClement, S. E., Chochinov, H. M., Hack, T. F., Kristjanson, L. J., Harlos, M. (2004). Dignity-conserving care: application of research findings to practice. International Journal of Palliative Nursing, 10, 4, 173–179.

Merriam-Webster (2005). Merriam-Webster Online Dictionary. Springfield, MA: Merriam-Webster Online. Zugriff am 18.05.2007 unter www.merriam-webster.com.

Passik, S. D., Kirsh, K. L., Leibee, S., Kaplan, L. S., Love, C., Napier, E., Burton, D., Sprang, R. (2004). A feasibility study of dignity psychotherapy delivered via telemedicine. Palliative and Supportive Care, 2, 149–155.

Peabody, F. W. (1927). A medical classic: the care of the patient. Journal of the American Medical Association, 88, 877.

Peterman, A. H., Fitchett, G., Brady, M. J., Hernandez, L., Cella, D. (2002). Measuring spiritual well-being in people with cancer: the functional assessment of chronic illness therapy – Spiritual Well-Being Scale (FACIT-Sp). Annals of Behavioral Medicine, 24, 1, 49–58.

Rogers, C. R. (1951). Client-centered therapy; its current practice, implications, and theory. Oxford, England: Houghton Mifflin.

Saunders, C. (1976). Care of the dying. The problem of euthanasia. Nursing Times, 72 (26), 1003–1005.

Schantz, M. L. (2007). Compassion: a concept analysis. Nursing Forum, 42, 48–55.
Sherman, D. W., Norman, R., McSherry, C. B. (2010). A comparison of death anxiety and quality of life of patients with advanced cancer or AIDS and their family caregivers. Journal of the Association of Nurses in AIDS Care, 21, 99–112.
Sullivan, A. D., Hedberg, K., Fleming, D. W. (2000). Legalized physician-assisted suicide in Oregon – the second year. New England Journal of Medicine, 342, 598–604.
Van der Heide, A., Onwuteaka-Philipsen, B. D., Rurup, M. L., Buiting, H. M., van Delden, J. J. M., Hanssen-de Wolf, J., Janssen, A. G. J. M., Pasman, H. R. W., Rietjens, J. A. C., Prins, C. J. M., Deerenberg, I. M., Gevers, J. K. M., van der Maas, P. J., van der Wal, G. (2007). End-of-life practices in the Netherlands under the Euthanasia Act. New England Journal of Medicine, 356, 1957–1965.
Van der Maas, P. J., van Delden, J. J., Pijnenborg, L., Loooman, C. W. (1991). Euthanasia and other medical decisions concerning the end of life. The Lancet, 338, 669–674.
Wadenstein, B., Ahlstrom, G. (2009). The struggle for dignity by people with severe functional disabilities. Nursing Ethics, 16, 453–465.
Watson, M., Kissane, D. (Eds.) (2011). Handbook of psychotherapy in cancer care. New York: Wiley.
Wilson, K. G., Curran, D., McPherson, C. J. (2005). A burden to others: a common source of distress for the terminally ill. Cognitive Behaviour Therapy, 34, 2, 115–123.
Wilson, K. G., Graham, I. D., Viola, R. A., Chater, S., de Faye, B. J., Weaver, L. A., Lachance, J. A. (2004). Structured interview assessment of symptoms and concerns in palliative care. The Canadian Journal of Psychiatry, 49, 6, 350–358.
Wilson, K. G., Scott, J. F., Graham, I. D., Kozak, J. F., Chater, S., Viola, R. A., de Faye, B. J., Weaver, L. A., Curran, D. (2000). Attitudes of terminally ill patients toward euthanasia and physician-assisted suicide. Archives of Internal Medicine, 160, 2454–2460.
Zigmond, A. S., Snaith, R. P. (1983). The hospital anxiety and depression scale. Acta Psychiatrica Scandinavica, 67, 6, 361–370.